U0522321

湖州師範學院人文學院"浙江省中國語言文學一流學科建設"（項目編號：XK18053AGK）經費資助

湖州師範學院人文社科預研究項目"道教科儀文獻整理與疑難詞語考釋"（項目編號：2015SKYY06）

浙江省哲學社會科學規劃
後期資助課題成果文庫

道教儀經字詞校釋

周學峰 著

中國社會科學出版社

圖書在版編目(CIP)數據

道教儀經字詞校釋/周學峰著.—北京：中國社會科學出版社，2022.8

（浙江省哲學社會科學規劃後期資助課題成果文庫）

ISBN 978-7-5227-0185-1

Ⅰ.①道… Ⅱ.①周… Ⅲ.①經文（道教）—研究 Ⅳ.①B952

中國版本圖書館 CIP 數據核字（2022）第 078698 號

出 版 人	趙劍英
責任編輯	宮京蕾
特約編輯	李曉麗
責任校對	郝陽洋
責任印製	李寡寡

出　　版	中國社會科學出版社
社　　址	北京鼓樓西大街甲 158 號
郵　　編	100720
網　　址	http：//www.csspw.cn
發 行 部	010-84083685
門 市 部	010-84029450
經　　銷	新華書店及其他書店

印刷裝訂	北京君昇印刷有限公司
版　　次	2022 年 8 月第 1 版
印　　次	2022 年 8 月第 1 次印刷

開　　本	710×1000　1/16
印　　張	13
插　　頁	2
字　　數	220 千字
定　　價	78.00 元

凡購買中國社會科學出版社圖書，如有質量問題請與本社營銷中心聯繫調換
電話：010-84083683
版權所有　侵權必究

序

就語言研究而言，道教經籍還有大量荒地等待學人去開發利用。我們曾指出商周時期的文獻中"格"有祭祀的意思。五代杜光庭《道門科範大全集》卷七十九有這麼一個例子（本書已揭示）："古人求交於神明，嚴其戒，重其齋如此，故祀圓丘而天神降，祭方澤而地祇出，格祖廟而鬼神享。"這裏的"格"無疑也是祭祀義，表明此義商周以後仍在使用。"爪"今天有 zhǎo、zhuǎ 兩個讀音。"爪"《廣韻·巧韻》音側絞切，《中原音韻》中屬於照母蕭豪韻，是今天讀 zhǎo 的來源。zhuǎ 音出現於何時文獻中未見明確記載。明《正統道藏》中有宋末鄭所南（思肖）《太極祭鍊內法》一書，卷下云："有到爪哇國者，曾見此鏡。""爪哇"今天一般讀 zhǎowā。《國語辭典》（上海：商務印書館 1948：2620）："爪哇，南洋群島中的一大島，今屬荷囒。"爪注音爲"ㄓㄠ"（zhǎo），可知"爪"讀 zhǎo 民國以來就如此。"爪哇"是印尼語 Jawa 的音譯，但 zhǎo 與 Ja 并不對應。zhuǎ 的讀音上溯到元代屬於家麻韻，可與 Ja 相對應，這表明宋元之際"爪"已有家麻韻的讀音。這是利用《道藏》中的音譯詞"爪哇"判定 zhuǎ 音的出現時代。由此也可得知"爪哇"原本應讀 zhuǎwā，今天的方言中或許仍有這樣讀的。

大約從唐代開始人們就將道教典籍彙編成藏，後世宋金元明各代也都編纂刻印過《道藏》，但流傳至今的只有明版《道藏》。明版《道藏》雖然是在前代《道藏》基礎上編修的，但追根溯源，原本大都是民間手抄本，其中存在很多俗字、形誤字、音誤字、衍文、脫文等，另外由於《道藏》自古以來很少有人研究，其中的不少詞語我們不得其解，這都給閱讀利用《道藏》造成障礙，需要我們下大力氣去解決。例如南北朝《洞眞太上八道命籍經》卷下："第四之傷，行不敬物，責人宗匠，心忿口形，罵詈無常。""責人宗匠"義不可通，"匠"當爲"仰"之形誤。"仰"行草作仰（唐陸束之），左邊與"斤"相似，故致訛誤。南北朝《上清修行經訣》作"責人宗仰"，可爲明證。"責人宗仰"謂企求別人尊崇敬仰。南北朝《太上老君經律·道德尊經戒》："戒勿慕功名，戒勿爲僞，彼指形名道，戒勿忘道法。""彼"義不可通，當爲"戒"之形誤。諸如此類，不一而足。

友生周學峰聽從我的建議，博士論文選取《道藏》中的科儀類道經作爲研究對象，涉及148種道經，計200餘萬字。他在認真研讀的基礎上，重點對其中的疑難語詞、不易識別的俗字和訛誤字以及相關文本的理解進行了深入細緻的考辨與解證，創獲良多，得到答辯委員的好評。現在呈現在大家面前的這部《道教儀經字詞校釋》由博士論文修訂而成，它的正式出版對學界更方便地瞭解利用這一成果，促進道經語言研究的繁榮發展，無疑是有積極意義的。

書中的考釋大都持之有故，言之成理，修正了有關詞語的既有認知。如《漢語大詞典》將"擠壑"釋爲"謂孤苦無依"，本書指出"擠壑"謂推擠使入溝壑，表示排擠、陷害，釋爲"孤苦無依"難以成立。《廣雅·釋詁一》："扽，引也。"王念孫《讀書雜誌·荀子一》中說："古無扽字，借頓爲之。"本書認爲頓是扽的本字，不是借字。頓的本義是頓首，頓首即頭部由上至下接觸地面而動作停止的整個過程，由停止引申有停頓義，用作使動，即使之停頓，則有牽拉義。南北朝《三洞道士居山修鍊科》有"交肘牽頓"的說法，"牽頓"即牽拉。作者通過梳理詞義的演變過程闡明了"頓"的牽拉義的由來，使我們明白"扽"是"頓"的派生詞。道教的齋儀中道士首謝懺悔時常伴隨"叩頭搏頰"之舉，"搏"又寫作"搏"，何者爲是，至今爭論不休。楊聯陞、葛兆光等認爲是"搏頰"，即打嘴巴，是修行的一種苦行。卿希泰、任宗權、忻麗麗等以"搏"爲是，認爲"搏頰"指用手按摩面頰，是道教齋儀和存思法的動作。本書贊同打嘴巴說。作者指出，道經中道士"搏頰"的行爲總是和懺悔謝罪、乞請求福的活動緊密相關，無一例外。道士以叩頭搏頰的方式表示悔罪，與普通民衆以磕頭和自打嘴巴表達悔過認錯是一樣的。如果將其解作按摩雙頰的養生術，不僅文意躓礙，也與齋儀的"懺悔"目的風馬牛不相及了。此辯揆情度理，庶幾可以蓋棺定論。

作者善於運用詞例求義法考釋詞義。成語有"以博一粲"，博義爲求取。作者指出求取義之"博"爲"搏"的假借。"搏"《說文》訓爲"索持也"，詞義由"搜求+持取"兩個義素構成，使用時若頻繁側重於其中一個義素則該義素獨立爲義位，故"搏"既有索求義，又有獲得義。爲了說明這種引申的合理性，作者又拿"求""取"作比證。"求"有獲得義。《淮南子·說山》："聖人用物，若用朱絲約芻狗，若爲土龍以求雨；芻狗待之而求福，土龍待之而得食。"高誘注："求，猶得也。""取"有尋求義。明袁宏道《經太華》詩："不取色態妍，唯求神骨肖。"可見尋求義與獲得義可以互相引申。南北朝《太上慈悲九幽拔罪懺》卷八："或書寫紙墨怯惡，裝潢卷軸攲斜。"作者指出"怯惡"爲同義連文，指差劣。怯也是惡、差的意思，畏怯對方往往由於自身實力比對方差，故引申爲差劣義。同樣地，"惡"也有畏怯義。《吕氏春秋·振亂》："凡人之所以惡爲無道不義者，爲其罰也。"高誘注："惡猶畏。"這都是成功地運用詞例求義法坐實了詞義。詞例求義實質是用引申規律解釋引申現象，所以有較強的說服力。

文字訛誤方面的校釋也時見勝義。《道門科範大全集》卷八十五："封刳解剝，不思均是色身；煮炙炮燔，但謂甘充口腹。""封"古有訓爲"割"者。《戰國策·齊策三》："今又劫趙魏，疏中國，封衛之東野，兼魏之河南，絕趙之東陽，則趙魏亦危矣。"宋鮑彪注："封，割也。"用來理解"封刳解剝"似乎通順。作者指出"封"無割取義，《戰國策》之"封"實爲"以……爲邊疆"之義，割取是言外之義。認爲道經之"封"乃"刲"之形誤，確不可易。隋唐《玄門十事威儀》："自非志心，扣幽靈闇，肘飯師門，頓首德宇，終不造受也。"作者認爲"肘"爲"尌"字形誤，"尌"即"得"的俗體。"得飯師門"，文意豁然。《說文·見部》："䙷，取也。從見從寸。寸度之，亦手也。""䙷"即"得"之異體。不少學者指出"見"爲"貝"之訛誤。"尌"是將"䙷"的構件由上下移位爲左右，但從"貝"不誤。《玉篇·見部》："䙷，丁勒反。取也。今作尋，亦作尉。""尉"也是"䙷"的移位變易。瞭解這些俗字，對正確解讀古代典籍是很有用的。

書中自然也難免有考慮不周之處。宋蔣叔輿《無上黄籙大齋立成儀》卷二十二："誓願蔵揚真風，廣化一切。"作者認爲"蔵"有擴展義，將"蔵揚"釋爲擴大顯揚。"蔵"之擴展義未見確證，此解不足取信。道經中常說"闡揚"，如東晉《上清黄氣陽精三道順行經》"闡揚正法"，南北期《太上三十六部尊經·玉清境道教經第九》"闡揚教範"，宋沈庭端、黃彌堅等《華蓋山浮丘王郭三真君事實》卷三"將以闡揚真風"，宋《元始天尊說北方真武妙經》"闡揚正法"。"蕆""闡"韻母相同，聲母只有徹、昌之異，古代有些方言中可能同音（正如今普通話同音），故"蕆"應爲"闡"之音借。

　　唐張萬福《傳授三洞經戒法籙略說》卷下："大劫交時，天翻地覆，海湧河決，而萬惡絕種，鬼魔滅跡，八荒四極，萬不遺一。"北周武帝宇文邕等《無上秘要》卷三十一《經文存廢品》："大劫交周，天崩地淪，四海溟合，金玉化消，萬道勢訖。"作者將"交""交周"釋爲結束，認爲經文所述爲大劫結束時的景象。此解恐未切當。"海湧河決""天崩地淪"等是大劫來臨時發生的景象，不是結束後的景象，所以"交""交周"應該是遭逢、逢遇的意思。

　　中國的高等教育早已過了高速擴張期，2000年前後橫行天下的博士如今想在高校謀得一職殊爲不易，謀得一職的博士想要從事與自己專業一致的教學工作也難盡如人意。所學專業是現代文學，學校卻讓你講授文化產業概論；所學專業是古代漢語，學校卻讓你講授演講與口才。鴨子上架，勉爲其難，天長日久，專業荒遠。所授課程，非心所好，素無根源，想有建樹，勢同攀岩。進退失據，望洋興嘆。學峰現狀恐亦難能免俗，所幸專業之心尚未盡泯，還能忙裏偷閒，搞點專業，實屬居大不易。但願書的出版不是給專業畫上句號，而是繼續奮進的新起點。當然，若能在其他領地大顯身手，亦余之所樂見焉。

楊　琳
2019年1月20日於南開大學西南村

凡　　例

1. 本書採用的明正統《道藏》版本是文物出版社、上海書店、天津古籍出版社 1988 年影印本。

2. 引文後用（）標出道經名稱卷號，數碼字母標示引文所在冊號、頁碼和頁面欄，如 11/234/c 表示引文在道藏 11 冊 234 頁底欄。

3. 爲求行文簡潔，不設頁面注，書中稱引前修時賢之說，用（）標明被引者名諱、發表年代和頁碼，且皆直書其名，不贅先生字樣，敬請諒解。

4. 本書採用繁體字。

目　　錄

第一章　緒論 ……………………………………………………（1）
　第一節　道教儀經及詞彙研究概況 ……………………………（1）
　　一　道教科儀經籍概況 ………………………………………（1）
　　二　儀經詞彙研究概況 ………………………………………（2）
　第二節　儀經詞彙的研究對象及內容 …………………………（4）
　第三節　儀經詞彙的研究價值及意義 …………………………（6）
　　一　疑難語詞考釋與道經義理闡釋 …………………………（6）
　　二　疑難語詞考釋與道經斷代 ………………………………（13）
　　三　爲辭書編撰提供有價值的參考資料 ……………………（17）
　第四節　儀經詞彙的研究方法 …………………………………（23）
第二章　儀經文本校理 …………………………………………（26）
　第一節　俗字考釋 ………………………………………………（26）
　第二節　訛字考釋 ………………………………………………（31）
　　一　偏旁形近而訛 ……………………………………………（31）
　　二　偏旁脫落致訛 ……………………………………………（48）
第三章　儀經疑難語詞考釋 ……………………………………（52）
　第一節　道教語詞 ………………………………………………（52）
　第二節　普通語詞 ………………………………………………（84）
第四章　儀經詞語源流辨考 ……………………………………（105）
　第一節　推求詞語語源例 ………………………………………（105）
　第二節　考求詞義來源例 ………………………………………（119）
第五章　儀經詞彙構成方式 ……………………………………（147）
　第一節　同義複合 ………………………………………………（147）
　第二節　化用典故 ………………………………………………（154）

第三節　仿造借用 …………………………………（159）
　　第四節　比喻構詞 …………………………………（163）
　　第五節　音同通借 …………………………………（168）
　　第六節　拈連表義 …………………………………（170）
第六章　儀經詞彙類聚 …………………………………（175）
　　第一節　同義詞 ……………………………………（175）
　　第二節　稱謂詞 ……………………………………（179）
結　語 ……………………………………………………（185）
參考文獻 …………………………………………………（186）
後　記 ……………………………………………………（195）

第一章

緒　　論

第一節　道教儀經及詞彙研究概況

一　道教科儀經籍概況

道教是中國土生土長的傳統宗教，大約形成於東漢中期。儘管派別衆多且互不統屬，缺少公認的創始人，但各派均繼承先秦道家學說作爲思想源泉，融合民間信仰崇拜建立嚴密的神鬼體系，吸收方士丹術、儒釋禮法而形成以求仙、齋醮爲兩大活動主題的宗教體，滲透到社會生活的方方面面，深刻影響了中國人民的風俗習慣、社會心理甚至民族性格。這種兼容并包的姿態更是體現在卷帙浩繁的道教典籍之中。道教經典除由各派道士自行造作的數量龐大的道經以外，還將上百種諸子百家的著作、許多有關醫藥和天文曆法等方面的著作也納入其中，因此道教典籍顯得既豐富又蕪雜。2003年北京華夏出版社出版的《中華道藏》總計收入道籍1526種，約5000萬字，數目令人驚嘆。朱越利（1996：10）參照我國現代圖書分類法設計系統曾嘗試性地把道藏劃分爲十五部類：哲學、法律、軍事、文化、體育、語言文字、文學、藝術、歷史、地理、化學、天文學、醫藥衛生、工業技術和綜合性圖書。由此看來，道教典籍差不多相當於一部反映中國古代文明的百科全書了。

自靈寶派黃籙齋法創設以來，齋醮科儀成爲道教活動的一大主題，成爲道教吸引民衆擴大影響力的重要手段。"科儀"指道教的戒律、規範、禮儀等，是道教外在的宗教形式表現。《中華道藏》第五部類道教科儀就是記錄這些戒律規範及宗教禮儀的經籍文獻，包括第42、43、44三冊，共收道經140種。其中大部分出自《正統道藏》，有四種出自《萬曆續道藏》，四種爲敦煌道經。科儀經籍內容大致包括戒律類、威儀類、贊頌類和表奏類等四類經書。這四類中，威儀類經書最多，主要記錄各種齋法和醮儀。如《正一威儀經》所述威儀凡三十種一百三十二條，包括受道、法服、入靖、啟奏、讀經、講經等，幾乎囊括了入道奉教及道士日常生活的衣食住行等各個方面，是對各種教規的綜括。《道門科範大全集》達八十七卷，記錄各類齋醮儀軌。戒律類經書內容較明確，記錄歷來持齋行道應遵守的戒律，如金又玄子《太微仙君功過格》，分功格三十六條，過律三十九條。經頌、詩歌、步虛、青詞等屬於贊頌類經書，多爲韻文。如《三洞讚頌靈章》收集道門法事所用之各種贊頌九十八篇，內容或頌揚神真，或宣演道要，或勸善誡惡，或勸誦道經。禮懺文、奏疏、榜文歸於表奏類經書，一般有較嚴格的書寫格式和措辭規範。如《廣成集》爲唐末道士杜光庭所作，收表五十六通，齋詞三十一通，醮詞一百八十六通，均係爲帝王、大臣、信徒、道衆選時擇日，修齋設醮，上章陳詞，啟奏天曹諸真衆聖，以祈福禳災保生度死。《道門通教必用集》所載均爲持齋行道時應用的啟奏、儀文及訣法。

二　儀經詞彙研究概況

自道經造作出現起，人們對道經詞彙的訓釋和研究也隨之開始。有些道經經文本身就包含了不少道教詞語的訓釋材料，此外還出現了不少道經注本。如北宋陳景元編《元始無量度人上品妙經四注》保留了南朝齊嚴東與唐薛幽棲、李少微、成玄英爲《度人經》所作的注解。不過這些訓釋材料不但零碎，注解也多爲串講大意闡發義理，稱不上真正的詞彙研究。值得一提的是清代學者黃生，他曾對《周氏冥通記》中的個別語詞作了較爲詳盡的解釋，對道經詞彙的研究有一定的參考價值。

民國以後，國內外學者從不同方面和不同角度對道教經籍進行廣泛研究，取得了較爲豐碩的成果。自二十世紀二三十年代起，胡適、陳寅恪、湯用彤、陳垣、王明等從文獻學材料出發，援引金石、碑刻等相關資料進行深入考證，先後發表多篇論文，影響較大。國外道教研究主要以法國和日本爲中心。歐洲學者大多側重道教與民俗研究，日本學者則長於道經文獻和道教歷史研究。早期研究視角大多注重於文獻學、歷史學及宗教學方面，相關語言文字的研究較爲冷清。

直到二十世紀九十年代，這種冷清的局面有所改觀。一些學者認識到道教經籍在漢語詞彙史上的重要研究價值，開始關注道經詞彙研究，發表了多篇論文。如張立華《〈抱朴子〉通訓辨誤》，王雲路《〈太平經〉語詞詮釋》、《〈太平經〉釋詞》，連登崗《釋〈太平經〉之"賢儒"、"善儒"、"乙密"》，方一新《〈抱朴子內篇〉詞義瑣記》，汪維輝《〈周氏冥通記〉詞彙研究》、《六世紀漢語詞彙的南北差異——以〈齊民要術〉與〈周氏冥通記〉爲例》，馮利華《〈真誥〉詞語輯釋》，馮利華、徐望駕《陶弘景〈真誥〉的語料價值》，劉祖國《〈太平經〉注釋商兌》，王柯《〈太平經〉詞語選釋》，葉貴良《說"真"》，方一新、柴紅梅《〈神仙傳〉的詞彙特點與研究價值》，雷漢卿、周作明《〈真誥〉詞語補釋》等。

　　以道經詞彙爲研究對象的學位論文也從無到有。博士論文如葉貴良《敦煌道經詞彙研究》、馮利華《中古道書語言研究》、周作明《東晉南朝道教上清派經典行爲詞新質研究》、劉祖國《〈太平經〉詞彙研究》、牛尚鵬《道法類經書疑難語詞考釋》、忻麗麗《中古靈寶經詞語考釋》等。碩士論文如周作明《東晉南朝道教上清派經典詞彙新詞新義研究》、成妍《〈抱朴子內篇〉詞彙研究》等。

　　著作方面，陳國符《中國外丹黃白法考》是第一部專門研究道經詞語的專著，多是從現代化學角度來考釋煉丹術語詞。葉貴良《敦煌道經寫本與詞彙研究》、馮利華《中古道書語言研究》是在其博士論文基礎上出版的著作。葉貴良《敦煌道經詞語考釋》對敦煌道經詞語進行了較爲全面的考釋，結論多可信。另有多部道教辭書出版，如胡孚琛主編《中華道教大辭典》、中國道教協會編《道教大辭典》、李叔還《道教大辭典》、鍾肇鵬主編《道教小辭典》等，多收錄道教專有名詞，道經口語詞及疑難語詞則鮮有涉及。

　　綜觀上述研究，道教經籍於漢語史研究所起的重要作用已初步引起學者們的重視，道經詞彙研究取得了一定成績：一是考釋了一批道教典籍口語詞、疑難詞，對語文辭書部分詞條的釋義有所補正；二是研究視角和研究範圍有所擴展。儘管以上研究多聚焦於少數幾部早期道教著名經典著作，如《太平經》《抱朴子》《真誥》《周氏冥通記》等，多是就專書中個別或一些詞語進行零碎的考釋，但也可看到近來一些博士論文已經開始由點及面，嘗試採用專題研究的方式對道經詞彙進行較爲系統的研究。如葉貴良《敦煌道經詞彙研究》選取敦煌道經作爲研究對象，採用辨形、查音、明詞、推例、探源等方法考釋了一些道教特色語詞，展示了敦煌道經詞彙的整體概貌。牛尚鵬和忻麗麗分別選取道法類經書和中古靈寶經爲研究對象，前者包括道經 191 種，後者 145 種，試圖在一個封閉的研究範圍中對道教專題詞語加以系統考釋。這種研究方式值得肯定。

與此同時，道教典籍詞彙研究尚有諸多未勘探空間，對於道教典籍語料的整理利用範圍仍然較窄，一些道經極少有人問津，如在道教科儀類經籍這一領域存在很大的研究空白，至今尚未見到專門就科儀經籍詞彙進行考釋的相關論文及專著。此外道經多有疑難詞語，特別是青詞、贊頌類韻文，語言較爲難懂。以往研究較少關注，不少的疑難詞義至今尚無定論，存有爭議，不利於道經研讀和漢語史研究。

第二節　儀經詞彙的研究對象及內容

自東漢時產生，道教的傳承經歷了漫長的歷史階段，各時期均留下了數量衆多的道教典籍，所使用的詞彙也必然保留了同時期語言的特徵特色，反映出漢語發展的實際歷史，是研究漢語詞彙史難得的語料，具有重要的學術價值。不過研究現狀似與其重要性難相符合。葛兆光（2003：83）曾談到："我總覺得道教語言文字和詞彙的研究，現在還沒有特別得到關注。"這與佛典語言研究形成了鮮明的對比。近年來，語言學界在佛經詞彙研究方面取得了令人矚目的成績，不少學者通過挖掘漢譯佛經及梵漢對勘等新語料，進行專書和斷代研究，在中古漢語研究方面取得了一系列突出成果。而從事道經語言研究的隊伍和力量相較而言薄弱許多，這種局面甚至到現在也沒有實質性的改觀。同儒釋文獻語言一樣，道教語言對於漢語的影響也是深遠的，道經詞彙是漢語語詞的重要組成部分，在漢語史研究上占有相當重要的地位，至少缺少了道教語言的參與，漢語史的描寫是不完整的。

張婷、曾昭聰等（2005：7）在談到過去十年來道教典籍詞彙研究情況時認爲："目前對於專題性詞語的研究，比如對單音動詞、複音詞、同素異序詞的研究等等已出現了一些成果；但是，系統性的道教典籍專題詞語研究專著以及道教典籍構詞法研究專著卻還沒有出現。"實際上，要進行系統的專題性詞語研究，語料的選取十分關鍵，研究的方式或是採取專書研究，或是進行斷代語料研究，目的都是在一個相對封閉的研究框架內通過窮盡語料得出較爲可信的結論。然而兩種語料的選取方式也有局限：專書研究難免研究視角狹窄之嫌，斷代研究則由於資料繁雜，易生力有未逮之感。《中華道藏》的編排提示我們可以嘗試進行另外一種研究方式，即把內容性質相同的道經文獻歸納在一起作爲研究對象，這樣使得對同質語料進行窮盡式的研究得以可行，也較利於揭示和分析道經詞彙的意義和特點。

綜上所述，道教科儀類經籍詞彙是語言研究的一個嶄新課題。參考《中華道藏》的編排分類體例，我們以科儀類道經作爲研究對象，以三家影印本《道藏》和敦煌道經作爲考察材料，具體考察了見於《中華道藏》8、42、43、44 冊共 148 種道經，200 餘萬字。重點對道經疑難語詞的意義、道經俗字的特點以及道經文本整理進行綜合分析與研究。我們所關注的疑難語詞的範圍大致包括部分不易理解、不見於諸道教辭書的道教語詞以及部分前人未釋而難解或前人已釋但釋義有誤的普通語詞，基本上著眼於"字面普通而義別"與"字面生澀而義晦"這樣兩類易致疑難的詞語。

道教科儀類文獻在詞彙研究方面尚是一片空白，以此作爲研究選題，初步描寫科儀類道經詞彙的概貌，揭示道經詞彙的特殊意義，分析道經詞彙的特點，對於挖掘漢語研究的新語料，擴大漢語研究的領域從而宏觀把握漢語研究及語言發展的全貌，爲漢語史的研究提供有價值的參考具有一定的作用。對科儀類道經詞彙作初步研究，具體包括三方面：第一，辨析道經俗字訛字。對道經的校點整理提出商榷意見，推進道經文獻的校勘和整理。道經多存古字，好用俗字，科儀類道書在流傳中因輾轉傳抄、漫漶脫奪而發生的文本訛誤現象爲數不少，這些文字障礙不加以清除，就無法準確解讀經文從而影響到經義的理解與闡釋。《中華道藏》對科儀類道經進行點校是首創之舉，給閱讀和研究帶來了很大的便利，是極爲有益的成果。然而任何工作都不可能畢其功於一役。由於各方面的原因，文本校理并不能盡如人意。於此作扼要辨析，以期益於道經文獻的進一步整理。第二，對科儀類道經疑難語詞進行初步釋解。目前較少有人涉足科儀類道書詞彙研究，但這并不表示相關道書詞彙沒有研究價值，相反，一些道經語詞不僅各類辭書未收，在其他文獻材料中罕見其例，道經典籍中卻有大量用例，可以爲漢語史研究提供新材料和新例證。第三，嘗試推求詞語語源，考求詞義來源。詞語的溯源是詞彙研究的重要內容，從道經語料出發，舉例探析詞語的構造理據，勾勒詞義的源流演變軌迹。

第三節　儀經詞彙的研究價值及意義

本論題總體上屬於道教專題詞彙研究，通過挖掘科儀類道書的語詞新材料，揭示道書疑難詞彙的意義及特點，爲漢語史特別是漢語詞彙史研究提供可靠的語料支持，在一定程度上促進漢語詞彙史向更深層次發展，有助於從多方面推進道教的相關研究。

一　疑難語詞考釋與道經義理闡釋

首先，研究道經詞彙，特別是弄清疑難語詞的意義，可爲準確解讀道經文本、推進道教研究奠定堅實基礎。作爲一個特殊社會集團的使用語彙，道經文獻語言以一般漢語語詞爲基礎，同時又賦予這些語詞特定的意義以滿足表達經義的需要。一旦這些普通語詞被賦予道教意象，就打上了具有鮮明道教特色的烙印，祇有深入了解這些特定含義，方能準確還原其語義。時移代序，語言演變，今人審讀這些道經已難通其義，主要原因就在於不明語詞的意義。揭示并分析這些語詞的含義，是準確理解道經典籍、解讀道經文本的先決條件和前提基礎。由於這些語詞字面普通，或以其常義度之，則易生誤解。如：

胎

《說文·肉部》："胎，婦孕三月也。从肉台聲。"胎兒爲男女陰陽和合，孕育而生，這與道教所論世間萬物皆由陰陽元氣所化而成的教義相一致，因而"胎"屢屢在道經中使用，道經作者尤其喜用"胎"來表述闡釋修煉養生之術。

道教修持煉養術有所謂"胎息"和"胎食"法。論述"胎息"之法的經文很多，如《高上玉皇胎息經》、《胎息經注》及《太上養生胎息氣經》等。較簡明的論述如晉葛洪《抱朴子內篇》卷八《釋滯》："得胎息者，能不以鼻口噓吸，如在胞胎之中，則道成矣。"又清王士端《養真集》卷下："止有一息，腹中轉旋，不出不入，名曰胎息。"丹家將胎息術視爲修鍊內丹法，即在丹田內結胎，僅靠丹田內之微弱氣息起伏維持，而不經口鼻。《胎息經·胎息銘》："三十六咽，一咽爲先。吐唯細細，納唯綿綿。坐臥亦爾，行立坦然。戒于喧雜，忌以腥羶。假名胎息，實曰內丹。"《後漢書・王真傳》："王真年且百歲，視之面有光澤，似未五十者。自云：'周流登五岳名山，悉能行胎息胎食之方，嗽舌下泉咽之，不絕房室。'"李賢注引《漢武內傳》："習閉氣而吞之，名曰胎息；習嗽舌下泉而咽之，名曰胎食。真行之，斷穀二百餘日，肉色光美，力並數人。"王真是東漢時方士，擅長"胎息""胎食"等煉養術。"胎食"爲辟穀法，指嗽舌下津液吞咽而不食穀物，對於黃精、雲牙等所謂仙品則不受限制。《齋戒籙》："胎食者，我自所得元精之和，爲胞胎之元，即清虛降四體之氣，不復關外也……服胎氣，久爲嬰童，與道混合爲一也。""胎息"與"胎食"是道教高深的的煉養方法，其實如葛洪"如在胞胎之中"所論，道教修煉所希冀達到的境界，類似胎兒在母體中可以不食不息而仍然生長，故以"胎"名之。

"胎"在道經中可特指神仙元神之體。道經習見"胎仙"之稱，如《要修科儀戒律鈔》卷二："又叩齒十二通，上啟扶桑大帝、暘谷神王，甲令入室披詠玉經，乞使靜室，英芝自生，玉華寶耀，三光洞明，萬徧胎仙，得同帝靈。"又《上清三元玉檢三元布經》："夫爲學者，當詠妙唱於寂室，散玉音乎九空。則七祖受惠於高上，幽魂更生於胎仙。變元父於靈都，歡玄母於玉房。積感發乎精情，密思徹乎太空。披神顏於妙想，招靈降於自然"。又有"仙胎"，如《大洞玉經》卷下："神拔三塗積，仙胎結兆形。"

《漢語大詞典》"胎仙"條列兩個義項："鶴的別稱；道教神名。"此二義都難與上諸句相合。閔智亭、李養正（1994：738）釋"胎仙"爲內丹名詞，收六個義項，諸義項亦難通達。竊謂"胎仙"亦即"仙胎"，爲同素逆序複合詞，指神仙之胎、神仙之體。道教講究存注之法，道士要在存思中通感接靈參拜仙真，在道經的描述中，仙人之形有不少就是以胎嬰爲像。《大洞金華玉經》："帝一尊君，形如始生之男，不著衣服，身長四分耳。所謂大混反胎，始形之真也。"又《洞真高上玉帝大洞雌一玉檢五老寶經》："五神並贏身無衣，如胎嬰之狀。"神仙作胎嬰之形其實就是所謂仙人的"元神之體"。

道經又有"反胎"。《道門科範大全集》卷七十八："伏以滅迹去世，雖人道之有終；反胎藏形，由仙功之未滿。"又《太上黃籙齋儀》卷五十六："太陰冥冥，萬劫無期。陽光洞煥，下照朽骸。魂受光明，鍊景反胎。得生浄境，懽樂熙熙。"又《黄籙九陽梵炁燈儀》："良遇非年歲，劫數安可稱。浮爽緣故條，反胎自有恒。靈感洞太虚，飛步霄上冰。津趣鼓萬流，潛凝真神登。無愛固無憂，高觀稽首昇。"葉貴良（2009：199）釋"反胎"爲："回到胞胎時期；重生；再次投生。"三個義項用來解釋以上例句，似有未洽。道經中"反胎"常與"化仙""更仙"連用，如《要修科儀戒律鈔》卷一："明燈捻香，當願弟子及兆之身七祖父母，早離刀山、三塗五苦之中，昇度南宫，反胎更仙。事事如法，剋得道真。違盟負科，考及兆身。"又《上清胎精記解結行事訣》："蕩去死氣，滅絶胞根。靈景填固，棄諸凶患。結結得解，節節納真。玄光流布，洞觀皇淵。言名九天，返胎化仙。内充外盈，表裏成神。""反胎"與"化仙"連用，胎即爲仙。反與化對文同義。趙家棟（2010：14）認爲"反"有"變"義，文獻中"變"常與"反"通借。"反""變"音近義通，"反"上古屬幫母元部，"變"上古屬幫母元部，"反"與"變"古常通用。《詩·齊風·猗嗟》："四矢反兮，以禦亂兮。"唐陸德明釋文："反，《韓詩》作變。"《列子·仲尼》："夫回能仁而不能反。"東晉張湛注："反，變也。"《淮南子·原道》"時之反側"，《文子·道原》作"時之變側"。北齊顔之推《顔氏家訓·雜藝》："北朝喪亂之餘，書迹鄙陋，加以專輒造字，猥拙甚於江南。乃以百念爲憂，言反爲變，……如此非一，遍滿經傳。"敦煌 S.338《正名要録》收有變的俗字"訮"，可知反、變同源，兩詞常可通借。據此，道經中"反胎"即"變胎"，指變成仙胎，謂凡人由肉質而脱胎换骨、鬼魂因鬼質而拔度成仙。道經又有"變胎"。《上清大洞真經》卷六："謹請大洞帝一太素尊靈，父寧母精，二合雙成，百真大混，一個始生，身結入烟，變胎元嬰，日月寶光，洞我軀形。""變胎"與"反胎"意同。又《道門通教必用集》卷七有這樣的描述："混沌元一，黄氣交馳。感覆真老，變化嬰兒。養育元氣，胞胎兩儀。"又《上清大洞真經》卷五："百神混帝一，大慶流回風。反兆朽艾形，改貌爲嬰童。世世入仙臺，玄玄登羽宫。大劫雖屢傾，與日方增崇。"又《上清大洞真經》卷四："散七世之積屍，解七祖之罪仇。上生天帝堂，反真更受胎。"其中"變化嬰兒""改貌爲嬰童""反真更受胎"即是對"反胎"的解釋。

神仙之體爲何稱"胎"呢？道教認爲"一生二，二生三，三生萬物"，萬物皆由元炁孕育，神仙種人莫不如此，元炁即被稱爲元胎。《正一修真略儀》:"混沌始生,元胎結形,皆禀璇璣七政,分化萬靈。修存之事,具如籙文。功成道備,元真合昇。"如同胎兒由母體孕育而後長大成人一樣,元胎是混沌元氣,可以"分化萬靈"。《上清元始變化寶真上經九靈太妙龜山玄籙經》卷上描述了胎仙成長的過程:"三光朗明,六氣鬱清。含真固景,氣秀華生。金仙父母,養育胎嬰。百神哺飴,玄灌我形。使我景飛,骨昇肉輕。徘徊雲宫,出入八冥。與道齊真,三元同齡。"

道教認爲即使是凡人,胎兒時期也最爲可貴。《道門通教必用集》卷五:"人之一身,豈不至貴。尤所貴者,唯吾一真。是厥初生,純粹精白,人能處世,各知自存。周身中神,欣喜踴躍。頂戴之星,光明照耀。其或精鍊,可致神仙。真正慈仁,亦能久視。"歷來民間有"嬰兒能通靈""嬰兒能預卜未來"之類的說法,表明道教對民俗的影響之深。歸根結底,這與道教希求成仙、長生度世的教義相關。不管是變爲仙胎還是返老還童,終極目的都是卻老長生,而能夠卻老長生,即是成仙。

其次,科儀經籍記錄道教各種齋醮儀軌,是道教義理的載體,也是道教文化的表現形式。道教文化的傳播和影響很大程度上取決於道教科儀的興替、傳承及普及程度,而這又被忠實地記錄在科儀類道經中。科儀經籍詞彙研究對於傳承道教思想、弘揚道教文化、研究道教活動具有重要價值,有助於深入剖析道教科儀的文化内涵及思想義理。可以這樣說,詞彙研究的狀況直接影響着道教研究的進展。如:

解厨
道士爲人解厨,須擇大德之人、善心者,不用惡逆無禮之人,解不得福。(《要修科儀戒律鈔》卷十二 6/979/a)

"解厨"是早期天師道信衆聚集會餐的一種活動。厨即厨會,天師道最初以"治"爲單位建立了嚴密的組織體系,規定奉道者要按時參加治内的固定活動。此外還有一些道衆間小規模的聚會,組織者常會設置飯食,邀請相關奉道者前來參加活動,猶如今之聚餐,即爲厨會,也稱"設厨"。厨會的設置目的不一,奉道者遇婚嫁、生育、疾病、喪亡等事均可設置。受邀請者須爲設厨者求福或禳災。北魏寇謙之《老君音誦誡經》:"吾今并出新法,按而奉順。……民户雜願歲常保口厨具,産生男女,百災、疾病、光怪、衆説厨願，盡皆斷之。惟有校藏三分取一，即其民市買計厨會，就家解散。"校藏指道衆所交納的信儀財物。此爲寇謙之改革天師道舊法，規定除"校藏"可設厨會外，餘皆斷除。這也從反面說明舊時厨會設置頻繁。厨會參加人數不一。《資治通鑒·宋紀一》載："（北魏明元帝）起天師道場于平城之東，重壇五層，給道士百二十人衣食，每月設厨會數千人。"皇帝有錢，設厨的規模很大，普通民衆無法與之相比。唐朱法滿《要修科儀戒律鈔》卷十二："《太真科》曰：家有疾厄公私，設厨名曰飯賢。可請清賢道士上中下十人、二十四人、三十人、五十人、百人，不可不滿十人，不足爲福。"設厨也有等次之分："生男上厨，生女中厨，增口益財下厨。"南朝宋陸修靜《陸先生道門科略》："若生男滿月，齎紙一百，筆一雙，設上厨十人。生女滿月，齎掃帚、糞箕各一枚，席一領，設中厨五人。"

對齋主來說稱爲"設厨"，就參會聚餐的道士而言則稱之爲"解厨"。解本爲分解義。由具體的分解動作引申指分散、解散義。《禮記·檀弓下》："殷人作誓而民始畔，周人作會而民始疑。苟無禮義忠信誠慤之心以蒞之，雖固結之，民其不解乎！"唐孔穎達疏："言當解散離貳也。"解厨，字面義即是消解厨宴，由於厨會設置目的爲求福或禳災，解厨又美其名曰"解福"。《太上洞玄靈寶四方大願經》載解厨法："祝人布施中食及解厨并齋飯法：今爲某甲請設齋食，當願一切無不飽滿，世享天厨。德流齋主，如水歸海。宗枝徹長，常處貴勝。世與四輩，俱生快樂。七世父母，得免長夜。九幽之府，魂神自在。災消福降，生死昇仙。"最初的解厨其實是道衆集會活動結束以後的大歡宴，厨宴有酒有肉，很是豐盛。這種行爲在後來的佛道論爭中成了佛家攻擊和批評的對象。如南朝梁僧祐《弘明集》卷八"解厨纂門不仁之極三"說："夫開闡大施，與物通美。左道餘氣，乃纂門解厨，矜身與食，懷嚨班之態。昔張子魯漢中解福，大集祭酒及諸鬼卒，酣進過常，遂致瞀逸，醜聲遐布，遠達岷方。"纂門解厨，猶言聚集在一起大會餐。道教自身也對此有所反思，後加以變革。如南北朝《玄都律文》："律曰：道士、女官主者，誅罰邪僞，清寧四海，受民以禮，養育群生。三會吉日，質對天官，教化愚俗，布散功德，使人鬼相應。而比者衆官烹殺畜生，以供厨會，不合宴法，殺生求生，去生遠矣。犯者殃及後世，主者罰筭一紀。"又北魏寇謙之《老君音誦誡經》："老君曰：厨會之上齋七日，中齋三日，下齋先宿一日。齋法：素飯菜，一日食米三升，斷房室，五辛、生菜、諸肉盡斷，勤修善行，不出由行，不經喪穢。"又"老君曰：廚會之法，應下三槃。初小食，中酒，後飯。今世人多不能三下槃，但酒為前，五升為限。明慎奉行如律令。"不但飲食由葷變素，酒僅五升為限，對參加者裝束舉止也有了要求。《玄都律文》："律曰：男官女官，籙生道民，至於解廚，家主齋戒，宿請客言刺，被請之身皆嚴整，勿履穢污，悉沐浴，換易衣裙、幘、褐、袴、襠，不得著裙履露衣，輕冒至真。"後來者儘管對解廚加以改革但卻並不取消，畢竟這種方式對道眾而言是有較大的吸引力的。時至今日，在一些落後的農村，某些宗教組織仍然採取這種方式傳教。筆者的老家一帶大信基督，鄰村就有一個傳教聚集點。每逢周末，本村的信徒就前往聚會，主持者提供飲食，信眾一起用餐，形式頗與道教解廚類似。

　　道教設廚解廚的活動，實際是民間習俗的翻版。古時民眾舉辦祭祀、節慶等活動，結束時一般要將祭品集體吃掉或者分掉。《詩·豳風·七月》："九月肅霜，十月滌場。朋酒斯饗，曰殺羔羊。躋彼公堂，稱彼兕觥，萬壽無疆！"又《詩·小雅·信南山》："祭以清酒，從以騂牡，享于祖考。執其鸞刀，以啟其毛，取其血膋。是烝是享，苾苾芬芬，祀事孔明。先祖是皇，報以介福，萬壽無疆！"又《史記·孔子世家》："桓子卒受齊女樂，三日不聽政；郊，又不致膰俎于大夫。孔子遂行，宿乎屯。"按照古禮的規定，大夫、士都要參加天子、國君的祭祀儀式，稱為助祭。祭祀結束後，要把祭祀用的犧牲分給助祭之人，再由他們分賜給自己的家臣，以明分享神恩之義。主政的季桓子沒分祭品給孔子，孔子認為此不合禮，就離開了魯國。又宋黃大受《春日田家三首》其二："二月祭社時，相呼過前林。磨刀向豬羊，穴地安釜鬲。老幼相後先，再拜整衣襟。釃酒卜茭杯，庶和神靈歆。得吉共稱好，足慰今年心。祭餘就廣坐，不問富與貧。所會雖閭里，亦有連姻親。持胾相遺獻，聊以通殷勤。共說天氣佳，晴暖宜看春。且願雨水勻，秋熟還相親。酒酣歸路喧，桑柘影在身。傾欹半人扶，大笑亦大嗔。勿謂濁世中，而無義皇民。"詩歌詳盡地描述了祭祀活動的全過程及祭祀結束後村民聚宴歡飲醉歸的場景。直到今天，人們節慶聚會的最主要活動仍然少不了酒宴上的觥籌交錯。

　　少數民族有同樣習俗。苗族自古有祭龍神習俗。"祭祀之日，由鬼師操持儀式，人們將豬、雞等九或十二數目的牲畜殺好煮熟，放在龍石祭桌上供龍神，鬼師用祭語向龍神陳述虔誠，請求庇佑。祭祀結束，全村便在龍潭四周聚餐，將所殺牲畜，所供食物全部掃光，儀式結束。"（吳承德、賈昉，1993：21）彝族人在祭龍日"吃過早飯，全村人抬著龍蛋、祭品到龍山密林去祭龍，把祭龍的地方周圍打掃乾淨，鋪上青松毛，各家各戶在龍山密林內擺上供品，開始祭龍。祭祀結束，以戶爲單位在密林內共用午餐"（通海縣民族事務委員会，1994：27）。滿族人"祭索繩，開始將鎖袋打開，拴好鎖繩。將小跑卵（即小公豬）綁好。於佛托媽媽案前'領牲'，殺死，褪毛，切塊入鍋。煮熟後如生豬樣擺在方盤內。祭祀結束，拿入屋內，共同食用"（张杰贵，2006：136）。

民俗又把祭祀用的供品或做法事用的供品稱作"福物"，將這種祭祀後會餐的行爲稱作"散福""打散"。《水滸傳》第十五回："六籌好漢正在後堂散福飲酒，祇見一個莊客報說：'門前有個先生，要見保正化齋糧。'"又《金瓶梅詞話》第四十九回："一齊拿上來與梵僧打散，登時把梵僧吃的楞子眼兒。"又《儒林外史》第二十回："〔老和尚〕先捧到牛布衣柩前奠了酒，拜了幾拜，便拿到後邊與衆人打散。"

此外，道教在發展過程中深受佛教的影響，道教許多有關科戒儀軌的規定直接脱胎於佛教。這種影響在道教語言中也有明顯表徵，很多詞語借自或仿自佛教詞，當然道教在使用這些詞語時，其詞義大多發生了轉變，用以表達道教特有的教義。如：

始相

髮膚身體，遞代相傳。億劫以來，莫知其數。我相既立，始相旋衰。因我相故，遂有六親。（《道門通教必用集》卷八 32/46/c）

我相，原爲佛教語，是四相之一。《金剛經・大乘正宗分》："若菩薩有我相、人相、衆生相、壽者相，即非菩薩。"佛教用"我相"表示輪回六道的自體存在，并認爲是煩惱之源。道經中借用"我相"，審上下文意，前述"髮膚身體，遞代相傳"，後言"我相既立，始相旋衰"，顯然用"我相"來指自身。孩子長大，則父母變老，"始相旋衰"，當指父母衰老。"始相"明顯是仿"我相"而造，始相猶相之原始、相之來源，即指父母。《玄門報孝追薦儀》這樣解釋"始相"："乾元坤元，乃人元之資始；父相母相，即我相之肇基。"又《玄天上帝說報父母恩重經》："我相既有，父相母相，日漸衰朽。緣我相故，令我父母，始相沉埋。"又"我從今日，從我相中，悉滅貪嗔，悉破嶮峻。持念平等，用報始相。使我始相，大得快樂，無諸苦惱。"始相即謂父母親。

二　疑難語詞考釋與道經斷代

爲了增加神秘性及對信衆的吸引力，不少道經造作者在造作道經時常不署作者、不著年代，而假以天書神授，託古淵源。如陳國符（1985：8）所說："道書述出世之源，多謂上真降授，實則或由扶乩，或由世人撰述依託天真。"這種情況給相關研究帶來諸多不便，目前已有學者從不同角度對這些不明年代道經的造作時代加以考辨。以《洞玄靈寶千真科》爲例，文前小序謂此經爲"三國吳赤烏三年正月一日，太上道君降勞盛山，命千真爲太極左仙公葛玄說科戒"，即《千真科》。

任繼愈等（1991：1119）從經文所出現"三洞"說推測爲南朝時靈寶派道士作："考本篇中多次言及'上清'，不應出於東吳時。如篇內云：'上清法師不應受人大戒，不應受人依止，不得畜弟子，不應爲人教授……'又云：'上清爲大洞是大乘，洞玄靈寶是中乘，洞神三皇爲小乘。'此等文字當出於陸修靜網羅道書，總括三洞之後。蓋此篇乃南朝靈寶派道士所依託者。唐朱法滿《要修科儀戒律鈔》曾數次引《千真科》。可見本篇蓋出於唐代之前。"法國學者施舟人等（2004：576）從一些專有詞語如"常住""淨人""綱維""王敕與度"及各種戒律規定認爲此文約作於七世紀，不早於隋，是模仿佛教戒律所作。丁培仁（2006：19—22）從文中表現的避諱情況、道教制度、名物掌故諸方面推測此文作於唐太宗時期。

徐復（1990：317）認爲詞彙"是最現實的，也是變化最敏感的東西，祇要時代一有了變化發展，它就跟著產生了新的詞語。所以要推測一篇作品的寫定年代，祇有從詞彙中去尋求，纔能得出較爲正確的結論"。詞彙在演變發展的歷程中，除了繼承穩固的基本詞彙外，每個時代都會有舊詞舊義的消失及新詞新義的產生而構成這一時代的詞彙特徵，因而將這些特徵語詞作爲甄別作品時代的一個證據應該是可信的。基於此，我們檢索大型電子語料庫《中國基本古籍庫》，對《洞玄靈寶千真科》中一些詞語、詞義的首見年代作了考察，結論支持丁說，其造作時代當爲唐初。茲舉四例：

親俗

今日之後，禮聖禮真，永離親俗。人各三禮，長爲俗別。第一禮國王帝主德澤無盡，第二禮州縣官長度脫之恩，第三禮存沒父母得與出家離俗。(《洞玄靈寶千真科》34/375/a)

親俗指修道者的親人。釋、道謂塵世間爲俗，與出家相對。"親俗"首見於唐時文獻，但此時似乎還未固定成詞，其結構可作不同切分。如唐道世《法苑珠林》卷二十八《致敬篇·普敬部》："今且據釋迦一代現化而述，故權受胎，八相成道，利益淺機，漸通大教。乃至父母諸親俗尊上禮如來，何況下凡，而不虔敬也。"尊謂尊長，可作爲對人父母的敬稱。親俗尊，承指前述"父母"，似以"親俗"連言作"親俗/尊"切分爲優。又唐道宣《四分律行事鈔》卷下一《二衣總別篇》："謂禪帶也，廣一尺長八尺。頭有鉤，三重用熟韋，餘法如彼，應私屏處著之。寒雪國須襪，聽從非親俗人乞作，不得餘用。毘尼母寒處聽著俗人靴。"非親俗人，指除自己親人外的俗人，可切爲非親/俗人，似也可切爲非親俗/人，此俗則泛指，又似以"俗人"連言爲長。道經用例又見清王常月《初真戒律》"出入威儀"："不得與親俗小兒等笑談雜語。"親俗，當謂俗家親人。

親俗，後用來指親戚。宋王象之《輿地紀勝》卷五十八《風俗形勝》"島夷卉服"下注："百姓異居，親俗各別。"親俗各別，謂親戚互不相干。又明賀復徵《文章辨體彙選》卷七百七十"黑心符"："就夫言之，乃並枕於菟、連盤野葛；就子孫言之，乃通心鑽、徹骨錐；就朋友親俗言之，乃一輪車、四牆屋。"朋友親俗，指朋友親戚。又明徐三重《家則》："其親俗有爲僧道者，雖至親不得往來。"前言親俗，後述至親，親俗即親戚。又清吳士玉《駢字類編》卷一百六十七器物門二十"斧柯"條："《水經注》：《東陽記》云：信安縣有縣室坂，晉中朝時有民王質，伐木至石室中，見童子四人彈琴而歌，質因留倚柯聽之。童子以一物如棗核與質，質含之便不復飢。俄頃童子曰其歸，承聲而去，斧柯漼然爛盡。既歸，質去家已數十年，親俗凋落，無復向時比矣。"此事引自北魏酈道元《水經注·漸江水》："既歸，質去家已數十年，親情凋落，無復向時比矣。"兩相對照，親俗即親情。親情指親戚。唐拾得《詩》之四："聚集會親情，總來看盤飣。"又宋范仲淹《與李宗易向約堪任清要狀》："堪任清要任使者，各同罪保舉貳名，並須歷任無公私過犯及不是見任兩府，並自己親情，方得奏舉。"親情均指親戚。又清錢維喬《（乾隆）鄞縣志》卷一："相傳史越王母夫人以十六日生，故易是日爲佳節，遂以龍舟娛其親俗，竟因之不改。"親俗指爲王母夫人慶生者，即史越王之親戚。

去代

科曰：聖人去代，衆生戀慕，可以駐心，發衆生敬信。（《洞玄靈寶千真科》34/377/a）

聖人去代，文獻僅見此一例，而"聖人去世"則多見。如南朝梁慧皎《高僧傳》卷十一"釋玄高八"："有沙門法達，爲僞國僧正，欽高日久未獲受業。忽聞恒化，因而哭曰：'聖人去世，當復何依？'"又南朝梁陶弘景《真誥》卷十五："賢人、聖人去世，先經明宸第三天宮受事。"又元胡祗遹《紫山大全集》卷八《郝孝子詩卷序》："聖人去世千八百年，門弟之學於師，師之傳授乎門弟。"又元念常《佛祖通載》卷八："沙門法進號呼曰：'聖人去世，我何用生！'應聲見高於雲中，進頂禮乞救。""聖人去代"意與"聖人去世"相同。去代，即去世，指人死。也見於唐賈曾《俱舍論頌疏論本》："昔釋迦去代，過九百年，天親菩薩纂論千部。弘宣蓋遠，發起良多。"又唐柳宗元《柳州新修文宣王廟碑》："今夫子去代千有餘載，其教始行，至於是邦，人去其陋而本於儒。"又宋柳開《河東集》卷十四《宋故中大夫行監察御史贈祕書少監柳公墓誌銘并序》："五月朔，先君疾，十日旦去代。開困病甚，號擗絕死，叔撫而存之。"去世言去代，唐前未見，唐後亦僅見宋柳開例，蓋與唐時避太宗世民諱有關。準此，則《千真科》文當作於唐初。或另有可能唐人抄錄前代作品時也可避諱，不過綜合考慮其他詞的始見時代，《千真科》不太可能爲唐前人作。

又梁蕭統《文選·范蔚宗〈逸民傳論一首〉》："易稱遁之時，義大矣哉。"唐李善注："孔子曰：遁，逃也。謂去代不求利，是其大也。"此去代，謂離開塵世，指隱居。

科索

若有不依正法，遊入他觀，妄有輕欺，科索酒肉；或媒嫁淨人，賣買奴婢，及餘畜產；或造順俗之制，犯罪囚禁，遭赦得免；或自貨

賕，方便得脫；或奪賊物，因利求利；律有正科，依法與罪。(《洞玄靈寶千眞科》34/370/b)

"科索"一詞唐前文獻未見，爲索要義，文中另有"非監廚人不得向廚下有所科索飲食"一句。這兩例也見于唐朱法滿《要修科儀戒律鈔》。與此內容相似的文字又見于唐釋道宣《四分律行事鈔》卷上二："飲酒醉亂輕欺上下者，罰錢及米，或餘貨賕；當時同和，後便違拒不肯輸送，因茲犯重，或行杖罰，枷禁鉗鎖；或奪財帛以用供衆；或苦役治地，斬伐草木，鉏禾收刈；或周年苦役；或因遇失奪便令倍償；或作破戒之制，季別依次鉏禾刈穀；若分僧食及以僧物，科索酒肉，媒嫁淨人，賣買奴婢及餘畜產，或造順俗之制，犯重囚禁遭赦得免，或自貨賕方便得脫，或奪賊物因利求利。"兩相對照，知《洞玄靈寶千眞科》是對《四分律行事鈔》的刪改，可視爲《洞玄靈寶千眞科》不早於唐的文獻證據。

科本義爲品類、等級。《說文·禾部》："科，程也。"又《論語·八佾》："射不主皮，爲力不同科。"朱熹集注："科，等也。"又漢陸賈《新語·至德》："於是賢愚異議，廉鄙異科，長幼異節，上下有差。"割分品等則爲考核、查核。如《淮南子·時則》"三月官鄉"漢高誘注："三月科民戶口，故官鄉也。"又《三國志·吳書·孫皓傳》："於是遂立皓，時年二十三。"裴松之注引晉虞溥《江表傳》："皓初立，發優詔恤士民，開倉廩振貧乏，科出宮女以配無妻。"確立等級的標準即爲法規、科律。統治者按一定的法規徵收賦稅，故科又引申有徵收、索要義。如唐劉肅《大唐新語》卷七："高宗使中官緣江採異竹，植於苑內。中官科船載竹，所在縱暴。"又宋曾鞏《本朝政要策·添兵》："沿邊瘡痍之兵不滿萬計，皆無鬥志，河朔震搖，悉科鄉民爲兵以守城。"科鄉民謂徵發鄉民。又宋宋敏求《唐大詔令集》卷一百十一《置勸農使安撫戶口詔》："勿令州縣差科、征役、租庸，一皆蠲放。"差科，即指差役和徵稅。科索爲同義連文，當不早于唐前出現。

《釋名·釋典藝》："科，課也，課其不如法者罪責之也。"科與課《廣韻》均音苦禾切，有同源關係。課也有考核、考查義。如《管子·明法》："故明主以法案其言而求其實，以官任身而課其功。"又唐顏眞卿《朝議大夫贈梁州都督上柱國徐府君神道碑》："戶部侍郎徐知仁請爲招慰南蠻判官，奏課居最，轉瀛州司法參軍。"以考查結果來評判等級也爲課。如《廣雅·釋言》："課，第也。"王念孫疏證："課，謂品第之也。"又《楚辭·招魂》："與王趨夢兮，課後先。"王逸注："課第群臣先至後至也。"統治者依據等第來徵收賦稅，課又引申有徵收、索要義。如《漢書·食貨志上》："過（趙過）試以離宮卒田其宮壖地，課得穀皆多其旁田畝一斛以上。"又清李漁《閑情偶寄·頤養·止憂》："啼饑號寒者迫於內，課賦索逋者攻於外，憂能忘乎？"科、課構成一對同義詞例。

嫌鄙

科曰：若就齋戒儀軌，大德之人當前坐，約語徒衆，必使齋整，勿使主人有所嫌鄙。(《洞玄靈寶千真科》34/371/a)

嫌鄙，謂看不起、厭惡。此詞最早見于唐玄奘譯《瑜伽師地論》卷四十四："若有菩薩其慧微劣，於說法師心生嫌鄙，不欲從其聽聞正法，當知此行不求自利退失勝慧。"唐後文獻常見。如宋釋贊寧《宋高僧傳》卷二："一說畏曾寓西明道宣律師房，示爲麁相，宣頗嫌鄙之。至中夜宣押蝨投于地，畏連呼律師撲死佛子。宣方知是大菩薩，詰旦攝衣作禮焉。"又卷十八："懸知嫌鄙伽者，乃昌言曰：'吾有五十萬錢奉助功德，勿生橫議。'"又宋蘇軾《蘇文忠公全集·東坡續集》卷五《答李寺丞二首》："某謫居粗遣，廢棄之人，每自嫌鄙，況於他人。君獨收邮，有加平素，風義之厚，足以愧激頹靡也。未緣會見，萬萬以時自愛。"又《初刻拍案驚奇》卷二九："況且有心嫌鄙了他，越看越覺得寒酸，不足敬重起來。"

三 爲辭書編撰提供有價值的參考資料

王雲路（1993：26）說過："搞好辭書編纂，是語言建設的一項重要任務，不僅反映了辭書事業的興旺與否，更體現了語言研究水準的高低。"

從某種意義上說，詞典是現有詞彙研究成果的集中展示，體現著詞彙研究的廣度和深度；反之，詞彙研究的水準又直接影響詞典編纂的質量，是詞典編纂的前提和基礎。《漢語大詞典》是目前國內最具權威的大型辭書，以"古今兼收，源流并重"爲編纂原則，出版以來，馳譽學林。然因書成衆手，訛誤在所不免。2010年上海辭書出版社出版《漢語大詞典訂補》，針對詞目收錄未備、釋義有誤、義項缺漏及例證欠缺諸方面對

《大詞典》加以訂補。釋義是詞典的核心。考釋詞義一般採用排比歸納的方法,盡可能地收集同類用例加以比較分析得出詞義。若僅以少數用例或者宥於例句語境的影響遽下判斷,則易出現釋義不確的情況。讓人略感遺憾的是,由於編者對道教文獻關注及利用有限,不僅許多道教特色詞語未收,一些常用於道經文獻的普通詞語及詞語義項也沒有得到反映。通過對道經文獻字詞的研究,我們可以增補字典辭書中遺漏的詞條、義項,提前書證的年代,也可以糾正字典辭書釋義方面的一些錯誤。比如:

擠壑

棄遺宗族,徒令相怨於一方;委遠弟兄,寧肯同居而共被。問津莫答,擠壑是圖。既因六行之無聞,豈固一夫之不獲。(《道門科範大全集》卷八十五 31/959/b)

擠壑,語本《左傳·昭公十三年》:"小人老而無子,知擠於溝壑矣。"杜預注:"擠,隊也。"隊即墜。《說文·手部》:"擠,排也。"段注:"謂排而墜之也。"排有推義。《楚辭·遠游》:"命天閽其開關兮,排閶闔而望予。"南宋洪興祖補注:"排,推也。"擠即推而使墜,"擠壑"爲"推擠使墜入溝壑"之義。典籍習見。唐駱賓王《駱丞集》卷四《姚州道破逆賊諾波浪楊虔等露布》:"斬首千餘級,轉戰三十里。激流膏而爲泉,似變萇弘之血;委亂骸而擠壑,若泛鱉靈之屍。"委亂骸而擠壑,指將屍體拋入溝壑。《左傳》述楚靈王在得知他的兒子們被殺後,傷心地跳下了車,不想逃了,問身旁侍者:"人之愛其子也,亦如余乎?"侍者回答:"甚矣,小人老而無子,知擠於溝壑矣。"意思是比這重得多,我雖然年老沒兒子,也明白(失去兒子就像是)掉進了溝壑裏(那樣痛苦)。

人墜入溝壑則生死難料,擠壑又常用來形容處於困窘幾至死亡的悲慘境地。唐宋務光《諫開拓聖善寺表》:"貧者有擠壑之憂,富者無安堵之所。"又《劉夢得文集》卷二十一《謝中書張相公》:"昨者詔書始下,驚懼失次。叫閽無路,擠壑是虞。"又《東坡內制集》卷二《五嶽四瀆等處祈雨祝文》:"於神蓋反掌之易,而民免擠壑之憂。仰瞻雲霓,待命旦夕。"擠壑均謂窘迫幾死意。

典籍中擠又作隮。宋魏齊賢《五百家播芳大全文粹》卷八十一史天秩《祈嗣道場疏》："孫又生兒，乃有移山之志；老而無子，難忘隮壑之憂。"隮壑即擠壑。隮也有墜義。《書·微子》："今爾無指告予，顛隮，若之何其？"孔傳："顛，隕。隮，墜。"孔穎達疏："顛謂從上而隕，隮謂墜於溝壑，皆滅亡之意也。"《說文》不收"隮"字，段玉裁謂"隮"是"躋"的俗字。《史記·宋微子世家》："今女無故告予，顛躋如之何其？"裴駰集解引馬融曰："躋，猶墜也。"孫星衍疏："云'躋猶墜'者，如亂之訓治，徂之訓存也。"躋本義爲登。《說文·足部》："躋，登也。"段注："按升降同謂之躋，猶治亂同謂之亂。俗作隮。"擠、隮、躋、濟音同可得通用。《文選·陸機〈弔魏武帝文〉》："將覆簣於浚谷，擠爲山乎九天。"王念孫《讀書雜志餘編·文選》："擠，讀爲朝隮於西之隮。隮，升也……擠與隮古字通。"《呂氏春秋·離俗覽》："吾聞之君子：濟人於患，必離其難，疾驅而從之，亦死而不反。"高誘注："濟，入也。"楊樹達《積微居讀書記·呂氏春秋·離俗》："'濟'當讀爲'擠'。《說文·手部》云：'擠，排也。'謂推排人於患也。"

道經中"擠壑"謂推擠使入溝壑，猶言排擠、陷害。《大詞典》釋擠壑"謂孤苦無依"。或受《左傳》"老而無子"句意影響，似欠妥。

此外，因爲對道經文獻材料缺乏足夠的重視，一些常用於道經中的詞語被忽視，詞典中也存在一些詞語義項缺失、詞義描寫不備的情況。如：

臨難

臣等志心歸命禮，願婦人臨難母子平安，玉皇大天尊、玄穹高上帝。（《高上玉皇滿願寶懺》卷七 3/539/c）

臨難的常見義指"身當危難"，於此不洽。此句中"臨難"指婦人分娩生產。古時醫療衛生條件有限，婦人產子常會面臨各種風險，承受較大的痛苦，甚至有生命之虞，生產常被視作婦人所必經的一大苦難，故而稱生產爲"臨難"。此義項道經習見。《高上玉皇本行集經》卷中："若婦人臨難之月，如法持念是此真經，即得母子平安，生福德男女，人所愛敬。"又明周玄真《皇經集註》卷六解釋說："臨難之月，當生產之際，性命所關，與死爲隣，故曰臨難。"又"若婦人生產臨難之月，如法持念是此真經，即得母子早分，平安無事，生福相有德之男女，人所愛親而敬重"。"生產臨難"連言，臨難即指生產。又《太極真人說二十四門戒經》："懷妊婦人，聞此戒經，臨難分解。"古人還常把生日稱作"母難日"。明鄭鄤《峚陽草堂詩集》卷十八《八月十五日珏兒生日獄中月下口占示四百字》："今日汝生日，舉觥助爾喜。吾爲汝一醉，良月焰空凡。父子能同心，吾豈不樂只。念汝母遥遥，相去二千里。古稱母難日，汝應當念止。"又清釋等安《偶存軒稿》卷二《母難日》："一回母難日，萬柳散花時。過眼長絲在，驚心旅翅垂。難成風往返，空做葉分離。小鳥枝頭叫，聲聲不孝兒。"今俗言也有"孩子的生日，母親的難日"之類的說法。

牽頓

次又兩手直豎翻覆兩三次，以兩大拇指相捉，交肘牽頓，左右各滿三止。（《三洞道士居山修鍊科》32/583/c）

牽頓，牽拉意。牽有拉、挽意。《說文·牛部》："牽，引前也。从牛，象引牛之縻也。"引前即牽拉向前。又《書·酒誥》："肇牽車牛，遠服賈，用孝養厥父母。"頓也有拉義。如《荀子·勸學》："若挈裘領，詘五指而頓之，順者不可勝數也。"楊倞注："頓，挈也。"王念孫《讀書雜誌·荀子一》："楊訓頓爲挈，于古無據，且上文已有挈字，此不得復訓爲挈……頓者，引也。言挈裘領者，詘五指而引之，則全裘之毛皆順也。《廣雅》曰：'扽，引也。'曹憲音頓。古無扽字，借頓爲之。"王念孫認爲頓是扽的借字，可商。頓本爲頓首義。《說文·頁部》："頓，下首也。"張舜徽約注："頓之言扺也，謂以頭觸地也……慧琳《一切經音義》卷十八'頓'字下引《說文》，作'下首至地也'。"《漢書·東方朔傳》："居有頃，聞上過，朱儒皆號泣頓首。"頓首即頭部猛然由上至下接觸地面而動作停止的整個過程，由觸地引申有敲擊義。晉王嘉《拾遺記·魏》："時南越獻白象子在帝前，彰（曹彰）手頓其鼻，象伏不動。"由停止引申有停頓義。《文選·傅毅〈舞賦〉》："擊不致策，蹈不頓趾。"李善注："蹈鼓而足趾不頓，言輕且疾也。"由猛然引申有頓時義。晉陸機《文賦》："攬營魂以探賾，頓精爽於自求。"蓋著眼義素的不同則語義引申有別。用于他動使之停頓則引申有牽拉義。如漢桓寬《鹽鐵論·詔聖》："今之治民者，若拙禦馬，行則頓之，止則擊之。"又漢班固《西都賦》："挾師豹，拖熊螭，頓犀犛，曳豪羆。"與頓義相類，扣有扣頭義、敲擊義,如《晉書·孝武帝紀》:"號天扣地,靡知所訴。"又《墨子·公孟》:"譬若鍾然,扣則鳴,不扣則不鳴。"也有牽拉義。如《呂氏春秋·愛士》:"晉人已環繆公之車矣,晉梁由靡已扣繆公之左驂矣。"兩詞正形成一對同義詞例,語義引申過程相似。

牽頓,爲同義并列複合詞,猶牽拉。典籍習見。如唐馬總《通紀》卷十:"帝求鳩,不得。令狐行達牽頓使坐,以練巾縊之,時年五十九。"又五代杜光庭《錄異記》卷四:"此人亦隨至,撮拽牽頓,勢不可解。"撮爲抓持義,撮拽牽頓猶言強拉硬拽。又宋張君房《雲笈七籤》卷一百一十八《張仁表念太一救苦天尊驗》:"即高聲念太一救苦天尊十餘聲,牽頓者皆笑曰:臨渴穿井,事同噬臍,胡可得也?"又清錢謙益《牧齋初學集》卷七十一傳二《萬尊師傳》:"八人者忽忽遽歙容盥沐,霍然而起,皆言囚繫黑獄中,鬼怪迸逼,鎗矢攢射,牽頓舁曳,不知所爲。"諸例均爲拉扯義。又引申表牽扯、牽制義,文獻鮮見,如宋陳耆卿《篔窗集》卷八《祭先妣文》:"左手嬰孩,右手績織,下至米鹽麼密之事,亦牽頓忘食。"牽頓忘食,謂(事情)牽扯得顧不上吃飯。

《漢語大詞典》釋牽頓爲"牽連困頓"。例引《新唐書·裴耀卿傳》:"夷州刺史楊浚以贓抵死,有詔杖六十,流古州。耀卿上言:'刺史、縣令異諸吏,爲人父母,風化所瞻……屈挫牽頓,民且哀憐,是忘免死之恩,而有傷心之痛,恐非崇守長、勸風俗意。'"按釋義未確。引例有刪節,補全前後文如下:"夷州刺史楊浚以贓抵死,有詔杖六十,流古州。耀卿上言:'刺史、縣令異諸吏,爲人父母,風化所瞻。令使裸躬受笞,事太逼辱。法至死,則天下共之。然一朝下吏,屈挫牽頓,民且哀憐,是忘免死之恩,而有傷心之痛,恐非崇守長、勸風俗意。又雜犯抵死無杖刑,必三覆後決,今非時不覆,或夭其命,非所以寬宥之也。凡大暑決囚多死,秋冬乃有全者。請今貸死決杖,會盛夏生長時並停,則有再生之實。'"大致內容是刺史楊浚貪贓犯死罪,皇帝下旨施杖刑六十并遠流放古州。裴耀卿上書認爲刺史是父母官,施加杖刑、流放古州刑罰過于逼辱,請求暫停施刑。屈挫牽頓,屈挫有屈辱義,牽頓爲牽拉義,此言囚犯所受杖笞流放之辱。

塊肉

目蓮尊者,晨朝出城,見一餓鬼哭泣告曰:我之此身,有類塊

肉，無有手足及眼耳鼻等，被諸禽蟲長時噉食，何罪所致？（《太上感應篇》卷九 27/49/a）

塊是凷的異體字。《說文・土部》："凷，墣也。从土，凵屈象形。塊，凷或从鬼。"段注："屈者，無尾也。凷之形略方，而體似無尾者，故从土而象其形。"塊的本義是土塊。又指狀如土塊的東西。如北魏賈思勰《齊民要術・作酢法》："又以手就甕裏，搦破小塊。"塊肉，即肉塊。典籍習見。如宋洪邁《夷堅丙志》卷十二"河北道士"："某道士繞池禹步誦咒良久，遣健卒入水掖溺者，已身軟如緜，泊至岸則凝然塊肉也。"又宋張師正《括異志》卷九"傅文秀"條："羅再三訊詰，辭頗屈伏，遂去。後數夜，號呼於堂下曰：'汝雖絕吾婚，當歸吾子也。'再飲之以藥，下塊肉如拳，自此不復至。"又明董斯張《廣博物志》卷十五："復有一鬼言：'我身常如塊肉，無有脚手眼耳鼻等。'"塊肉指缺少肢體五官的肉團。

孩子爲母親懷胎十月分娩脫離母體得生，俗言"孩子是娘身上掉下的肉"，母親又常稱子女爲塊肉。如宋陸秀夫《宋左丞相陸公全書》卷二："後楊太后始聞帝崩，撫膺大慟曰：'我忍死間關至此者，正爲趙氏一塊肉耳！今無望矣。'遂赴海死。"趙氏一塊肉，指趙家一子，即南宋末帝趙昺。宋祥興二年，元兵攻陷崖山，大臣陸秀夫背幼帝趙昺跳海死。《大詞典》釋"塊肉"爲"指南宋末帝趙昺"。例引嚴復《原强》："然而塊肉淪喪，不及百年，長城以南，復歸漢種。"這是塊肉在句中的特指義，非理性義。又明戴澳《杜曲集》卷一《讀傅氏雙節傳》："雖有乳下兒，煢煢痛入髓。忍死盡姑年，塊肉還傅氏。"塊肉指乳下兒。又清沈青峰《（雍正）陝西通志》卷六十七："張氏，柴芝蘭妻，靖邊人。歲大饑，芝蘭偕長子璠負販遇盜死。氏年三十，指季子國梁謂仲子國棟曰：'此塊肉足以祀柴氏矣，吾與若往求屍，即不得則死。'"此塊肉即此子。

人之軀體也可稱塊肉。如明郭良翰《問奇類林》卷十七："然視肉狄山獸名，出《山海經》，注云：聚肉形如牛肝，有兩目，食之無盡，尋復更生。莊子蓋謂不學之人即視肉之獸，言其徒有塊肉而無知耳。"又清蔣毓英《（康熙）臺灣府志》卷九："公同母妹年十六，聞之撫胸大慟曰：'吾兄弟一家俱死，留此塊肉無益也！'亦自縊死。"

第四節　儀經詞彙的研究方法

　　由於科儀類道經的時代跨度很大，同爲戒律類道書，早的始於六朝，如《赤松子中誡經》，晚的則下及明初，如《道門十規》，從中古至近代中間差距逾千年。將這些語料視爲同一研究對象，會有較大風險。這其中語言面貌發生了翻天覆地的變化，在詞義研究中若忽視這個事實，就會犯很大的錯誤。楊琳（2011：18）指出："在語言三要素當中，詞彙的變化是最爲迅速的，新詞新義不斷產生，舊詞舊義不斷消亡。從歷時的角度來看，一個詞所具有的意義大致有三種情況：一是從古至今一直存在；二是古代有，後代消失；三是古代沒有，後代新出現。對從事古漢語詞彙研究的學者來說，一個非常重要的任務就是弄清楚新詞新義是何時出現的，舊詞舊義又是何時消亡的，也就是要弄清詞彙發展演變的歷史。疏解文意須以共時存在的詞義爲前提，既不能拿後起的意義去解釋前代文獻，即不能以今釋古，也不能拿早已消亡的古義來解釋後代文獻，即不能以古釋今，這就是訓詁學的共時性原則。"這就要求我們在詞義研究中謹守共時性原則，準確辨析古今義演變的差異，尋繹演變規律。

　　同時嘗試從縱橫兩個方面考求詞義，描述詞義的演變軌迹。蔣禮鴻（2001：序目3）提出"縱橫兩方面"的古代語言研究方法："所謂橫的方面是研究一代的語言，如元代。其中可以包括一種文學作品方面的，如元劇；也可以綜合這一時代的各種材料，如元劇之外，可以那時的小說、筆記、詔令等。當然後者的做法更能看出一個時代語言的全貌。所謂縱的方面，就是聯繫起各個時代的語言來看它們的繼承、發展和異同。"這是我們在具體訓詁實踐中力求恪守的標準原則。

　　關於詞語的訓釋方法，楊琳（2011：13）"把訓詁方法分爲靜態訓詁方法和動態訓詁方法兩類。靜態指詞語的存儲狀態，動態指詞語的使用狀態"。據此提出因形求義法、因聲求義法、詞例求義法、方言求義法、異語求義法和連文求義法、對文求義法、文例求義法、異文求義法、義理求義法、名字求義法、文化求義法等十二種訓詁方法，既系統全面，又極具操作性，對指導我們抉發道經中的疑難語詞的意義極爲有益，我們擬採用作爲主要研究方法。比如：

　　《太上慈悲九幽拔罪懺》卷八："或書寫紙墨怯惡，裝潢卷軸欹斜。"

"怯惡"一詞各辭書未載。據同義連文之例，我們認爲怯惡當爲同義複音詞，即怯也是惡義，指差的、不好的。怯本義指膽怯害怕。《荀子·宥坐》："勇力撫世，守之以怯；富有四海，守之以謙。"惡也有畏怯義。《呂氏春秋·振亂》："凡人之所以惡爲無道不義者，爲其罰也。"高誘注："惡猶畏。"《韓非子·八說》："使人不衣不食，而不饑不寒，又不惡死，則無事上之意。"漢王符《潛夫論·考績》："曲木惡直繩，重罰惡明證。"怯與惡在表"畏怯"時意義相同，構成一對同義詞。"同義詞具有相同的核心義素，往往也會有相同的語義組配關係，因而易於引申出相同的詞義。"（楊琳，2011：52）惡有惡劣義。唐杜甫《峽中覽物》詩："形勝有餘風土惡，幾時回首一高歌。"宋李清照《憶秦娥》詞："斷香殘酒情懷惡。"明李贄《三日風》詩："莫以行人心事惡，故將風色苦磋磨。"怯同樣也可表示惡劣義。《五燈會元》卷三《南嶽下二世·麻谷山寶徹禪師》："師又問：'上岸稻得與麼好，下岸稻得與麼怯？'婆曰：'總被螃蟹喫卻也。'"怯與好對文，當是好的反義，即爲差義。怯與惡同義，進而引申出相同的詞義，畏怯對方往往由於自身實力不足比對方差，而引申有差義、惡劣義。依據詞例求義法我們可確信怯有差義。

再如《要修科儀戒律鈔》卷五有這樣一句："開迫迮，廣心性，緩促縮，勿的莫，省諸勞，卻諸累，無疑想，迍動作。""的莫"一詞文獻未見。據因聲求義法，的、適《廣韻》均音都歷切，音同可通，"的"當爲"適"的通假字。《後漢書·何敞傳》："奉憲之吏，莫適討捕，蹤迹不顯，主名不立。"李賢注："適音的。謂無指的討捕也。"晉干寶《搜神記》卷十六："天明可發，穎曰：'雖云夢不足怪，此何太適？'"適通的，清楚義。的莫即適莫。語出《論語·里仁》："君子之於天下也，無適也，無莫也，義之於比。"邢昺疏："適，厚也；莫，薄也。"適莫即指感情的厚薄，典籍常見。

此外，科儀類道經特別是靈寶諸齋儀道書用語講究典雅，表達工整，多用駢體，喜用典故，考查用典詞語的來源是詞彙研究的一項重要內容。例如《道門通教必用集》卷五《職佐篇》："一聲空洞，洗清投芥之誠；萬類含生，盡入懸珠之竅。"懸珠，詞義顯明易知，指懸在空中的珠子。不過，這裏還蘊含着道教著名的神仙故事。語出《靈寶無量度人上品妙經》："於是元始懸一寶珠，大如黍米，在空玄之中，去地五丈。元始登引天真大神、上聖高尊、妙行真人，十方無極至真大神無鞅數衆，俱入寶珠之中。天人仰看，唯見勃勃從珠口中入。既入珠口，不知所在。國人廓散，地還平正，無復欹陷。元始即於寶珠之內，說經都竟。"懸珠指元始天尊用以演教說法度化仙真的寶珠，也稱"寶黍""黍珠"。

  道經常用俗體字和同音字，有些字在流傳中難免發生訛變，對這些文字作必要的辨形工作，是考釋語詞的前提。如《玄門十事威儀》："《定志經》云：'血出數斛，心亦莫止。自非志心，扣幽靈圄，肘皈師門，頓首德宇，終不造受也。'""肘皈"一詞費解，肘之諸義於此皆不通，我們考慮字形可能有誤。敦煌文獻中偏旁"月"與"貝"常有混淆，"貝"常訛爲"月"。如 P. 2729《歸義軍僧官書儀》："兄弟加官，有人相賀，卻答云：兄弟素無勞效，綪寡忠勤，特蒙天恩，忽加榮拜，厶乙不任感慰。""綪"，趙和平（1997：290）校爲"績"，可從。故"肘"當爲"肘"字，即"得"字的俗體。《玉篇·貝部》："肘，今作得。"《字彙·貝部》："肘，俗得字。""肘"字從貝從寸（也是手），與甲骨文"得"字字形契合。甲骨文"得"字作"㝵"，從又（手）持貝，會有所得之意。"肘皈"即"得皈"，字形辨明，義也豁然。

第二章

儀經文本校理

道書多俗字，是道經文本的一大特點。早期的道經造作者或是爲了託古，或是爲了豐富經義的需要，常使用一些在當時就已不通行的古字，或者改變字形加以"造字"，後來在傳抄過程中則又可能會使用一些其時流行的不規範的俗體字，這樣就形成了道經多用怪字俗字的特點。道門中人對此種情況也有明確的認識，南宋吕元素《道門定制》卷一"議字體"有如下論述："然又間用古字，世所罕用，旁引散漫，卒難尋撥。俗字亦多參錯在內，亦未爲善。"此論較爲中肯，似乎還帶有批評的味道。近年來，俗文字研究取得了很大成績，這些人們不熟悉的俗字，一般都可以在各類字書中查檢到。然而有些俗字易與其他形近的字發生混同，常以形近字的面貌出現在文本當中而難辨以致誤認。如果不能識別本字而按照形近字去理解，意義往往扞格難通。此外，由於某些道經時代久遠，字跡漫漶，在輾轉傳抄過程中出現魯魚豕亥，在所不免。俗訛字無疑會導致大量的疑難詞語出現，給閱讀理解及整理研究帶來不便。

第一節　俗字考釋

蔣紹愚（1998：42）指出："俗字的研究與近代漢語詞彙研究的關係尤爲密切。有些詞語其實是很普通的，但由於寫的是人們不熟悉的俗字，就成了疑難詞語，一旦認出了俗字，疑難就渙然冰釋。"

吶

魚忽跳躍，觸破其眼，血遂迸流。俄化爲蟲，緣遶其身，處處**吶**噬。（《太上感應篇》卷三 27/21/b）

卟，《中華道藏》錄作"卟"。《中華字海》383 頁："卟，音坡。義未詳。見《篇海》。"《五音篇海》："卟，普末切，又音帀。"卟字他籍未見，不知《篇海》據何注音普末切。音帀是。《龍龕手鏡·口部》："嗮、咂、卟，三俗。帀，正，子答反。入口也。"此處"卟"當即帀的俗字"卟"，今作"咂"。卟噬，爲類義連文，吮吸、叮咬義。典籍習見。宋李昉《太平廣記》卷一百三十三"僧秀榮"條："經月餘，秀榮暴卒。金華寺有僧入冥，見秀榮荷鐵枷坐空地烈日中，有萬萬蟲咂噬。僧還魂備說與仁秀，仁秀大駭，遂患背瘡，數日而卒。"清謝元淮《養默山房詩稿》卷十四《鬥虱》詩："死亡須臾間，爭鬥尚不輟。咂噬不能死，勝負那可詰。"

值得注意的是，行均認爲卟是正字而咂爲俗體。《說文·帀部》："帀，周也。从反之而周也。子答切。"帀又有兩個異體。元熊忠《古今韻會舉要·合韻》："《集韻》或作迊，《增韻》俗作匝。"又《廣韻·合韻》："迊同帀。"《干祿字書》："迊帀，上通下正。"不少人認爲"迊"是"匝"的俗寫，實際上正好相反，"迊"出現時間較早。如宋紹興本《藝文類聚》卷三十《人部》十四"別"下引南朝梁江淹《去故鄉賦》："窮陰迊海，平蕪帶天。"叢刊本《江文通集》作"匝"。又宋紹興本《藝文類聚》卷六十二《居處部》二"殿"條引東漢李尤《德陽殿賦》："爾乃周閣回迊，峻樓臨門。"明八閩徐博刻本《漢魏六朝一百三家集》引作"匝"。"帀"從反之，之與辵義通，故又從辵作迊，"迊"是"帀"的增旁字；"匝"則爲"迊"的俗寫，乚形與辶形俗寫常相混同。又如"近"俗寫作"匠"，典籍常見異文。如唐杜牧《題吳興消暑樓十二韻》："浪花機乍織，雲葉近新雕。"清馮集梧注："近，一作匠"。"匹"俗寫作"辺"，《干祿字書》："辺匹，上俗下正。"另外"迎"的草書也常作"迊"形，如"近迊迎"等（洪鈞陶，1986：1366），易產生混亂，故而"匝"行而"迊"漸廢。

耕

一旦身死，便入九幽十八地獄。吞火食炭，碓擣鎧磨，蕩湯煎煮，鐵犁耕舌，足履刀山，手攀劍樹。（敦煌 S.784《天尊說禁誡經》）

秝，《中華道藏》錄作"秹"，是。"秹"在字書中可表示三個音義皆異的同形詞。《字彙補·禾部》："秹，何戈切，音和，棺頭也。又戶臥切，音賀，義同。見《戰國策》注。《廣韻》作䎧。"秹爲䎧的俗體。《可洪音義》卷五："秹犁，上古莖反，正作耕。"又卷六："梨秹，上力兮反，下古莖反。"秹是耕的俗體，也作"秹"，如唐《張鳳憐墓誌》"鑿井秹田"（吳鋼、吳大敏，2004：138）。《龍龕手鏡·禾部》："秹，北萌反。"正字未明。韓小荊（2007：183）據《廣韻》"拼"音"北萌切"認爲拼又作秼，又進而訛作秹。秹爲拼的俗體，是"振繩墨"之義。其說或是，惜未見例證。

臺灣學者蔡忠霖（2002：309）指出："敦煌漢文寫卷各期俗字中，凡從'耒'之偏旁多寫作'禾'。"此處秹即是耕的俗體。鐵犁耕舌，常見於道經文獻。宋佚名《靈寶玉鑒》卷三十一"二十四獄牌并三途五苦"："第一鑊湯獄；第二刀山獄；第三銅柱獄；第四鐵犁耕舌獄；第五剉身獄；第六毒蛇食身獄。"佛典中更爲常見。唐道世《法苑珠林》卷三十五《宿命篇·宿習部》："我見破戒人，墮在泥犁中，鐵犁耕其舌。"又卷五十九《思慎篇·慎禍部》："王又語言：'汝何因不敬三寶，說僧過惡？汝吞鐵丸盡已，宜受鐵犁耕舌一年，至二十九日既吞鐵丸了，到正月三十日平旦復死至地獄中，復受鐵犁耕舌。"又《大藏經·華嚴部·大方廣總持寶光明經》："佛告須菩提：謗斯法者，得生大舌，縱廣百千由旬，上有五百俱胝鐵犁，長時耕舌。"道佛兩教都宣揚人要敬道信法，不可謗法毀道，妄動口舌，否則死後將墮於惡趣，受鐵犁耕爛舌頭之苦。

悉

常當以三洞大法，爲諸衆生廣設舟航；常當講說教化，開度愚悉，使知罪福。（敦煌 S.784《天尊說禁誡經》）

悉，《中華道藏》錄作"悉"，"開度愚"作爲一句，悉屬下句首。按此錄不確，且句意割裂不完整。"悉"爲"迷"的俗體，屬上句末。"愚迷"爲一詞，指愚昧之人。

悉也是悉的俗字。《龍龕手鏡·心部》："悉悉悉，三俗；悉，正，息七反，委也、皆也，《說文》從'釆'也。"敦煌寫卷中"悉""迷"常有相混。P.3723 號《記室備要·賀使相》："盡力致君，常願益光于堯舜，竭誠匡國，唯思更美于伊皋。分憂而圣慮皆寬，布政而群臣迷泰。”“皆”與“迷”相對，“迷”顯當爲“悉”。張小艷（2004：53）談到在一些敦煌寫本文獻中從“心”的字往往會誤作從“辶”時認爲“悉”“迷”相混的原因有二：一是心旁與辶旁草書常有相混，如《草書大字典》458頁所列“悉”的草書字形爲“”，1399頁“迷”的草書字形爲“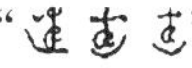”，二字相較形極相近。二是“悉”的上半部“釆”俗寫時常省去丿作“米”。這樣悉、迷在寫卷中有可能採用同一個形體“悉”。究爲何字，可據文意加以判斷。

道經習見“愚迷”一詞。《道門科範大全集》卷四十八：“仰瞻聖佑，得遂安寧。每虧虔罄之心，常謬愚迷之性。”又卷五十九：“第二戒者，不得輕慢經文。常懷信重三洞大乘，開導愚迷，能發衆生無量道意。”“開導愚迷”與“開度愚迷”相類。又《太上感應篇》卷二十：“大抵世人愚迷，作福者少，以福薄故，無自超度。”

怏　簿

> 一日，王揆作《六**快**活詩》，以議時政。憲漕捕立以脅揆，立義簿無守，悉以揆平日游從之事賣之，以求苟免。（《太上感應篇》卷十六 27/75/a）

快，《中華道藏》錄爲“怏”，是。“怏”有怡悅義。《改併四聲篇海·心部》引《川篇》：“怏，夷也。”《字彙補·心部》：“怏，怡也。”夷、怡都有愉快義。按“怏”是“快”的俗體。夬、夬俗寫常相不別。《玉篇》收“妜”字，經楊寶忠（2005：323）考釋“‘妜’當是‘妜’之俗訛，手寫二字無甚區別。”《史記·曆書》：“於時冰泮發蟄，百草奮興，秭鴂先滜。”南朝宋裴駰集解引晉徐廣曰：“秭音姊，鴂音規，子鴂鳥也，一名鶗枂。”鴂也寫作鳺。《類篇·鳥部》：“鳺，子規鳥名。”敦研117《佛說太子瑞應本起經》卷上：“貪求快意，天下被患。”“快”作“**怏**”。又甘博001《法句經》：“厚爲最友，泥洹最快。”“快”作“”。王揆《六快活詩》，清編《全唐詩》卷七百七十有收，名《長沙六快詩》：“湖外風物奇，長沙信難續。衡峰排古青，湘水湛寒綠。舟檝通大江，車輪會平陸。昔賢官是邦，仁澤流豐沃。今賢官是邦，刳啗人脂肉。懷昔甘棠化，傷今猛虎毒。然此一郡内，所樂人纔六。漕與二憲僚，守連兩通屬。高堂日暮會，深夜繼以燭。幃幌皆綺紈，器皿盡金玉。歌喉若珠纍，舞腰如素束。千態與萬狀，六人歡不足。因成快活詩，薦之堯舜目。"詩中有"六人歡不足，因成快活詩"句，又稱《六快活詩》。其詩譏刺時政，揭露地方郡官六人苛政虐下、驕奢淫靡之惡行，故作者受到迫害。簿爲"薄"之俗體。⺮與艹俗寫常有相混。義薄，指道德淺薄、不厚道。文中王揆與樊立原本親交，情義深重。然而當王揆因寫詩受當局調查時，樊立爲求自保而出賣王揆，其行爲人不齒。

挍

今合具所薦亡過某及家親異姓一行亡人等姓名、死年月日，預行**挍**括，以憑濟度，須專告諭者。(《道門定制》卷二 31/674/a)

挍，《中華道藏》錄作"挍"。挍，爲"挍"的俗體，今通作"搜"。《正字通·手部》："挍，今作搜。"《後漢書·列女傳序》："餘但挍次才行尤高秀者，不必專在一操而已。"宋留元綱《顏魯公文集後序》："參異訂疑，挍亡補失。"構字部件"火"常俗寫作"夊"，敦煌 S.1086《兔園策府》："若使懸炭窺衡，瞻緹候管。"炭作"炭"。碑刻文中"又""夊"常混同不別。如《隋元君墓誌》"役"作"伇"（秦公，1985：38）；《魏正平太守元仙墓誌》"收"作"収"（秦公，1985：26）。因夕與夊形近，此處"挍"字的部件"又"被訛寫爲"夕"。此句"挍括"爲搜集義，指搜集亡魂。

《說文·手部》："挍，衆意也。一曰求也。从手叜聲。"段注："搜，衆意也。此古義也。與《考工記》注之藪略同。"按"衆意"難解，疑"衆"爲"最"誤。《小爾雅·廣詁第一》："鐘、崇、府、衆、積、灌、叢、樸，聚也。"楊琳（2001：12）校注："衆無聚集義，當爲最之形誤。"最"用於聚集義乃冣之訛誤……聚、冣二字典籍通用無別，應爲異體關係"。《說文》"衆"亦當爲"最"，"最意"即聚集之意。

挍之初文爲叜，叜甲骨文作𢇛，從又持火在宀中，會搜求意，叜又從手繁構作挍，本義當爲求。《方言》卷二："挍，求也。秦晉之間曰挍。就室曰挍。"又《顏氏家訓·音辭》引《通俗文》："入室求曰挍。"泛指索求。《莊子·秋水》："或謂惠子曰：'莊子來，欲代子相。'於是惠子恐，搜於國中三日三夜。"又《說文・宀部》："㩙，入家㩙也。"㩙即索，入家㩙即爲索求。

搜索之物必不顯露於外，"廋"從广叜聲，俗寫作廀，有隱匿義。《論語・爲政》："視其所以，觀其所由，察其所安，人焉廋哉！"何晏集解引孔安國曰："廋，匿也。"又宋沈括《夢溪筆談・人事一》："今但得半斤食，其半爲饗人所廋。"廋謂隱藏。廋又與㩙義同。《廣雅・釋詁》："廋，求也。"王念孫疏證："廋、略者，廋與㩙同。"又《漢書・趙廣漢傳》："直突入其門，廋索私屠沽。"顔師古注："廋，讀與搜同，謂入室求之也。"

古時田獵稱蒐，蒐亦得名於㩙。《周禮・夏官・大司馬》："以教坐作進退疾徐疏數之節，遂以蒐田。"漢鄭玄注："春田爲蒐。"唐賈公彥疏："蒐，搜也。春時鳥獸字乳，搜擇取不孕任者，故以蒐爲名。"蒐本義爲茅草，假借用於田獵義，本字或當爲獀，俗作獀。《玉篇・犬部》："獀，犬名。又秋獵也，亦作蒐。"《集韻・尤韻》："獀，一曰春獵。"犬名爲獀，亦由善逐獵物得名。蒐、獀又用同㩙。晉陸機《辨亡論》"於是講八代之禮，蒐三王之樂"李善注："蒐與㩙古字通。"《呂氏春秋・季秋》："是月也，天子乃教於田獵，以習五戎，獀馬。"高誘注："獀，擇也……選擇田馬，取堪乘也。"

綜上，㩙爲㩙的俗體，索求義。㩙、廋、蒐、獀爲一組同源詞，源義素即爲索求。

第二節　訛字考釋

近年來，俗文字研究取得了很大成績，此類人們不熟悉的俗字，一般都可以在各類字書中查檢到。然而有些俗字常常會跟一些與其形近的字發生混同，以形近字的面貌出現在文本當中。這些俗字，或許應該稱之爲訛字，因爲字面普通，常被人忽略，但如果不能識別本字而按照形近字去理解，意義往往扞格難通。

一　偏旁形近而訛

春
伏願高真春顧，神聖照臨，降真神以育其神，流道氣而充其氣。

既錫之以聰慧，必畀之而榮名；既畀之以榮名，必延之而遐壽。(《道門科範大全集》卷二十四 31/812/b)

春，《中華道藏》錄作"春"，未確。"春"爲"眷"的俗體，俗字中常把"丷"或"八"寫作"一"橫畫。如"悉"字，碑刻《唐新脩曲阜文宣王廟記》作"恙"（秦公，1985：159）；又敦煌甘博003《佛說觀佛三昧海經》卷五："此虛處黑暗，汝欲往不？""黑"作"黒"；又雲24《八相變》："八十隨形皆願備，三十二相現娑婆。""娑"作"㜸"。目旁與日旁易相混同。如"明"又作"朙"；"昧"又作"眛"等（張涌泉，1996：281—282）。

春、眷典籍也有異文。宋陳著《本堂集》卷四十一《真珠簾·代壽秋壑母》："魚軒富貴人間少。那堪更、有子雍容端揆。袞繡當斑衣，轉色難心小。手把乾坤重整頓，略微生一笑。分曉，是慈闈心事，如今看到。簾幙早是寒生，又橙黃近也，菊花香了。已勸九霞觴，春意濃於酒。玉帶金魚歡舞處，更絕騎、紅塵峽口。知否，這花添錦上，年年重九。""春"下注："一作眷。"

"眷顧"同義連文，猶言寵愛、愛念，常用爲稱頌仙真或帝王恩寵之語，文獻經見。如漢揚雄《長楊賦》："於是上帝眷顧高祖，高祖奉命，順斗極，運天關……一日之戰，不可殫記。"又《後漢書·光武帝紀上》："皇天上帝，后土神祇，眷顧降命，屬秀黎元，爲人父母，秀不敢當。"又唐包佶《奉和常閣老晚秋集賢院即事寄贈徐薛二侍郎》詩："九霄偏眷顧，三事早提攜。"

汩

自夫**汩**之以私，亂之以欲，然後反善而之惡爾。心者，所以主乎性者也。(《太上感應篇》序 27/3/c)

汩，《中華道藏》錄爲"泪"，句意不洽。"汩"與"亂"對文，當爲"汩"之俗體。俗字"目""日"相混較爲常見。如敦煌 P.2965《佛說生經》："守者明朝具以啓王。"明作"**朙**"；又碑刻《唐還神王師子記》"看"作"看"（秦公，1985：100）。《說文·水部》："汩，治水也。"段注："汩，治也。汩本訓亂，如亂之訓治。"汩的本義爲治水，也泛指治。《書·舜典》:"帝釐下土方,設居方,別生分類,作《汨作》、《九共》九篇、《槁飫》。"孔安國傳:"汨,治。"蓋施治爲汨,受治亦爲汨。如同亂有治義又有亂義,汨曰治亦曰亂,"汨"義含兩端,同一動作行爲關聯著對立的雙方。汨之亂義,典籍習見。《北史·后妃傳論》:"棄同即異,以夷亂華,汨婚姻之彝序,求豺狼之外利。"又宋梅堯臣《冬雷》詩:"天公豈物欺,若此汨時序!"汨、亂義同,常連言複用。三國魏徐幹《中論·考偽》:"昔楊朱、墨翟、申不害、韓非、田駢、公孫龍汨亂乎先王之道,譸張乎戰國之世。"又《宋史·范純禮傳》:"自古天下汨亂,繫於用人。"

與此句道經相似的內容也見於宋真德秀《西山文集》卷二十八《送劉伯諄宰江寧序》:"夫人之與天,其本則一。自夫汨之以私,亂之以欲,於是乎與天不相似矣。"又見於明胡廣《性理大全書》卷六十六、清應撝謙《性理大中》卷十七,可爲參證。

軿

外啟四景之門,旁開八風之牖,令仙**軿**出入,真騎往來,可仰可希,彌高彌廣。則子晉攜手,常生撫袂,旦夕可得矣。(敦煌 S.3863《三洞奉道科誡儀範》)

軿,《中華道藏》錄作"斬"。"仙斬"不知謂何。細審原卷,**軿**字右邊實從"开",當爲"軿"之俗體,構字部件"并"上兩點俗寫省略作"开"。又如敦煌 S.388《正名要錄》:"荓:草。"荓作荓。傳世道經《洞玄靈寶三洞奉道科戒營始》正作"軿"。

軿指有帷蓋的車子。仙軿,即仙駕、仙人所乘之車。此詞習見於道經文獻,也多見於詩詞歌賦類文學作品。宋宋庠《元憲集》卷九《寶鑑》詩:"寶鑑驚沉影,仙軿鳳翼輈。"又明祝世祿《環碧齋詩》卷二《陪朱使君登齊雲酌天門有作》詩:"名嶽雲中起,芙蓉繡作城。朱曦明使節,青鳥導仙軿。"又清厲鶚《宋詩紀事》卷二十八王无咎《遊麻姑山》詩:"仙軿昔日此流連,氣象遼遼尚宛然。"

軿之帷車義源自"屏蔽"義。《後漢書·袁紹傳》:"士無貴賤,與之抗禮,輜軿紫轂,填接街陌。"李賢注:"《說文》曰:'軿車,衣車也。'鄭玄注《周禮》曰:'軿猶屏也,取其自蔽隱。'"車有帷蓋,則車內密蔽外不得見。後來有一種無縫的女裝稱"軿羅"。唐蘇鶚《杜陽雜編》卷中："軿羅衣無縫而成，其紋巧織，人未之識焉。"又清尤侗《西堂詩集》七絕《秋宮詞》："飛鸞輕鳳並芙蓉，歌舞臺前寶帳封。只恐軿羅易吹去，宮人不許唱廻風。"衣稱軿羅，取其密蔽無缺義。又密蔽無缺的瓦器名爲"瓶""缾"，有殼的甲蟲名爲"蚚"，《爾雅·釋蟲》郭注："蟥蚚，甲蟲也，大如虎豆，綠色，今江東呼黃蚚，音瓶。"耳閉爲"聠"，《玉篇·耳部》："聠，匹名切，耳閉。"帳幕爲"軿幪"。漢揚雄《法言·吾子》："震風陵雨，然後知夏屋之爲軿幪也。"軿、瓶、蚚、聠、軿皆源於"屏蔽"義。

道經也有"軿羅"。《道門科範大全集》卷七十三《道士修真謝罪儀》："九色之節，軿羅八景之中；十絕之旛，搖曳九霄之上。"此爲羅列義。軿同駢，《廣韻》"軿""駢"皆音部田切，并列義。"軿""駢"在文獻中使用無別。《後漢書·陳忠傳》："陛下以不得親奉孝德皇園廟，比遣中使致敬甘陵，朱軒軿馬，相望道路，可謂孝至矣。"唐李賢注："軿，並也。"軿馬即駢馬。又唐薛用弱《集异記補編·李子牟》："江陵舊俗，孟春望夕，尚列影燈。其時士女緣江，軿闐縱觀。"軿闐即駢闐，集聚義。又宋沈遼《送畢公綽》詩："畢子治車馬，游學去成均。成均首善地，俊乂方軿臻。"軿臻同駢臻，聚會義。軿、駢皆取義於"并"，并車爲軿，并馬爲駢，又男女私合爲姘，并列爲併，皆源於"并合"義。

敞

臣等奉按沖科，恪修妙典。五節香浮於翠輦，裊裊飛輕；九微煙散於含光，煌煌慧炬。花開瓊蘂，果薦金盤。萬象澄清，雅奏步虛之韻；九門高**敞**，遙迎策景之儀。（《道門科範大全集》卷七十三31/929/c）

敞，《中華道藏》錄作"敞"。"高敞"難通，"敞"疑當作"敞"。古籍中敞、敞常有相混，曾良（2006：133）已有論述。茲再舉數例。《全唐詩》卷五百六十五韓琮《潁亭》："潁上新亭瞰一川，幾重舊址敞幽關。""敞"下注："一作敞。"又明吳遵《初仕錄》"救災荒"："如賣粥濟民，須擇寬敞潔靜之所，使辰入巳出，午入申出，一日兩散，勿使過飽。"煮粥濟民之處人流很大，"寬敞"當爲"寬敞"之誤。又清鈔本唐張鷟《遊仙窟》卷四"京兆何曾畫眉曲"下注："《漢書》曰張敞爲京兆尹，爲婦畫眉。""張敝"爲"張敞"之誤。又明楊子器《[弘治]常熟縣志》卷二："堂初面東，寒暑會食不便。君召諸生而語之移改南向，高敝宏邃，視舊有加制度，華不及靡，樸不至陋。""高敝"亦當爲"高敞"。高敞宏邃，謂寬敞宏大。"高敞"一詞典籍經見，高大寬敞義。《史記·淮陰侯列傳》："其母死，貧無以葬，然乃行營高敞地，令其旁可置萬家。"又《漢書·陳湯傳》："故陵因天性，據真土，處勢高敞，旁近祖考。"也謂大開、敞開。如明徐弘祖《徐霞客游記·滇游日記五》："又半里出峽，爲迦葉寺。其門東向，中亦高敞。"道經"高敞"亦爲大開義。

短

自從多生以至今生，身如鉤曲，事異**短**方。捨正路而不由，蹈邪徑而常往。謟詐而害良善，姦詭而嫉正人。（《道門科範大全集》卷八十五 31/962/a）

短，《中華道藏》錄作"短"。依文意，醮主某爲亡人某懺悔生前所犯之罪，大率棄正趨邪、嫉賢害能之類。句中"短方"難通，疑"短"爲"矩"之誤，"豆"與"巨"的俗體形近。如敦煌文獻 S.388《正名要錄》："今又巨細參詳，取時用合宜者。""巨"作"**臣**"，敦研 020（9-6）《大般涅槃經》："有旃陀羅，豐饒財寶，巨富無量，多有眷屬。""巨"作"**瓦**"。形近易生訛誤，"短""矩"典籍常見異文。南朝梁簡文帝《江南思》："紫荷擎釣鯉，銀筐插短蓮。"明刻本《文苑英華》卷二百一收錄此詩，"短"字作"矩"，下注："矩，一作短。"又清沈青峰《（雍正）陝西通志》卷九"咸陽縣"："短陰原，在縣西南二十里。"下注："短，一作矩。"敦煌 S.2073《廬山遠公話》："兀髮眉齊，身卦矩褐，一隨他後。""矩褐"即"短褐"，爲古代貧苦人、僕役穿的一種勞作服裝。又敦煌 BD09300《令狐留留叔姪等分產書》："六日叔姪三人令狐留留……到已來，有家人一，明（名）閏閏，年廿二，叔侄三人合從今月九日與東四防兄弟膰（僧）惠滿兄晟子勝君文文弟住住等對坐商量，矩作人價值，麥粟壹伯貳拾碩，內有乾過，准折斛斗。"其中"矩"趙靜蓮（2011：34）認爲當作"短"，"短"又是"斷"的音借字，其說是。

矩，本義爲畫方形的工具。矩方，與"鉤曲"對文，義爲如矩之方。

如《漢書·律曆志上》："矩者，所以矩方器械，令不失其形也。"引申指方正、公正。典籍習見。宋陳普《石堂先生遺集》卷十六《擬古》詩："遙反一美人，寒閨自徬徨。暗塵集淩波，輕飈感鳴璫。天性賦貞清，動止中矩方。世無夔夔子，窈窕空英皇。"又明黃汝亨《寓林集》卷十九《祭江西撫臺夏公文》："嗚呼哀哉！牛斗掩芒，江漢咽流。春光黯慘，夜色墨幽。木壞山崩，公竟弗留！嗚呼哀哉！公性石介，公行矩方。家肅朝典，國凜人綱。孝友爲政，貞惠孔揚。建德縶功，敷歷四方。""石介"語出《易·豫》："介於石，不終日，貞吉。"謂操守堅貞。矩方與石介相對，公正義。此句道經"身如鉤曲，事異矩方"猶言立身不正，處事不公。此外"鉤曲"與"矩方"對文，意義相反。"曲"與"方"相比，則"鉤"應與"矩"相對，若爲"短"則意不工。

祉

重念齋主某既弗知於日用，孰仰答於天休。共懷衛**祉**之忠，敢效封人之祝。(《道門定制》卷一 31/662/b)

封人之祝，典出《莊子·天地》："堯觀乎華，華封人曰：'嘻！聖人！請祝聖人，使聖人壽。'堯曰：'辭。''使聖人富。'堯曰：'辭。''使聖人多男子。'堯曰：'辭。'"後多表示對帝王的祝頌。此處道經齋主修齋爲國祈祥，即表達愛國擁君之意。然"衛祉"作何解？"祉"有福義，置此難以貫通。疑"祉"爲"社"字之誤，蓋"土"與"止"形近致訛，"社""祉"典籍有相混例。明駱問禮《萬一樓集》卷三十一《修復武昌道寬公署記》："然吾所知者，修政立事，上以衛祉稷，下以安人民而已。""祉稷"當爲"社稷"之誤。又清何紹基《(光緒)重修安徽通志》卷二百九十四"吳孫祉妻芮氏"，"祉"下注"一作社"。"社"與"祉"易混的另一個原因還在於書手在寫"社"之礻旁時若將丶與土相連則易被人誤認爲"祉"。如敦煌S.527《顯德六年正月三日女人社再立條件》："便仰衆社就門罰醴膩一筵，衆社破用。"後一"社"字作"祉"，與"祉"形極相近。

"衛社"典籍經見，義爲保衛社稷。宋洪适《盤洲集》卷十九《郭剛達州刺史制》："日者狂虜闖邊，薄我爪渚。爾輸忠賈勇，誓掃妖氛，陷陣卻敵，厥功茂焉。遙領州符，兹爲醲賞，益圖衛社，以保榮名。"又宋李攸《宋朝事實》卷四："尚冀祖宗垂祐，輔弼協謀，繄維城親懿之賢，暨衛社忠勞之士，百工庶尹，咸一乃心，共贊昌期，永臻皇極。"又宋劉克莊《後村集》卷五十三《內制》："載嘉元戎，衛社之忠，深得大臣體國之誼。賜璽書而褒美，佇袞繡之來歸。"上引諸例"衛社"均爲保衛社稷、保衛國家之義，與本句同。

袒

主營衛奉道弟子某之身及家門眷屬，卻死籍，注生名，斷絕**袒**世中外亡人死注惡濁之氣，並令破散萬殃之鬼，不得伺候牽引，更相注逮。（《道門定制》卷一 31/666/a）

袒，《中華道藏》錄爲"袒"。"袒"字未見於諸字書，疑爲"祖"之訛。"旦""且"兩字形近易混，古籍常有異文。宋李昉《文苑英華》卷二百吳筠《行路難》："吐心吐意許他人，今且廻惑生猶豫。"下注："且一作旦。"又唐韓愈《檢校尚書左僕射右龍武統軍劉公誌銘》："即其日與使者俱西。大熱，旦暮馳不息。"宋文讜注："旦一作且。"又《太上感應篇》卷十八："不數年，識之移漕河北，適當軍興，闔家皆死于虜，一且破散，無異義夫，非其報乎？"且，顯爲"旦"誤。

文獻習見"祖世"一詞，世代義。《漢書·司馬遷傳贊》："又有《世本》，錄黃帝以來至春秋時帝王公侯卿大夫祖世所出。"又《三國志·蜀書·糜竺傳》："祖世貨殖，僮客萬人，貲產鉅億。"又晉干寶《搜神記》卷四："糜竺字子仲，東海朐人也。祖世貨殖，家貲巨萬。"

"祖"與"袒"俗字亦易相混。敦煌 P.2410 抄本《神人所說三元威儀觀行經》："道士淨住，有十四事。何等爲十四？一者，不得袒軀入眾；二者，不得著履入眾。"祖，顯爲"袒"之誤。

勾

嗔囆三寶，訾毀大乘，咨暑怨寒，呵風罵雨，妝唆詞訟，破壞規模，說誘**勾**索，鬭合爭競，面譽背毀，口是心非。（《太上正一朝天三八謝罪法懺》18/351/a）

勾，《中華道藏》錄爲"勾"。"勾索"有鉤稽考索義，如《宋會要輯稿》卷九三二"兵"一〇:"仰程昌禹、解潛如承彥質勾索軍馬,不得逗留占吝。"又有捉捕、搜求義,如清查繼佐《罪惟錄》帝紀卷二:"時燕王選練士馬,用勾索逃軍爲名,潛招致異人術士。"此二義置於句中不適。

據文意,道士列舉平時身犯罪行向太上懺悔,"說誘"爲勸說引誘義,指道士說誘平民,而說誘的目的一般而言都是索要財物。疑"勾"當爲"匃",兩字形近致訛。匃也作"匂",是"丐"字的異體,有求索、乞求義。《說文·亡部》:"匃,气也。"气同乞。《廣韻·曷韻》:"匃,乞也。亦作'丐'。"《玉篇·勹部》:"匃,乞也;行請也。丐同上。"敦煌寫本中"匃"與"勾"相近。敦研 105(5-1)《妙法蓮華經》:"如人渴須水,穿鑿於高原。"渴作渇;S.5584《開蒙要訓》:"髭縗裘裝。"髭作𩑣。

"匃索"同義連文,索取義,典籍經見。宋李燾《續資治通鑑長編》卷三十四:"蒙正初爲相時,金部員外郎張紳知蔡州,坐贓免。或言於上曰:'紳洛中豪家,安肯受賕?乃蒙正未第時匃索於紳,不能如意,文致其罪耳。'"又《宋史·張洎傳》:"李煜既歸朝,貧甚,洎猶丐索之。"又清齊學裘《見聞隨筆》卷二十三徐迂伯《玉谿居士五十壽敘》:"則琴畫自娛,書祖蘇黃,詩宗元白,丐索者遠近至。"

"匃""勾"相混典籍常見。如《宋史·呂蒙正傳》:"蒙正初爲相時,張紳知蔡州,坐贓免。或言於上曰:'紳家富,不至此。特蒙正貧時勾索不如意,今報之爾。'"與前《續資治通鑑長編》相比照,可知其中"勾索"即爲"匃索"之形誤。張文冠(2011:143)已正之。

器

科曰:凡道士、女冠身亡,皆則置昇遐院。須別立一院造堂室,供器所須,皆備此院。(《洞玄靈寶三洞奉道科戒營始》卷一 24/746/b)

器,《中華道藏》錄爲"器"。供器指祭祀用的器皿。全句意思是說男女道士身亡,屍身要另處安置。以祭祀器皿義釋之,不合情理,文意難通。相似的內容又見於敦煌 S.3863《三洞奉道科誡儀範》:"科曰:凡道士女官身亡,皆別置遷化院,須則立一院造堂,容供壹所須,皆備此院。"

亹，《中華道藏》作缺字處理。實則"亹"即"喪"的俗字，敦煌文獻屢見。如 S.214《燕子賦》："埋却你屍喪。""喪"作"亹"。又 S.800《論語》："子食於有喪者之側，未嘗飽也。""喪"作"亹"。"喪"或作"䘮"，如 P.2524《語對》："喪孝。"各形均爲"喪"的俗體。"䘮"與"器"上半部分形近，人或不識"䘮"字，則誤錄爲"器"。

供喪所須，指供辦喪事所用。類似表述典籍習見。東漢班固《白虎通德論》卷十《崩薨》："天子崩，訃告諸侯何？緣臣子喪君，哀痛憤懣，無能不告語人者也。諸侯欲聞之，又當持土地所出，以供喪事。"又晉干寶《搜神記》卷一："漢董永，千乘人，少偏孤。與父居，肆力田畝，鹿車載自隨。父亡無以葬，乃自賣爲奴以供喪事。"又北齊魏收《魏書·宦官傳·抱嶷》："睹生卒，贈秦州刺史，諡曰靖，賜黃金八十斤，繒綵及絹八百匹，以供喪用。"

袞

人之一身，豈不至貴。尤所貴者，唯吾一真。是厥初生，純粹精白。人能處世，各知自存。周身中神，欣喜踴躍。頂戴之星，光明照耀。其或精鍊，可致神仙。真正慈仁，亦能久視。如其反此，莫匪惡緣。神氣日袞，星光日暗。一真之性，至死不知。上辜大道混成之緣，下負兩儀受中之道。(《道門通教必用集》卷五 32/30/b)

袞，《中華道藏》錄爲"袞"。道經認爲人初生之時天真至貴，有明星照耀、神真護守，若能修煉，可致神仙。而人長大以後多逐物求欲，淪於惡緣，不能修真養性，以致真性泯沒，辜負了大道兩儀生成之旨。其外在表現即是"神氣日袞，星光日暗"，大意當是說人的神氣一天天減弱，頭上的星光一天天暗淡。如此理解，"袞"之諸義於此不諧，疑"袞"爲"衰"之形誤。衰的俗體有"𧘇"（劉復、李家瑞，1930：70）、"𧘈""𧘉"（黃征，2005：378）等，蓋書手考慮到俗字中常把"丶"或"八"寫爲"一"，故而在書寫時又誤將"一"還原作"八"，這樣"衰"字的中間部件"㠯"就被寫作"合"。典籍中又常見口部與厶部相混，如《隸釋》卷六《議郎元賓碑》："君之生也，即有殊摻。"宋洪适注："摻即操字。"又如敦煌 P.2749 號《洞淵神咒經》卷九："智士弘達，行之慎之焉。"弘即弘的俗寫。又唐《溫妻李寶上座墓誌》"舒國公"作"合"（吳鋼、吴大敏，2004：8）。這樣"衰"字也就錯寫成"袞"字。"衰"指衰微，"神氣日衰"是說神氣一天天衰微，與"星光日暗"相對，句意通洽。

怳

一日獨坐，怳見一青衣授以一丹曰："此清涼丹也，上帝非久南游炎州，命子斜正群仙，彼州大熱，故先以此賜公。"（《太上感應篇》卷二 27/15/b）

怳，《中華道藏》錄作"悅"。悅見，可釋為高興地看見。然此意難合常理，人在獨坐，見陌生人授丹，何由高興？怳，疑為"怳"字。怳，《說文·心部》："怳，狂之兒。從心，況省聲。"人發狂則精神不清，引申有模糊、朦朧義。《淮南子·原道》："游微霧，鶩怳忽。"漢高誘注："怳，忽無之象也。"又唐李白《夢游天姥吟留別》："忽魂悸以魄動，怳驚起而長嗟。"後從光聲作"恍"。宋洪邁《夷堅丁志·張顏承節》："京師天漢橋，有官人自脫官巾，引頭觸欄柱不已，觀者環視，恍莫測其由。"

怳見，指隱約看見。典籍習見。宋李昌齡《樂善錄》卷九"崔公度"條："方委頓間，怳見一婦人急解額帕以裹其首。"又元葉留《為政善報事類》卷五："宋王縉，宣和間為兩浙憲。每斷死囚，必焚香奏天，然後行下。一日暮坐，恍見神人雲冠絳服，立於簷前。"又明胡我琨《錢通》卷十八"報償"："澄一日假寐，恍見一神告曰：'汝醫藥有功，且不于艱急中亂人婦女，奉上帝敕汝一資官職五萬貫錢。'"諸例"怳見"均與此同。

瘖

如痿者之被杖，無所逸避；如瘖者之受讒，不能辯明。（《太上感應篇》卷二 27/19/a）

瘖，《中華道藏》錄作"瘖"。"瘖"為"厝"之俗字。《龍龕手鏡·疒部》："瘖，俗，倉故反。正作厝，置也。"此義於此不適。由文中痿者被杖無所逸避、瘖者受讒不能辯明並舉來看，"瘖"與"痿"當同為病疾。明孫一奎《赤水玄珠》卷二十八"原疹"條："生生子曰麻疹。浙地呼爲瘖子,又曰沙子,吴地呼爲疹子,新安呼爲麻。"又清吴瑭《温病條辨上焦篇》:"疹係紅點高起,麻、瘖、沙皆一類。"據上述記載知,瘖屬於麻疹之類的病,指皮膚上長出的小紅點。今浙江一帶仍稱麻疹爲"瘖子"。應鐘《甬言稽詁·釋疾病》:"甬人呼麻疹爲'瘖子'。"又清艾衲居士《豆棚閑話》:"面目脚手第一要緊,弗須說起。還要問渠爺娘曾出痘瘖也未?身上有啥暗疾?肚裏有啥脾氣?"痘瘖,即水痘與麻疹。

以麻疹義釋之,亦難通達。受讒而不能辯明者與疹疾無關,俗言"啞巴吃黄連,有苦說不出","不能辯明"之病應爲啞疾。"瘖"當爲"瘖",昔與音形近致誤。《說文·疒部》:"瘖,不能言也。從疒音聲。"瘖即爲啞、不能出聲,音表聲兼表義。《墨子·尚賢下》:"此譬猶瘖者而使爲行人,聾者而使爲樂師。"又《史記·扁鵲倉公列傳》:"臣意謂之病苦沓風,三歲四支不能自用,使人瘖,瘖即死。"司馬貞索隱:"瘖者,失音也。"瘖爲有口難言,又從口作"喑"。瘖者即啞巴,他們即使受到毀謗因爲不能說話也無法去辯解。如此文從字順。

龍

君叟初伏地投詞,即如鼾睡。明日始**龍**起,曰:"某到天門,見北極大帝帶領佑聖院善惡都判真武真君入奏通判在蔡州不合枉斷干證人朱惜姐臀杖十三事。"(《太上感應篇》卷九 27/48/a)

龍,《中華道藏》錄爲"龍"。"龍起"難解。疑"龍"爲"能"之誤。能、龍古時均可指一種三只脚的鱉,可同義互換(詳參楊琳,2012:252)。如《本草綱目》卷十七下有毒草曰"石龍芮",又名"石能"。龍、能形近,典籍也有異文。宋李昉《文苑英華》卷三百九唐陳陶《塗山懷古》:"凡夫色難事,神聖安能恭。"能下注:"一作龍。"又《全唐詩》卷三百六十五劉禹錫《與歌童田順郎》:"天下能歌御史娘,花前葉底奉君王。九重深處無人見,分付新聲與順郎。"能下注:"一作龍。"

始能起,指纔能夠起來。據前文,許州通判徐沂因"磨勘不行",連年不得升官,便讓道士裴君叟爲他設醮求仙保佑。裴君叟伏地奏詞後就像睡著了一樣,第二天纔醒來告訴他原因是他曾在蔡州枉斷案件。如此文意通暢。

封

聲呼號於刀斧之前，血淋漓於鼎俎之上。**封**刳解剝，不思均是色身；煮炙炮燔，但謂甘充口腹。（《道門科範大全集》卷八十五 31/960/c）

這是醮主某爲亡人某懺悔其多生以至今生所妄造殺業，爲充口腹之欲而大肆殺害衆生色身之罪。色身原爲佛教語，指肉身。《金剛經·離色離相分》："如來說具足色身，即非具足色身。"唐陳雄注引《壇經》："皮肉是色身。"從文意分析，"封刳解剝"爲動詞連言，指宰殺動物的各種動作。古注"封"有割取義。《戰國策·齊策三》："今又劫趙魏，疏中國，封衛之東野，兼魏之河南，絕趙之東陽，則趙魏亦危矣。"宋鮑彪注："封，割也。"清王念孫《讀書雜志·戰國策第一》"封衛之東野"條："高注曰封取，鮑曰封割也，吳曰封疆之也。念孫案：高注訓爲取，則封爲割之譌也。上文'然後王可以多割地，可以益割於楚'，高注並曰：'割，取也。'是其證。鮑、吳注皆失之。"王念孫認爲封爲割之誤，大約也覺得訓封爲割較爲牽強。典籍封還有異文，清黃丕烈曰："今本封誤刲。"南宋姚宏注："封，用。別本改作刲。"按《說文·刀部》："刲，刺也。"刲有刺、割義，此義置於句中意似貫通無礙。竊謂原文作"封"文意自達，王氏校改無據，異文作"刲"也非是。黃侃（1983：221）說："凡讀古書，如有所疑，須展轉求通，不可遽斷爲誤而輕加改易。"封有疆義，作動詞用則有"以……爲疆"之義。《左傳·僖公三十年》："〔晉〕既東封鄭，又欲肆其西封。"晉杜預注："封，疆也。"宋林堯叟注："既滅鄭以其土地爲東方封疆之界，又欲申廣其西方之封土。"封鄭即意味著滅鄭、取鄭。元吳師道注得之。此處"封衛之東野"與之相同，故高注訓封爲取。古人釋義，有時重於文意的暢達而并非直接釋出詞之本義，後人或不明此，又依注而改封作刲。《大詞典》"刲"下援引《戰國策》作"刲衛之東野"，並訓爲"割取"，未確。

那么是否可據此認爲道經中"封刳解剝"之封也可釋爲割取義呢？如前述，封本無割義，典籍也未見封用於割殺牲畜的用例，疑"封"爲"刲"之形誤。"刲"有刺、割義，用來表示宰殺牲畜的動作，典籍習見。《易·歸妹》："上六，女承筐無實，士刲羊無血。"唐陸德明釋文引漢馬融曰："刲，刺也。"又《禮記·雜記下》"其岠皆于屋下"漢鄭玄注：

"衈謂將刲割牲以釁，先滅耳旁毛薦之。"刲割義同連言。又宋曾鞏《題禱雨文後》："就壇壝，刲鵝祭龍。"又明宋濂《故府君壙墓》："同里開而居者，多豪俠之子，刲腴擘鮮，日夜痛飲，以示侈靡。"另從對文看，"刲刳解剝"與"煮炙炮燔"相對工整，前爲宰殺之動作，後爲烹飪之方法，句意聯貫通達。

計擊

祭酒上章，正避戊辰、戊戌及**計擊**。（《洞玄靈寶道學科儀》下24/774/a）

"計擊"詞義難索，且道經中作"計擊"者僅此一例。從上下文來看，這是交待上章時需要避開的禁忌時刻。疑"計擊"爲"斗繫"之誤。言旁古作"訁"，計與斗形近易混。《草書大字典》1275頁收"計"之草書有"卝訃計"諸形。敦煌P.2305《妙法蓮華經講經文》："未審大王緣甚事，心中斗不戀嬌奢？"斗作卝。Ф096《雙恩記》："分殿之河珠入牖，[枕]欄之斗色流光。""截銀漢，侵北斗，柄押欄桿光冷透。"斗作卝。兩相比較，形極相近。斗、計典籍常見異文。《鶡冠子·天則》："此天之所柄以臨斗者也。"宋陸佃解："斗，一作計。"又宋王應麟《小學紺珠》卷九制度類"五府"："赤曰文祖，黃曰神斗，白曰顯紀，黑曰玄矩，蒼曰靈府。"斗下注："一作計。""擊"又與"繫"形近，典籍有異文。唐許渾《丁卯集》卷下《蒜山津觀發軍》詩："羽檄徵兵急，轅門選將雄。犬羊憂破竹，貔武極飛蓬。定繫猖狂虜，何煩矍鑠翁。"繫下注："一作擊。"又清編《全唐詩》卷五百三十六許渾《送處士武君歸章洪山居》："形影無羣消息沈，登聞三擊血沾襟。皇網一日開冤氣，青史千年重壯心。"擊下注："一作繫。"又《淮南子·泰族》："夫觀六藝之廣崇……廣於四海，崇於太山，富於江河，曠然而通，昭然而明，天地之間，無所繫戾。"馬宗霍注："本書《主術篇》：'曲得其宜，無所擊戾。'此文'繫戾'猶'擊戾'也。'繫'與'擊'通，見《易·蒙卦·上九爻辭》釋文。擊戾義猶乖隔。"

"計擊"即爲"斗繫"。道士上章須避"斗繫"的禁忌，道書多見。《要修科儀戒律鈔》卷十："執日可呈章五通，利上收百鬼賊、解中捕者。忌不上治病，傷病者不吉，忌丑時斗繫下。""又忌寅、卯、申、酉、午、丑并凶，不可上章，辛未尤甚，章醮及乞福啟告之時，悉避斗繫。""右此十二日，忌斗繫下時不可上章治病。害師及作章主人，明尋慎之。"諸例均明確表示斗繫下時爲上章所避忌，如若違反，將貽害自身。什么是斗繫，又爲什麼需要避開呢？

"繫"之常義爲拴縛，引申有囚禁、拘繫義。《史記·越王勾踐世家》："湯繫夏臺，文王囚羑里。"斗指北斗七星。中國古代已十分重視北斗七星，如《甘石星經》："北斗星謂之七政，天之諸侯，亦爲帝車。"也稱維斗。如《莊子·大宗師》："維斗得之，終古不忒。"唐成玄英疏："北斗爲衆星綱維，故曰維斗。"道教素有"北斗主死"之說，道教神祇體系中北斗星君司伏魔殺鬼之職，隸屬北帝統轄。南朝梁陶弘景《真誥》卷十記述了道教有名的天蓬殺咒："北帝煞鬼之法，先叩齒三十六下，乃祝曰：天蓬天蓬，九元煞童。五丁都司，高刁北公。七政八靈，太上浩凶。長顱巨獸，手把帝鐘。素梟三晨，嚴駕夔龍。威劍神王，斬邪滅蹤。紫氣乘天，丹霞赫衝。吞魔食鬼，橫身飲風。蒼舌綠齒，四目老翁。天丁力士，威南禦凶。天驥激戾，威北銜鋒。三十萬兵，衛我九重。辟屍千里，去卻不祥。敢有小鬼，欲來見狀。攫天大斧，斬鬼五形。炎帝裂血，北斗燃骨。四明破骸，天獸滅類。神刀一下，萬鬼自潰。"天蓬是道教北斗星宿九神之一。《道法會元》卷一百七十二："北斗九宸，應化分精，而爲九神也。九神者，天蓬、天任、天衝、天輔、天英、天內、天柱、天心、天禽也。"又《真誥》卷十三："鬼官別有北斗君，以司生殺爾。"

民間同樣有這種說法。晉干寶《搜神記》卷十五："吳臨海松陽人柳榮，從吳相張悌至揚州。榮病死船中二日，軍士已上岸，無有埋之者。忽然大叫言：'人縛軍師！人縛軍師！'聲甚激揚，遂活。人問之，榮曰：'上天北斗門下，卒見人縛張悌，意中大愕，不覺大叫，言何以縛軍師？門下人怒榮，叱逐使去。榮便怖懼，口餘聲發揚耳！'其日悌即戰死，榮至晉元帝時猶存。"柳榮死後鬼魂見北斗門下人執縛張悌，大叫而活，而張悌果死。

斗繫即謂北斗拘繫，北斗拘繫則人必難活。占卜家稱斗繫爲"天獄"，如宋朱震《漢上易傳》卷九："占家天獄，視斗繫日本。"又明佚名《六壬大全》卷七"天獄課"："凡課囚死墓神發用斗係日本爲天獄卦。蓋囚死者時令囚死之氣也，墓者日庫也，我克者爲死，克我者爲囚，夫死囚發用主死喪囚禁之事。斗者辰爲罡也，日本者，日干長生位也。若日本強旺，生日有救，今日本又遭斗係，不能扶助用神，囚死墓葬之氣如天降災殃，致入罹獄難逃，故名天獄。占者憂患相仍難解，統噬嗑之體委靡不振之課也。""繫"典籍中用同"系""係"。此謂"日"爲陽，"本"謂長生，如若長生位也遭到北斗拘繫，則災禍降臨。

又如何判斷斗繫凶時呢？這或與北斗星的斗柄旋轉和五行生克相關。北斗星的斗柄由第五至第七星組成，斗柄也被稱作天罡，是爲煞星。古人依據五行變化，將斗柄旋轉與十二時辰聯繫起來，斗柄所指時辰即爲凶時，是需要避開的。唐李淳風注《金鎖流珠引》卷二十二："南斗六星，故曰六甲；北斗七星，故曰七宿。南斗主生，北斗主死，故曰生死屬二斗所管也。若人犯惡非違，便北斗所轉天指也。"又唐張仲宣《對知合孫吳可以運籌決勝策》："權德刑，隨斗繫，因五勝，解鬼神，陰陽之兵也；雷動風舉，後發先至，離合向背，而應變無常，刑會之兵也；守正而用奇，詳形而計戰，兼伎巧包陰陽，權宜之兵也。"斗繫凶時，具體如《赤松子章曆》卷二所說："建日忌申時，除日忌酉時，滿日忌戌時，平日忌亥時，定日忌子時，執日忌丑時，破日忌寅時，成日忌辰時，收日忌巳時，開日忌午時，閉日忌未時，危日忌卯時。"

思

恩惟太上三尊、十方眾聖、監齋大法師，垂神鑒映，省覽所陳。乞勑勒靈寶官屬、土地真官，悉合同心併力營衛齋所，滌蕩內外，誅滅**思**賊。（《洞玄靈寶八節齋宿啟儀》32/748/a）

思，《中華道藏》錄作"思"。"思賊"費解。疑"思"爲"鬼"字之誤，鬼、思形近易混。敦煌寫本中，"鬼"字常省去丿。敦研009《佛說灌頂章句拔除過罪生死得度經》："與八千比丘眾、菩薩三萬六千人俱，國王、大臣、人民及諸天龍八部、鬼神共會。""鬼"作"**兇**"。又P.2305《妙法蓮華經講經文》："煞鬼忽然來到後，阿誰能替我無常？""鬼"作"**兇**"。"思""鬼"典籍也有異文。唐柳宗元《河東先生集》卷四十一《祭李中明文》："鴟鵂夜啼，群暝凝分。魂鬼以行，中道瘞殣分。"宋廖瑩中輯注："鬼一作思。"又清編《全唐詩》卷三百三十六韓愈《龜山操》："知將隳兮哀莫余伍，周公有鬼兮嗟余歸輔。"鬼下注："一作思。"唐韓愈《昌黎先生文集》卷一作"周公有思兮嗟余歸輔"，思下注："一作鬼。"

"鬼賊"指鬼怪，道經習見。《高上玉皇本行集經》卷中："若爲邪精鬼賊，衆苦所加，如法持念是此真經，衆邪遠避，自然除愈。"又《元始天王歡樂經》："驅除凶惡，斬馘精邪。一切鬼賊，永不干身。三界五帝，常來衛護。"又道經常見"誅滅鬼賊"之語，與此文例相同，可相爲證。《太上濟度章赦》卷上："主收捕精邪，誅滅鬼賊，與所在真官社稷山林孟長家中守宅。"又《無上秘要》卷五十："掃蕩齋所、館宅內外，誅滅鬼賊，降伏四魔。"又"轉禍爲福，反凶成吉。禳災卻害，誅滅鬼賊"。

任

如路次野中拾得之物，捉取其物，依標牓得主分付。如不得主，入常**任**也。（《要修科儀戒律鈔》卷十三 6/987/a）

任，《中華道藏》錄爲"住"。常任，古時指帝王身邊的任職官員。《書·立政》："王左右常伯、常任、準人、綴衣、虎賁。"蔡沈集傳："有任事之公卿曰常任。"此義置此不適，疑"任"當爲"住"字，蓋書手寫"住"時豎筆未露頭而作"任"形。"住""任"形近，典籍習見異文。如唐杜甫《不離西閣》詩："江柳非時發，江花冷色頻。地偏應有瘴，臘近已含春。失學從愚子，無家住老身。不知西閣意，肯別定留人。"清錢謙益注："住，一作任。"又唐李商隱《憶梅》詩："定定住天涯，依依向物華。寒梅最堪恨，常作去年花。"清朱鶴齡注："住，一作任。"又明黃淮《歷代名臣奏議》卷三百四十一唐陳子昂《爲喬補闕論突厥表》："臣比任同城，周觀其地利，又博問諳知山川者，莫不悉備。"明楊士奇注："任，一作住。"

常住，是宗教專稱詞，僧、道稱寺觀、田地、什物等爲常住物，簡稱常住。本句中"常住"即指道觀。有時也指道觀中的主事者。如《雲笈七籤》卷一二二："尊師令其家各備香油爲之焚香……常住亦爲辦齋食供養。"此詞在宗教文獻中常見，不煩舉例。

本 幼 僧

定予司，則皆青蓮寶座；定奪司，則皆荊棘蒺藜。予**本**二司亦自紹興二十八年置，至乾道八年校**幼**。以善而**僧**紀福者，四方上有二千

八有六人；以惡而將入荊棘者，四方卻有八千七百六十一人。（《太上感應篇》卷一 27/7/b）

本，《中華道藏》錄爲"本"。此處介紹酆都獄下冥曹所主之二司：定予司與定奪司。定予司主紀功，定奪司主紀過。此處"予本"當爲"予奪"，方與前文相照應。"奪"之俗體或作"夺"（劉復、李家瑞，1930：25），夺、本或因形近致訛。

幼，《中華道藏》錄作"幼"。"校幼"費解，疑爲"校功"之訛。"幼""功"俗體形極相近。功，《魏元懌墓誌》作"幼"，《唐泗州司馬苗善物墓誌》作"幼"（秦公、劉大新，1995：17）；幼，《唐吏部常選王爽墓誌》作"幼"（秦公、劉大新，1995：21），兩字俗體相似。校功，謂考校功過。《晉書·劉毅傳》："位以求成，不由行立，品不校功，黨譽虛妄。"又唐道宣《廣弘明集》卷十三："校功則業殊，比跡則事異。沙門旌德而靡違，道士言行而多過。"

"僧"在句中意思不明，疑爲"增"字之誤。"僧"之俗體"亻"常作"彳"，如甘博（004-5）《賢愚經》："乃往過去無量無數阿僧祇劫。"僧作"㣼"，如此與增形近易混。紀，此取年歲義。如宋劉昌詩《蘆浦筆記·瘞鶴銘並序》："鶴壽不知其紀也。壬辰歲得於華亭，甲午歲化於朱方。"增紀福，謂加壽加福之意。

千犬

如欲更來復連某人者，當得河水逆流，白石水上浮，亂絲千犬，馬角六尺，三足烏五十頭，九尾狐三百頭，可來相求，不能如此者，即與某人天別地絕，千年萬歲，無相侵擾。（《太上宣慈助化章》卷三 11/325/a）

千犬，千條狗，用于"亂絲"後，文意難通，"犬"當爲"丈"之形誤。丈犬典籍時見異文。如《全唐詩》卷六百三十四司空圖《狂題》詩："老禪乘仗莫過身，遠岫孤雲見亦頻。應是佛邊猶怕鬧，信緣須作且閒人。"仗下注："一作杖。"又卷七百十一徐夤《蝴蝶》詩："栩栩無因繫得他，野園荒徑一何多。不聞絲竹誰教舞，應仗流鶯爲唱歌。"仗下注："一作伏。"又宋李昉《文苑英華》卷八百三十南朝徐陵《陳文皇帝哀冊文》："道主衢樽，神凝懸鏡。洛書天表，河紀靈命。納揆馳芳，賓門流詠。稽陰克伐，震野勤王。亳道增構，豳風會昌。言瞻少昊，實狀高陽，效駕轇轕，清宮未央。"狀下注："一作仗。"

"千丈"與下"六尺""五十頭""三百頭"相對應，均爲數量詞。馬角語出《史記·刺客列傳論》："世言荊軻，其稱太子丹之命，'天雨粟，馬生角'也，太過。"後喻指無法實現的事情。三足烏、九尾狐均是傳說中的神獸，現實中并不存在。據文意，此處排列出一組反常現象："河水逆流，白石水上浮，亂絲千丈，馬角六尺，三足烏五十頭，九尾狐三百頭"，示斷絕復連之決絕。絲亂即纏爲團，難以丈量，因而此處以"亂絲千丈"作爲一種反常現象而加以羅列。

二　偏旁脫落致訛

犮

若見飲食，當願一切棄累入靜，存得道味；若見犮藏，當願一切除其災害，施爲福田；若見疾病，當願一切以道自安，免此苦厄；若見死喪，當願一切學道常存，濟度三塗。(《要修科儀戒律鈔》卷五6/943/a)

犮，《中華道藏》錄作"犬"。犬藏，意思是狗藏匿起來。此義置此不洽，狗藏起來與除災何干？審文例，全句爲一組排比句，各小句字數相等，結構相同。其他三句"若見"所帶賓語分別是"飲食"、"疾病"與"死喪"，諸詞均爲同義并列複音詞，庶可斷定"犮藏"結構也應是同義并列。故"犮"當爲"伏"，蓋"伏"因亻旁脫奪而作"犮"。"伏藏"同義連文，指潛伏、隱藏，道經常見。東漢《太平經》卷八十八："四方蔽塞，賢儒因而伏藏，久懷道德，悒悒而到死亡，帝王不得其奇策異辭以安天下。"又南朝梁陶弘景《真誥》卷十："神池吐氣，邪根伏藏。魂臺四明，瓊房零琅。玉真巍峨，坐鎮明堂。"也習見於其他文獻。《墨子·雜守》："及爲微職，可以跡知往來者少多，即所伏藏之處。"又唐楊炯《渾天賦》："北宮則靈龜潛匿，騰蛇伏藏。"

"伏藏"在本句中作名詞，指伏藏者。道經中伏藏者多指沉屍惡鬼。如《赤松子章曆》卷三"謝土章"："造立屋舍，起土興工。平高就低，改動門戶。六甲禁忌，瓦石萬靈，沈屍伏藏。"又《女青鬼律》卷六：

"餓死鬼名伏藏。"道書宣稱這些惡鬼在陰間地獄要經歷各種折磨受盡各種酷刑，如《太上黃籙齋儀》卷四十："魂神執繫，在金官華山刑擣獄中，劍樹刀山風雷之苦，晝夜考掠痛毒備嬰。"又宋《度人上品妙經》卷五十五："生民隨業，攝送鄷山。九河六洞，萬鬼之營。火城劍樹，沸鑊寒庭。鬼帥大魔，考責罪魂。"故下文發願，"當願一切除其災害，施爲福田。"如此句意通達無礙。

能於騙馳

三師玄祖，超證仙班。九世先亡，升騰天路。庶獄咸消於慘毒，三涂悉**能**於騙馳，六趣清升，四生均利。（《道門科範大全集》卷七十八 31/944/a）

騙，《廣韻·職韻》："騙，駝騙。"音彼側切。《漢語大字典》4564頁收"駝騙"："獸名。也作'騙馳'。《玉篇·馬部》：'騙，駝騙。'唐顧況《進高祖受命造唐賦表》：'騙馳、騊駼、犀象、乘黃、附翼之馬，骨騰肉飛。'"據此，騙馳或作馳騙、駝騙，是一種體形較龐大的動物，這與本句中的"騙馳"無關。疑"騙"當爲"驅"，畐區形近易誤。驅馳即驅馳，有辛苦、辛勞義。《元典章·戶部二·祇應》："出使人員驅馳終日，其給經過宿頓去處，除依例應副米麵肉貨外，必用纖須鹽醬。"又明吳炳《情郵記·正名》："逶迤周道費驅馳，白石清泉付與誰？"道教認爲鬼魂若墮入三涂之中，將受諸多磨難辛勞，痛苦難當。如《太上一乘海空智藏經》卷七："身負考掠，幽閉重監。不覩三光，身形髡截。銀鐺鐐械，負山擔石。往返鐵針之上，食息不得，不捨晝夜。"此處"驅馳"即指這種種磨苦。

又"能於騙馳"意思與全句不協。疑"能"爲"罷"字之誤，蓋因"罒"頭漫漶脫奪致誤。能罷典籍有相混例。清編《全唐詩》卷九十七沈佺期《獄中聞駕幸長安》詩："無事今朝來下獄，誰期十月是橫河。君看鷹隼俱堪擊，爲報蜘蛛收網羅。"堪下注："一作罷，又作能。"罷有止息、解除義，與前文"消"對文同義。罷於驅馳，即是取消諸多磨難辛苦。全句大意爲祈禱仙真拔度亡魂、脫離地獄、超昇三涂。若作"能"則與文意不合。

免

　　修古有女始笄，告其母曰："先人忠節名聞天下，今不幸以直言謫死，且君子不家于喪，此錢決不可受，以**免**我先人全德。"（《太上感應篇》卷二十 27/94/b）

　　不家于喪，語出《禮記・檀弓上》："子柳之母死，子碩請具。子柳曰：'何以哉？'子碩曰：'請粥庶弟之母。'子柳曰：'如之何其粥人之母以葬其母也？不可。'既葬，子碩欲以賻布之餘具祭器，子柳曰：'不可。吾聞之也，君子不家於喪，請班諸兄弟之貧者。'"不家於喪，鄭玄注："惡因死者以爲利。"古時喪葬習俗，講究送死如事生，事主要舉辦喪禮，接受親友弔唁。開弔之日，親友均贈錢作爲弔禮，這種有助喪性質的錢財一般稱爲賻。東漢王充《論衡・量知》："貧人與富人，俱齎錢百，並爲賻禮死哀之家。"賻禮，即送給喪家的禮物。親友奉財以祭，原爲幫助喪家舉辦喪事。《周禮・秋官・小行人》："若國札喪，則令賻補之。"鄭玄注引鄭司農曰："賻補之謂賻喪家助其不足也。"有些人或借辦喪事之機而斂財。清李寶嘉《官場現形記》卷五十二："況且你這回回去路遠山遙，又非兩三天就可以到的。就是回家安葬，亦得開開弔驚動驚動朋友，那一注不是錢！"又清李百川《綠野仙踪》第十七回："至七日後，文魁託書役于城內借了一小佛殿慈源寺，搬移出去然後開弔。又請他父親相好的紳士幾人求了本縣名帖，向各紳衿鋪戶上捐，也弄有一百七八十兩。"有德君子則視此種"因喪獲利"的行爲爲恥，不家于喪，意思是不靠辦喪事發家。

　　免有赦免、去除、逃脫、脫離諸義，納之全句，意思不達。疑"免"爲"涚"之訛誤，因氵旁脫奪致誤。涚有沾污、玷污義。《說文・水部》："涚，汙也。"汙即污。又《孟子・公孫丑上》："雖袒裼裸裎於我側，爾焉能涚我哉？"又《舊五代史・唐書・蘇楷傳》："蘇楷、盧賡等四人……曾無學業，敢竊科名，涚我至公，難從濫進。"全德，指完美之道德。《後漢書・桓榮傳論》："而伕廷議戚援，自居全德，意者以廉不足乎？"李賢注："全德言無玷缺也。"道經此處"以涚我先人全德"，意爲"因此而玷污了先人的美德"。曹修古女義辭賻錢事又見於宋祝穆《事文類聚》續集卷十七食物部餽送部、元《群書通要》丁集卷八飲饌門，正作"以涚我先人全德"。涚同涚。

奴

郁丙亦與張先鄰居，忽遭回祿，俱成灰燼。先死奴年，同邑有湯福者以病入冥。丙見福泣曰："吾舊與張先鄰居，吾屋柱址，已盡吾界，簷溜所滴，實張先所有。"（《太上感應篇》卷二十 27/94/c）

奴，《中華道藏》録作"奴"。奴年，典籍未見，意難索解，然庶可確定這是一個表示時間的詞。疑"奴"爲"數"之誤。"數"的草書字形可作"奴奴奴"等（洪鈞陶，1986：2374—2376），與"奴"形極相近。故此處奴當爲"數"之草體俗字的形訛，奴年即數年。下文所交待"吾舊與張先鄰居"及"吾今已伏辜矣，約使家人還之，然張先之子見已徙居陝府"諸句中，"舊"與"今""見"等詞正表明郁丙託湯福事發生在張先死後數年。郁丙雖因強占張先土地遭火災早死，然仍在冥間受譴，故託湯福給兒子捎信歸還土地，張先已經去世，祇好找張家兒子約還。如此文意連貫，亦可推知"奴年"當爲"數年"。

云

奚百三本一貧者，一日見一道者詣一鋪家，乞一文錢，鋪家睚眥不與。百三憐之，力自探腰間一文授與。是夕即夢道者與之云贅，及覺，頤贅果落。（《太上感應篇》卷二十三 27/107/c）

"云贅"不知謂何。奚百三之事又見於明胡我琨《錢通》卷十四："宋奚百三，貧民也。一日見道者謁鋪乞一文錢，鋪家睚眥不與。百三憐之，取腰間一錢與之。是夕夢道者與之去贅，及覺，頤贅果落。"對勘可知"云"爲"去"之誤，蓋"去"字頭豎畫"丨"漫漶所致。去、云形近，典籍常有異文。如宋刻遞修本晉陶潛《陶淵明集》卷一《答龐參軍一首》："朝爲灌園，夕偃蓬廬。人之所寶，尚或未珍。不有同愛，去胡以親。"去下注："一作云。"《續古逸叢書》景宋本作"云"。又唐韓愈《和李相公攝事南郊覽物興懷呈一二知舊》詩："顧瞻想巖谷，興歎倦塵囂。惟彼顛瞑者，去公豈不遼。"宋文讜注："去，一作云。"贅，指贅瘤、肉瘤。去贅，指去掉贅瘤。奚百三頸生肉瘤，因慷慨施與一道人一文錢而得道人夢中給他去贅。

又文中"力"疑爲"乃"字之誤，力、乃形近致訛。

第三章

儀經疑難語詞考釋

在這一章中，我們初步將科儀經籍疑難語詞分爲道教語詞和普通語詞兩類。這裏討論的道教語詞不包括道教人名、仙名、宮觀等專有詞語。作爲一個特殊社會集團的使用語彙，道經用詞實際上也是以一般漢語語詞爲基礎，不過是賦予這些語詞特定的意義以滿足表達經義的需要。我們區分道教語詞和普通語詞，以該語詞有無表達道教語義、是否主要用於道經文獻暨其使用語境作爲標準。

第一節　道教語詞

科儀類道經按內容大致可分爲戒律類、威儀類、贊頌類和表奏類等四類經書，本節所釋語詞即主要見於上述四類經書。

飯賢

太上以漢安二年正月七日中時，下二十四治，三八應天二十四氣，合二十八宿，付天師張道陵，奏行布化。受者上廚，飯賢二十四人。（《受籙次第法信儀》32/223/a）

飯賢，道經習見。《三洞珠囊》卷六《齋會品》："若減一日者，此是會而非齋。散財、飯賢，謂之爲會。"又《要修科儀戒律鈔》卷十二介紹："夫聖教興，道風著，賢人出，聖德隆。感應之理既彰，飯賢之儀見矣。《太真科》曰：家有疾厄、公私，設廚名曰飯賢。可請清賢道士上、中、下，十人、二十四人、三十人、五十人、百人，不可不滿十人，不足爲福。"可見，飯賢是道衆間的一種集會，奉道人家有疾厄者，準備好齋飯，請衆多道士食用，吃飯前道士們會爲齋主祈福禳災。又稱"設廚"，後常作爲齋道法會的或稱。

　　道教有飯賢，佛教則有飯僧。東晉佛陀跋陀羅共法顯譯《摩訶僧祇律》卷二十二《明衆學法之餘》："爾時有居士就精舍中設供飯僧。時六群比丘刳四邊食留中央，爲世人所譏。"《佛光大辭典》釋"齋僧"："設齋食供養僧衆。又作僧齋、施僧、飯僧，略稱齋。兼指入寺供養或延僧至俗家供養。依受供養僧侶之數目多寡，又有五百僧齋、千僧齋、萬僧齋之別。我國唐代僧齋法會極爲盛行，於大曆七年（772）、貞元年間（785~805）、咸通十二年（871）等，皆曾舉行萬僧齋。《舊唐書》卷一百七十八《李蔚傳》記載：'懿宗奉佛太過，常於禁中飯僧，親爲贊唄。'"

　　從規模及參與人數來看，佛教的飯僧大大超過了道教的飯賢，且典籍對飯僧的記載要早於道教的飯賢。南朝宋曇摩密多譯《觀普賢菩薩行法經》即以齋僧作爲懺悔法之一。可見道教的飯賢也是一定程度上受了佛教飯僧的影響纔產生的。敦煌 S.2832《文樣》有這樣一句："樹幡也，蠨蛸在目。熱爐也，雲煙滿空。嚴道場，跪飯賢。種種聖祐，穩穩福田。"趙靜蓮（2011：29）認爲："'跪飯賢'不辭。'跪'當爲'具'之音近借字。'賢'當爲'資'之形近誤字。'跪飯賢'當爲'具飯資'。"然而本文未必不通。如前所述，飯賢爲齋道法會。"跪"是"賳"的音借字。《集韻·馬韻》："賳，賳，財也，或從危。"《玉篇·貝部》："賳，居僞切，賭也，亦古貨字。賳，同上。""賳"又是"賮"的異體字，財貨義。《説文·貝部》："賮，資也，從貝爲聲。或曰此古貨字。"《道門科範大全集》卷七十六"上清昇化仙度遷神道場儀"："或愛人賳信，施用不公，榮潤己身，支贍親黨。"賳信，即指財貨信物。賳飯賢，即指設財舉辦飯賢法會。

扣地

　　臣等籲天激切，扣地勤拳。每懷九還御氣之方，欲致七返延真之術。（《金籙延壽設醮儀》9/101/b）

　　扣地猶扣頭。扣有敲擊義。《墨子·公孟》："譬若鐘然，扣則鳴，不扣則不鳴。"扣地即擊地，特指以頭擊地。作爲禮拜的一種形式，扣地常用於祭祀、告祖及參拜尊者等場合，以示忠心虔誠。唐牛僧孺《幽怪錄》卷三《齊饒州》："韋拱訴曰：'妻齊氏享年未半，枉爲梁朝陳將軍所殺。

伏乞放歸，終其殘祿。'因扣地哭拜。"又明過庭訓《本朝分省人物考》卷六十一"謝輔"："金華盜聚，入其墅。諭以禍福，賊感泣扣地，遂散。"扣地常和籲天、號天對舉，有感天動地的意味。如本句"籲天激切"與"扣地勤拳"相對爲文。又《晉書·孝武帝紀》："號天扣地，靡知所訴。"又《要修科儀戒律鈔》卷十五"弔喪儀"："尊師違和，須諭病狀。不蒙靈祐，以某日奄垂棄背，號天扣地，貫徹骨髓。"

《説文·手部》："扣，牽馬也。从手口聲。"扣的本義是牽馬。《説文·攴部》："敂，擊也。从攴句聲。讀若扣。"段注："自扣、叩行而敂廢矣。手部扣，牽馬也。無叩字。"扣的敲擊義源於"敂"的假借。

就詞的理性意義來說，扣地與扣頭所指相同，均指以頭擊地，區別在於扣地著眼於所扣之地，扣頭則立足於所扣之頭。道教有所謂"叩搏"之法，蓋指叩頭、搏頰之類行爲，以此向神靈效心。《漢語大詞典》認爲扣頭之扣爲"俯首向下之稱"，可商。扣地與扣頭必須跪倒，俯頭擊地。俯首祇是扣頭的必要動作，扣并無俯首之意。不過扣之翻轉、覆蓋義或由此引申。蓋扣地須低頭俯身，背部向上，而引申有翻轉、覆蓋義。《兒女英雄傳》第七四回："靠東柴垛後面合着裝煤的一個大荊筐，上面扣着一口破鐘，也有水缸般大小。"由翻轉義再引申有折扣義。趙樹理《實幹家潘永福》："民工住的村莊，離工地都有幾里遠……用在工作上的勞力就等於打了八扣。"扣地也可泛指以物擊地。南朝梁慧皎《高僧傳》卷六"釋慧遠"："遠乃以杖扣地曰：'若此中可得棲立，當使朽壤抽泉。'言畢清流涌出。"又宋李昉《太平御覽》卷第七十地部三十五："《郡國志》曰：蘭舟有梁泉。昔梁暉者，爲羌所圍。無水，暉以鞭扣地，以青羊祈山神，涌泉出而榆木成林。"扣地均爲以物擊地。

禪籍文獻中也有"叩齒""叩牙""扣牙"等詞，袁賓（1990：105）釋爲：

> 以手叩擊牙齒，祈禱、念咒時的動作。《五燈》卷十七，溈潭文准禪師："(師)擲下拂子，以兩手握拳叩齒曰：'萬靈千聖，千聖萬靈。'"萬靈千聖云云應係祈禱語。又卷六，法海立禪師："一任乘雲仙客，駕鶴高人，來此咒水書符，叩牙作法。"又卷九，承天辭確禪師："禁忌須屈指，禱祈便扣牙。""叩齒"、"叩牙"與"扣牙"都是一個意思。

按叩與扣相通，齒與牙同義，叩齒與叩牙確實是一個意思。不過若釋"叩齒"爲以手叩擊牙齒，則不甚確切。大約是受例句"以兩手握拳叩齒"的影響而作出的解釋。這與事理明顯不合。我們今天確實在一些電視節目上看到過某些表演者用手來擊打牙齒發聲的情況，都是用手指來敲彈，古代有無這種表演不得而知，然而用拳叩打牙齒，則似乎不太可能。例句中握拳叩齒應當是兩個動作。"叩齒"實是個道教詞，指上下牙齒輕輕叩合，是道士用來集神辟邪的日常行持之術。道教認爲叩擊牙齒可以聚集體内諸神，諸神護身則能辟邪消災。如《無上秘要》卷六六《叩齒品》："叩齒之法，左左相叩，名曰折天鐘；右右相叩，名曰折天磬；中央上下相對叩，名曰鳴天鼓。若卒遇凶惡不祥，當折天鐘三十過；若經山辟邪，威神大祝，當椎天磬；若存思念道，致真召靈，當鳴天鼓。"又《天皇至道太清玉册》卷三："凡叩齒者，是集真而集神。凡人體氣散，心氣耗，真氣不應，須用集之，所以叩齒者擊動天門，而神氣應。"遼代劉海蟾《還丹破迷歌》："傳聞世人有金丹，學者如麻達者難。不在水，不在山，原來秖是在人間。咫尺還丹人不識，子後午前氣裏覓。扣齒擊鼓數千般，要覓金丹轉見難。閉目藏睛猶定思，口内出時聽不得。將爲此法便上天，原來痛癢不相干。"即述修道煉丹之術。"扣齒"非指念咒、祈禱動作，秖是上下牙齒相叩。"擊鼓"是叩齒的別名，牙齒相叩名之爲擊打天鼓，用來集神辟邪。道教叩齒之時講究入靖，即"口内出時聽不得"，以叩齒時耳朵聽不見牙齒相叩聲音爲上，既不會用手叩擊牙齒，也不會出聲祈禱。叩齒常作爲道士誦經、煉氣、存思、念咒前的輔助之術。叩齒有這樣的功效，不難理解民間奉行此術也是受其影響。百回本《水滸傳》第七回："正在那裏喧哄，秖聽得門外老鴉哇哇的叫。衆人有扣齒的，齊道：'赤口上天，白舌入地。'智深道：'你們做什麼鳥亂？'衆人道：'老鴉叫，怕有口舌。'"民間歷來有烏鴉鳴叫爲不祥之兆的說法，故而衆人叩齒、念咒祈禱以驅邪禳禍。叩齒和祈禱是不同的兩個動作。《五燈》用例中叩齒與祈禱也是兩個動作，有先後之分，均是叩齒後再祈禱。禪宗文獻中出現這個道源詞可見道教對佛教的影響，可視爲釋道相互影響的一例。

搏頰

平旦入室，向北叩齒三通，仰思太素元君……便八拜，八叩頭，

八搏頰，微祝。(《洞真太上八素真經服食日月皇華訣》33/484/b)

齋儀中道士首謝懺悔，常伴隨"叩頭搏頰"之舉。如《天尊說隨願往生罪福報對次說預修科文妙經》："爾時，男女一切人等及諸聖衆晝夜惶懼，悲聲歎泣，哽咽嘩慕，稽首合掌，叩頭搏頰，肘行膝步，諸禽雜獸，普皆如是。"又稱"自搏"，如《太平經》卷一百十四："今世之人，行甚愚淺，得病且死，不自歸于天，首過自搏叩頭。家無大小，相助求哀。積有日數，天復原之，假其日月，使得蘇息。"又寫作"摶頰"。北魏寇謙之《老君音誦誡經》："老君曰：爲亡人設會燒香時，道官一人靖壇中，正東向，錄生及主人亦東向，各八拜，九叩頭九摶頰，三滿三過止。各皆再拜懇。若人多者，亦可坐禮拜叩頭，主稱官號姓字，上啓無極大道萬萬至真。"

典籍中搏、摶因字形相近有所混同，是古籍因輾轉傳抄刊刻而產生的常見現象，然而道教研究者對"搏頰"這一行爲卻因之產生了兩種不同的理解。楊聯陞（2011：17—38）、葛兆光（2003：50）等認爲是"搏頰"，是苦行之一種，即打嘴巴，楊氏論之甚詳。葉貴良（2007：746）從之，他又認爲"搏頰"是祈請之義，是道門委婉的說法；卿希泰（2006：61）、任宗權（2008：131—132）等則以"摶頰"爲是，認爲"'摶頰'是早期道教修煉中的按摩方法"。忻麗麗（2012：48）從之，她進一步具體說明："摶頰即用手按摩面頰，是道教齋儀和存思法的動作。在禮拜、謝恩、祈福、存思等活動中，'摶頰'常與'叩頭'連用。"對道教徒的一種行爲出現了兩種完全不同的解釋，看來這一問題還有探討的必要。

楊琳（2011：13）指出："無論舊詞還是新詞，無論舊義還是新義，它們在語言中都不是孤立現象，而是具有一定的普遍性。詞彙的這一特點要求我們對同一詞語所作的訓釋必須能貫通所有的同類例句，亦即在相同語境下對同一詞語的解釋要保持同一性，這就是訓詁學的普遍性原則。"我們認爲，將"搏頰"釋作"摶頰"，是難以符合這一原則的。

經文中道士"搏頰"的行爲總是和懺悔謝罪、乞請求福的活動緊密相關的，可以說無一例外。如南北朝《玄都律文》："章表律：奏詞皆依春秋冬夏，頓首俯仰自搏頰，滿數則止。謂奏詞請章，貢上天曹，解過除罪，禳災降福。"又北周《無上秘要》卷五十一"盟真齋品"："普爲帝王國主、君臣吏民、受道法師、父母尊親、同學門人、隱居山林學真道士諸賢者及臣家億曾萬祖長夜死魂，先身所行犯天禁地忌、罪惡纏綿、死受宿對、往反涂炭、因緣不絕、流曳五苦、長夜无脫，乞今燒香然燈懺謝，以自拔贖，光明普照長夜之府、九幽地獄，解出幽魂，罪根散釋，三官九署不見拘閉，開度昇遷，得入福堂。去離惡道，恒居善門侯王之家，生世憘樂，普天安寧。今故燒香，自歸師尊大聖衆至真之德，得道之後，昇入无形，與道合真。畢，叩頭搏頰各一百二十過止。"又北宋張君房《雲笈七籤》卷四十五："受道之家，或遭疾病，唯思愆悔過，不得怨咎神明，可晨夕虔心，焚香禮念，陳列章表，乞贖過尤，無不應也。道士行法，爲人治病，所受信物，分於寒栖之人，次充功德之用，若私用非道，則治病不驗，罪考難解，殃流子孫。凡人詣師受道入靖啟事，弟子皆應三叩頭，搏頰再拜，受訖。"此爲懺悔罪過、乞求救拔。

悔過義常與求哀義相關聯。南朝《上清太上帝君九真中經》卷上："君子見是雲色者拜祝，請乞如上法。若三見之者，玉皇命中黃司命乘絳龍玉車來迎於子，白日昇晨。右八道秘言畢矣，見者當心存，叩頭搏頰四，再拜，自陳如上法。"此述乞見仙真法。又唐《赤松子章曆》卷二："今日父有疾厄，兒受天師大治在身。父當冠帶巾褐，叩頭搏頰，子方入治奏章。"又元明間《靈寶玉鑒》卷十八："第三十四醮官請章，三叩頭三搏頰，三起三下合九。"此爲乞請上章，求仙解厄。

胡適（2011：18）在給楊聯陞的回信中說："老兄引南宋人所謂'太上立齋謝之法，攝法界一切眾生罪緣因起，令有悔心。悔心苟形，善心自著，天堂地獄由是分……善天善地俱攝入一懺願法中……夫豈爲亡者乞恩悔罪而已哉！'這一大段引文真是好文字——謝謝老兄使我得讀此文！——使我們明白三張以下以至陸修靜以下，所以設立如此繁重難行的齋懺法，其中心觀念祇是'天堂地獄由是分'的一個'悔'字。"繁重難行，胡適這裏談論的是道教早期的塗炭齋，他確是聰明人，一語道破道教塗炭齋儀的中心觀念即是"悔"字。推而論之，道教一切齋醮活動的中心都是"悔"。陸修靜《洞玄靈寶五感文》詳細地列數了當時三家十二種齋儀：第一類洞真上清齋兩種：絕群離偶，孤影夷豁；第二類洞玄靈寶齋九種：金籙齋、黃籙齋、明真齋、三元齋、八節齋、自然齋、洞神三皇齋、太一齋、指教齋；第三類三元塗炭齋一種。其中第二類和第三類以乞謝爲主自不必細說，單看第一類，葛兆光（2003：46）分析說："《洞玄靈寶五感文》在開列了齋法種種之前，就特意提到洞真上清齋有兩種，一種叫絕群離偶，一種叫孤影夷豁，儘管我們無法在文獻中尋找到這兩種齋法的具體施行方式，但從這兩種齋名就大體可以看出，那種尋求精神和心靈超越，已經成了這些齋儀的最終目標，它的訴求已經超出懺謝脫罪、治病濟困、拔救先亡等等具體的事情，因此，向外祈求鬼神已經不再重要，向內追求個人的恭肅誠敬、寧靜致遠卻成了中心。"這種推論不無道理，然而我們還是想再追問下去，上清齋"尋求精神和心靈超越""向內追求個人的恭肅誠敬、寧靜致遠"真的就是他們的終極目的嗎？不難想見，他們離群索居、超然物外，本身也是一種苦修，其理想也不外是希冀用自己的誠心得到神仙的接引從而成仙，這裏面又包含有悔過求哀的因素了。

　　不僅齋儀如此，在以求福、禳災、救拔爲主要內容的醮儀中懺悔仍然是必須具備的重要組成部分。如"唱方，懺方，命魔，三啟，三禮"是道教醮儀極常見的一組程序。其中方即方位，道教認爲天地十個方位均有神仙駐守，稱十方天尊、十方救苦天尊、十方靈寶天尊等。懺方是向十方仙真禮謝懺悔，以求得神真通感、賜福佑助。懺悔的對象一般是天地十方神仙，同時根據醮儀內容的不同有所側重，如《道門科範大全集》卷三十九"安宅解犯儀"："具位臣某與闔壇衆等，謹同誠上啟，金闕虛無九清上帝，土府太皇太始五帝，中黃戊己應感真靈。"除上帝外，懺悔的主要對象是主管土地的神祇。懺悔的內容則是己身所犯之種種罪過，這也與醮儀內容有關，"安宅解犯儀"懺悔說："齋官某頃因營繕，土木興工，恐穿鑒靈蹤，侵傷神位，犯休王之氣，違禁忌之方。"對於懺方的作用，《道門科範大全集》卷七十七"上清昇化仙度遷神道場儀"說："臣等伏聞至道玄通，隨機赴感。天尊廣濟，應念垂慈。悔謝則三業消清，懺除則九泉開泰。臣等以今轉經行道，歸命十方無極太上靈寶天尊，三光五嶽，三河四海，三十六部尊經。"

　　其中邏輯不難推測，有了悔，纔可與地獄劃清界線而上昇天堂，昇天成仙又正是道教汲汲以求的終極夢想，所以設立如此繁重難行的齋懺法，是要悔過越徹底越虔誠越好——非如此不足以感動神仙。宋李昌齡《太上感應篇》卷三十有這樣一則記載："吳睦，亦一縣吏，以枉刻人民爲民所訴。睦惶懼避罪，遠入深山，忽遇真人孫君，爲之誦經講道，談論禍福。睦即心開，盡出平生所爲不善之罪，搏頰懺悔，竟蒙真君授以道要，亦得上昇。然則太上所謂轉禍爲福，豈不然乎？"吳睦因搏頰悔罪得以上昇的故事，可說是對道教悔過行爲功能的形象展現。

　　胡適在談到道教塗炭齋時說："這樣把自己的身體縛繫在柱上或石上，是中古基督教苦修的'Saints'常有的事。"葛兆光同樣認爲："這種自我折磨甚至自我傷毀的懺儀，正如胡適所說的那樣，是一種世界性的宗教現象，它基於一種聯想出來的同情心和憐憫心，宗教徒覺得，神與人一樣對那種用最痛苦的方式向神表達信仰的行爲，會因爲同情而認可。"可見，爲忠於信仰而虔誠懺悔是所有宗教普遍存在的一種現象，而磕頭與打臉無疑就是表明道教徒悔罪之心的最鮮明有效的行爲了。若以摩拭面頰義解之，文意顯然難通。

　　楊聯陞認爲道教塗炭齋的興起或與巴蜀地理位置相關，"其地在漢代與印度至少有間接交通"。胡適對此予以批評。實則道教的這種苦修方式，是植根於中國古代民俗心理的土壤之中的。古時習俗，在天氣久旱無雨時，人們常把巫覡或者一些殘疾人放在烈日下暴曬，以求得上天的憐憫而降雨。如西漢董仲舒《春秋繁露·求雨》："春旱求雨，令縣邑以水日令民禱社家祀戶，無伐名木，無斬山林，暴巫聚尪八日。"甚至古代統治者也以其身親祀求雨。東漢王充《論衡·感虛》："湯遭七年旱，以身禱於桑林，自責以六過，天乃雨。或言五年，禱辭曰：'余一人有罪，無及萬夫，萬夫有罪，在余一人。天以一人之不敏，使上帝鬼神傷民之命。'於是剪其髮麗其手，自以爲牲用。祈福於上帝，上帝甚說，時雨乃至。"商湯自作犧牲以求天雨，說明這種習俗由來已久。又晉常璩《華陽國志》卷十中"漢儒請雨精感慶雲"條："諒輔字漢儒，新都人，爲郡五官掾。時天大旱，請雨不降，輔出禱祈，乃積薪祝神曰：'不雨則欲自焚，爲貪叨吏謝罪百姓。'言終暴雨。"所謂心誠則靈，諒輔爲求感天是做好了自焚的準備的。道教的傳播與壯大賴於民眾的信仰及參與，而人們對上述自我悔過自我虐待以乞求上天做法的普遍贊同和認可，就成了道教採取并施行懺悔謝過及苦修齋儀的根本原因。

　　道士以叩頭搏頰的方式悔罪，與普通民眾的行爲方式也很相似。人們磕頭和自打嘴巴常常是爲了表達自己的悔過之心。唐道世《法苑珠林》卷九十二《十惡篇·邪婬部》："亡後旬餘，鬼忽還家，登陳牀曰：'我鐵臼也，實無片罪，橫見殘害，我母訴怨於天，今得天曹符來取鐵杵，當令鐵杵疾病，與我遭苦，時同將去，自有期日。我今停此待之。'聲如生時，家人賓客不見其形，皆聞其語，於是恒在屋梁上住。陳氏跪謝搏頰，爲設祭奠。鬼云：'不須如此，餓我令死，豈是一餐所能對謝？'"跪謝搏頰，是爲了懺悔己過。又宋劉克莊《後村集》卷一百三十三《答洪師侍郎書》："某閒作小小詩文，亦不甚費思索。但賦性褊狹，被人激惱時有少忿怒，頗覺傷和。雖搏頰噬臍，悔之無及。"搏頰噬臍，喻後悔不及。悔過的目的即是乞求得到諒解，故搏頰常用以表乞求義。如晉陳壽《三國志·魏書·曹爽傳》："晏，何進孫也。母尹氏爲太祖夫人。晏長於宮省，又尚公主，少以才秀知名。好《老》《莊》言，作《道德論》及諸文賦，著述凡數十篇。"裴松之注："俄而晏死，有一男，年五六歲，宣王遣人錄之。晏母歸，藏其子王宮中，向使者搏頰乞白活之。"又宋李昉《太平廣記》卷四百四十九狐三"鄭宏之"："宏之命積薪堂下，火作，投諸狐盡焚之。次及老狐，狐乃搏頰請曰：'吾已千歲，能與天通，殺予不祥，捨我何害？'宏之乃不殺。"又清李清《折獄新語》卷三《一件佔產事》："既衆口交攻，而秉彝亦搏頰求哀，認過不暇。"同樣，道士在齋儀中以搏頰的方式表示悔罪與乞求再自然不過了，如果將其解作搏頰即按摩雙頰之養生術，不僅文意躓礙，也完全與齋儀的中心"悔"風馬牛不相干了。

忻麗麗（2012：51）舉南朝《洞玄靈寶齋說光燭戒罰燈祝願儀》："四謹身正服，齊整嚴肅。捨離驕慢，無有怠替。禮拜叩搏，每事盡節。"以及陸修靜《太上洞玄靈寶授度儀》："畢，長跪大謝，弟子叩頭搏頰無數。"認爲前者爲"道教燭光齋，要禮拜，要叩頭搏頰，并非塗炭齋"。後者"表示謝恩，而非懺悔。故讀爲'搏頰'是誤讀"。這裏有兩點問題，其一，并非祇有塗炭齋纔會有搏頰之舉；其二，將所引兩句放入各自文章中聯繫前後文來讀，結論方可避免片面化。下面是"畢，長跪大謝，弟子叩頭搏頰無數"一句的下文：

> 其辭曰：太上靈寶無上洞玄弟子某嶽先生，臣某等今故燒香叩頭……原赦臣某師從弟子等，自從緣起有身父母、依因一切眷屬及得某等千罪萬過，并今傳授置齋以來逮乎茲日，違科犯法、進止失儀、呼名乖忤、尊卑越次、付度差違，特乞大慈開宥，不見罪罰。

可見"大謝"非謂"謝恩"，而是懺悔謝罪。

佛教徒常批判攻擊道教徒"叩齒搏頰"的行爲。南朝梁僧祐《弘明集》卷七引南朝宋僧愍《戎華論折顧道士〈夷夏論〉》："首冠黃巾者，卑鄙之相也；皮革苫頂者，莫非華風也；販符賣籙者，天下邪俗也；搏頰扣齒者，倒惑之至也；反縛伏地者，地獄之貌也；符章合氣者，姦狡之窮也。"倒惑，謂愚惑、愚蠢。佛教認爲通過自打嘴巴來懺悔求哀是愚昧之極，而如果是作爲養生的搏頰術，那麼"倒惑"之論也無從談起。

另外，典籍中"搏頰"也可表信服義。由於搏頰常表示悔過之舉，如果悔過是因他人教化而生，那搏頰即可用來表示信服，而不必有真實的打嘴巴舉動。明王世貞《弇州史料》後集卷十六《潘恭定公狀略》："公至之，未幾，爲正冊籍，清弊覈隱，戶無匿田，田無匿稅，參伍新舊，衷而濟之，高下稱平。其吏民故朴魯，兩造之頃，不數言而決，咸搏頰稱快以去。"又清張貞《杞田集》卷十《誥授光祿大夫總督福建浙江等處地方軍務兼理糧餉兵部右侍郎兼都察院右副都御史加四級朱公行狀》："俗尚氣好鬭，民間或訴諄輒自殺，諍訟無已。公歎曰：'是不可以柱後惠文治也。'反復諭以律例，俗大變。且聽斷嚴明，兩造之頃，不數言而決，咸搏頰稱快。"兩造，指訴訟的雙方，此指訴訟。咸搏頰稱快，指雙方都信服叫好。

枝形

戒勿怒喜，邪與怒同；戒勿費用精氣；戒勿食含血之物，樂其美；戒勿貪寶貨；戒勿傷王氣；戒勿違道；戒勿爲物動；戒勿枝形名道，戒勿殺，戒勿名功。(《要修科儀戒律鈔》卷五 6/941/a)

枝形名道，也見於《雲笈七籤》卷三十八《老君二十七戒》："戒勿費用精神；戒勿食含血之物，樂其美色；戒勿傷王氣；戒勿貪寶貨；戒勿忘道；戒勿爲妄動；戒勿枝形名道；戒勿殺生；戒貪功名，此上九戒。"枝形名道，意頗費解。疑"枝"通"指"。《廣韻》枝音章移切，章母支韻；指音職雉切，章母旨韻，枝指音近可通。"指形名道"作爲禁戒，見於《太上老君經律》："戒勿喜邪，喜與怒同；戒勿費用精氣；戒勿傷王氣；戒勿食含血之物，樂其美味；戒勿慕功名；戒勿爲僞，彼指形名道；戒勿忘道法；戒勿爲試動；戒勿殺、言殺。"又《太上宣慈助化章》卷二："或矯詐師老，驚怛愚俗；或評論真要，指形名道；或懷挾讎怨，走作考氣；或修飾自明，好己惡彼，諸如此罪，二十九條，其盡犯違，爲玄司所糺，計愆量過，分足灰滅。"

"指形名道"亦難思量。竊謂"指形"爲指摘、評說義。指謂指說，形亦言說義。形言常連言複用。唐玄奘《大唐西域記》卷六："太子夜半踰城，遲明至此。既允宿心，乃形言曰：'是我出籠樊、去羈鏁，最後釋駕之處也。'"又宋晁迥《法藏碎金録》卷八："人倫有三大苦，未見有丁寧形言而戒懼者。"又宋洪邁《夷堅支志·駱將仕家》："經旬月，婢妾夜叫云有賊，已而房門洞開，竟夕擾擾。明旦點檢，無所失亡，獨新洗衣四種元在廚間，皆不見。遍索之，其二在牆頭，猶以爲盜携去而誤墜者。其二乃壓于積薪之下，黄雛疑怪而不欲形言。"形言皆謂述說。"形言"似源自《毛詩序》："在心爲志，發言爲詩。情動于中而形於言。"形謂表現，表現方式即爲"言"，形因之也有了"言"的意義。又宋李昌齡《太上感應篇》卷十四："然則形人之醜，安知異日亦無其報？"形人之醜，當指述說揭露他人的醜行。名道指大道。指形名道，謂指摘評說大道之義。

景

道經習稱修仙者之身爲"景"。《元始無量度人上品妙經內義》卷四："泛景太霞，嘯詠洞章。"南宋道士蕭應叟注："泛者，浮也。景者，身也。言天尊泛景霞霄而吟詠洞章也。"又《洞真上清神州七轉七變舞天經》："日月玄光，圓天鬱精。九陽齊化，二煙同生。玄霞流映，注入我形。變景爲光，與衆混並。坐在立亡，二真合靈。來駕飛浮，上之玉庭。"後文有細緻說明："日月二真下入兆身，治兩眼之瞳。存己身化爲日月五色之光，流爛焕耀，覺體飛輕，豁然蹈空，隨光而升，通體匝熱，如在日月之中，遊歷四回，竟天來還。"前文稱"變景爲光"，後面釋爲"存己身化爲日月五色之光"，景即己身。又《洞玄靈寶千真科》："科曰：出家之人，單景獨宿，與物不群，割愛遺榮，超然宴處。若犯逐亂，世不崇敬。"《三洞讚頌靈章》卷下"開度法輪偈頌"："躬師受法，時刻不傾。單景巖穴，獨宿孤征。與鹿爲群，倚林棲形。"單景即單身，與"獨宿"相照應。又《洞玄靈寶道學科儀》："又百鬼老物，雖能變形，而不能使鏡中景變也。見其形在鏡中，則便消已，無爲害也。"前文說"變形"，後面稱"景變"，景之形義甚明。又《道門科範大全集》卷七十二："臣等飯身、飯神、飯命，以是功德，歸流道士某家，九玄滯識，七祖神儀，咸承浩蕩之恩，並證逍遥之果。丹臺絳闕，景侍玉皇，霞殿雲房，親朝大帝。"景侍，謂親身侍奉。

《太上黃籙齋儀》卷十九："臣等歸身歸命，首體投地。仰依太上三尊，願以是功德，歸流社稷尊靈、宗祧先聖，融神玄極，宴景丹臺。"宴景，指安身。宴有安閒義。如《漢書·賈誼傳》："於是爲置三少，皆上大夫也，曰少保、少傅、少師，是與太子宴者也。"唐顏師古注："宴，謂安居。"清王先謙補注："《新書》作'燕'，於燕居時隨事輔導也。與，讀曰預。"宴景，是道教用詞，用來描摹神仙安閒優游之狀，道經習見。晉《四極明科經》卷一："清齋誦經，立登雲輿。宴景五嶽，位掌靈山。"又《度人上品妙經》卷十八："既悟上清道，與化相順成。宴景常陽宮，東井浥天津。"又《太上玉珮金璫太極金書上經》："夫欲騰身九清，宴景南軒。迴玉珮於明堂，引金璫於泥丸。"又《太上洞玄靈寶宿命因緣明經》："爾時太上道君宴景太霞之上，喻諸侍真曰：天地之大德曰元道。"

景之身形義由本義引申而來。《說文·日部》："景，光也。從日京聲。"段注："日月皆外光，而光所在處物皆有陰，光如鏡，故謂之景。《車鞏》箋云：'景，明也。'後人名陽曰光，名光中之陰曰影。別制一字，異義異音，斯爲過矣。"段玉裁說後人所區分的光和影古時祇用景表示。光爲景，光中之陰也是景。凡物光照之下必有景，故可以景稱物；萬物有形方有景，景亦可指形。

道經又用"景"來表示神靈，首出晉魏華存《太上黃庭內景玉經》。唐務成子注敘："此經以虛無爲主，故用黃庭標之耳。其景者，神也。其經有十三神，皆身中之內景名字。"唐梁丘子《黃庭內景經注》對"內景"有不同闡釋："內者，心也。景者，象也。外象諭即日月星辰雲霞之象也，內象諭即血肉筋骨臟肺之象也。心居身內，存觀一體之象色，故曰內景也。"梁丘子以血肉臟腑之象來解釋"景"，固然可通，然考慮到自漢代《太平經》和《老子河上公章句》即提出人體五臟有神說，至後世道士存思修煉及齋戒、醮儀行道時出官、納官之儀，實際上道經著作將"景"作爲表示神靈的專用詞語來使用。《上清丹景道精隱地八術經》卷上："知其名，則學仙志不亂、邪不干，騰步天綱，躡五星之精，則八景大王監子所爲，降子真景，與炁合併。第一玄昌，第二修靈，第三飛玄，第四耀光，第五魔王，第六飛倉，第七合萌，第八通靈，凡十六諱。""八景大王"即後所指八位神仙。又《洞玄靈寶自然九天生神章經》："而無此文，則胞胎結滯，死炁固根，真景不守，生炁無津，九戶閉塞，體不生神，徒受一形，若寄焉而行。"前述"真景不守"，後說"體不生神"，真景謂真神。

　　景，又稱偶景，指男女雙修煉道時的異性伴侶。朱越利（2001：1）認爲："上清派是房中術派。上清派的上道可稱爲隱書之道，包括男女雙修秘術。"道教并不反對夫妻同時修道，漢劉向《列仙傳》中有"蕭史""犢子"夫妻修煉得道成仙的故事；房中術也是道教早期的玄門秘術之一，有些神仙高道極爲精通，如漢代巫炎、三國時的左慈等。我們贊同朱文觀點，還可以道經中"景"的用例及意義提供一些佐證。如南朝梁陶弘景《真誥》卷二："夫真人之偶景者，所貴存乎匹偶，相愛在於二景，雖名之爲夫婦，不行夫婦之迹也。"又"至于內冥偶景，併首元好，輕輪塵蕮，參形世室，妾豈以恣累浮卑、少時之滯而虧辱於當真之定質耶！"內冥猶結合。朱文（2001：2）將此稱作"修煉戀"："這種非同尋常的戀愛被稱爲'偶景'……'偶'就是在冥會中與之結成夫婦并一起修煉的意思。……'景'指作爲修煉伙伴的夫或婦。"按偶景同義連文，單稱爲景，景也就是偶，指異性伴侶。又《洞玄靈寶二十四生圖經》："遐念希良會，仰盻降六丁。攜景金房內，嬿婉娉精誠。"攜景指相攜配偶。又《洞真太上太霄琅書》卷三："有夫妻之對，亦得修七經之道，上真帝景、夫人元君之胤皆得下。降有道之人，結對景之緣。"對景爲對偶。這裏的"偶景"不一定是夫妻，但必須爲一男一女，否則便不能作如此稱呼。

　　《太上玉佩金璫太極金書上經》："欲求長生，宜先取諸身，月華月精，日霞日英，左迴玉佩，右把金璫，二景纏綿，雙神安康，上行太極，下造十方，堅存玄真，保固靈根，玄谷華嬰，灌映沈珍，漱月咀日，以入天門，金璫仰注，玉佩執闕，青白分明，適我泥丸。""魂慶魄欣，部此百駒，辟熱除寒，二景纏絡，萬神內歡，有明其文，飛昇南軒，把金佩玉，入景玄光，九天同靈，玄母齊房，陰哺陽導，明色鮮容，位列丹室，名題帝宮，三周九度，與運混同。"此段描述存思之術，二景指月精日英，然而從二景纏綿、雙神安康、魂慶魄欣、二景纏絡、萬神內歡、陰哺陽導等描寫來看，將其視爲敍述男女伴偶雙修補導之術，似乎更接近經文隱書之意。

　　景指異性伴侶，這一意義一般存於上清派隱書經義中，其他道經則罕見。"景"何以可表此義？景有身義，表伴偶義可視爲身義的特指。朱越利（2001：2）："用偶景一詞代稱修煉戀，蓋與陰陽說有關。"這是很有道理的。《易·繫辭上》："一陰一陽謂之道。"古人以陰陽之道解釋世間萬物。《大戴禮記·曾子天圓》："天道曰圓，地道曰方。方曰幽而圓曰明。明者，吐氣者也，是故外景。幽者，含氣者也，是故內景……吐氣者施，而含氣者化，是以陽施而陰化。陽之精氣曰神，陰之精氣曰靈，神靈者品物之本也。"又《易·繫辭上》："乾道成男，坤道成女。"天地與男女均可以陰陽二景指稱。二景既與陰陽施化相關，男女雙修夫妻之道也是陰陽調合，景也就可用來表示伴偶之義了。

七玄

　　高上太真、萬聖帝皇、五帝玉司、總仙監真，今日吉良，八節開陳。陽絕陰考，絕滅九陰。於今永始，拔釋七玄，免脫火鄉，永離刀山，三塗五苦，不累我身，得同天地，長保帝晨，五願八會，靡不如言。(《要修科儀戒律鈔》卷八 6/959/b)

　　七玄，葉貴良（2009：329）釋爲："七代子孫，泛指歷代子孫。"這種解釋欠合情理。一般而言，齋主修齋設醮，是爲了拔度祖先亡魂脫離陰獄、反胎昇天的，爲亡者設醮，拔釋對象祇宜是祖先，後世子孫此時還未降生，何來救拔之說？玄有遠義，《說文·玄部》："玄，幽遠也。"後用來稱指五代後子孫。《爾雅·釋親》："孫之子爲曾孫，曾孫之子爲玄孫。"郭璞注："玄者，言親屬微昧也。"玄可用以指子孫，同樣也可以指祖輩。蓋距己上遠者爲祖，距己下遠者爲孫。"玄"可指祖也可指孫，與"曾"可指祖也可指孫相同。曾有重義，往上代重者爲祖，往下代重者爲孫。

　　道經有"玄祖"，老子即被稱做玄祖，謂道教之宗。祖先也可稱玄祖。如《太上黃籙齋儀》卷十四"特勅爲臣下消災中分行道"："因今祈謝，咸乞蕩除。即使玄祖超昇，積瑕原宥，凶隨懺解，吉逐願來。"又《道德真經廣聖義》卷十四："或修勵一門，便可得道，遂能拔玄祖於長夜，飛我身於太虛。"又《廣成集》卷五《盧蔚大夫助上元齋詞》："冀蒙昭祐，廣賜休祥。賜臣玄祖超昇，陰冥開泰，存亡濟度，災咎銷平。"諸例"玄祖"皆泛指祖先。

　　又有"七玄之祖"。《大有妙經·玄都九真明科中品誡罪篇》："而受法者師及弟子同被風刀之考，七玄之祖長閉幽源，負石擔山，萬劫不解，身亡失經，明慎之焉。"又《無上秘要》卷四十一："若有泄漏，輕真慢法，爲玉童所奏，雖有金簡，即被削除，移名鬼官，身受風刀之考。七玄之祖運蒙山之石，填積夜之河。"七玄之祖，祇宜理解作歷代祖先。

又《道門科範大全集》卷二："弟子某家九世七玄，億曾萬祖，克辭幽夜，咸覩光明。"又卷四十一："臣等皈身、皈神、皈命，首體投地，以是捻香功德，歸流齋官某家九祖七玄，先靈幽爽，棲神絳苑，鍊魄丹臺，襲氣母以登真，御雲蹻而託化，福資來裔，澤及存亡，克荷玄休，常承元吉。"七玄，與九世、九祖連文同義，泛指歷代祖先。

故氣

不忠于君，不孝於家，廢三綱五常之教，自投死地。由是六天故氣、魔鬼之徒，與歷代已來敗軍死將，聚結爲黨，伐害生民。(《齋戒籙》6/1006/c)

又請蓋天大將軍一人、兵士十萬人，主爲弟子某辟斥故氣，斷絕注訟之鬼，卻死來生，卻禍來福。(《道門定制》卷一 31/665/c)

故氣，語出《莊子·刻意》："吹呴呼吸，吐故納新，熊經鳥申，爲壽而已矣。"唐陸德明釋文引李頤曰："吐故氣、納新氣也。"又唐孫思邈《備急千金要方》卷二十七"養性·調氣法"："口吐濁氣，鼻引清氣。"下注："凡吐者，去故氣，亦名死氣。納者，取新氣，亦名生氣。"吐故納新原爲呼吸養生之法，故氣即指汙濁之氣。

道經中"故氣"較早見於《真誥》卷十五："人臥室宇，當令潔盛，潔盛則受靈炁，不盛則受故炁。故炁之亂人室宇者，所爲不成，所作不立，一身亦耳，當洗沐澡潔，不爾無冀矣。"依"故氣"爲汙濁之氣理解，這段話意思是說，人所居房屋應當清潔干淨，潔淨就能接受清靈之氣，不潔淨則會有汙濁之氣。然陶弘景在注釋中指明"故炁"實爲另一義："故炁皆謂鬼神塵濁不正之氣。"陶注本爲隨文釋義，道士修行講究齋潔以求通靈，靈氣可指仙氣，反之故氣即可指鬼氣。馮利華（2010：58）據此認爲："'故氣（炁）'乃是侵襲人的不祥不正之氣，而非呼出的濁氣。"故氣於此非呼出的濁氣，釋爲不祥不正之氣可通，然而驗之他文，意似仍有未明。且陶注所釋"鬼神塵濁不正之氣"，似乎"故"兼指鬼神、塵濁二義。"故氣"一詞道經常見，尋索其義，似當指鬼魂精怪。

《說文·气部》："气，云气也。象形。"氣由雲氣義而引申指其他一切氣。氣是形成道教義理的基礎，道教認爲氣是萬物之本，所謂"一氣化三清"、"一生二，二生三，三生萬物"，宇宙萬物皆由氣化生而成，神仙種人、妖魔鬼魂莫不如此。如《太上元寶金庭無爲妙經·御氣章第六》："道言氣者，有形無形之物也。聚而爲形，散而爲風，動而爲運，結而爲物。"換言之，氣爲結物之本，物則爲氣結之形。無形言氣，有形則爲物。這與古代樸素唯物主義認爲氣是形成宇宙萬物的最根本的物質實體的觀點是相似的。《易·繫辭上》："精氣爲物，遊魂爲變。"孔穎達疏："'精氣爲物'者，謂陰陽精靈之氣。"又漢王充《論衡·自然》："天地合氣，萬物自生。"又漢王符《潛夫論·本訓》："麟龍、鸞鳳、蛟蟹、蠑蝗，莫非氣之所爲也。"

有關文獻記載也反映出人們對"氣"的此種認識。明馮夢龍《古今小說》卷三十一《鬧陰司司馬貌斷獄》："某聞言淒慘，便把手指插入喉中，向江中吐出肉來，變成小小螃蟹。至今江中有此一種，名爲蟚蜞，乃怨氣所化。"怨氣可化爲小螃蟹。又明徐光啟《農政全書》卷四十四《荒政》："而同時所見山陝之民，猶惑于祭拜，以傷觸爲戒。謂爲可食，即復駭然。蓋妄信流傳，謂戾氣所化，是以疑神疑鬼，甘受戕害。"蝗蟲成災，而農民以爲蝗蟲是戾氣所化，不敢滅除，反加祭拜。人們認爲物由氣化成，氣與物是一致的。"鬼氣"在道經中可特指鬼物、鬼魂。《真誥》卷十："若經常得惡夢不祥者，皆可按此法，於是鬼氣滅也，邪鬼散形也。"氣滅則鬼散。又《洞真太極北帝紫微神呪妙經》："萬民不安，盜賊流行。鬼炁殺人，衆生受其大災。"鬼氣即鬼怪。

"故"有死亡義。《漢書·蘇武傳》："單于召會武官屬，前以降及物故，凡隨武還者九人。"顏師古注："物故謂死也，言其同於鬼物而故也。"今也稱前人逝者爲"已故"。故氣，析言則無形指鬼氣，有形指鬼魂、惡鬼。如《洞真太上太霄琅書》："或爭事俗神，烹宰殺害，鼓儛妖訛，罪釁重沓，故氣纏滯。"這是說因淫祀宰殺而致罪孽深重，鬼怪纏身。

伏屍

　　九幽罷對，長夜開光。冤債和平，謀議潛息。伏屍故氣，滯魄幽魂。俱荷福緣，今蒙開泰。(《太上黃籙齋儀》卷二十五 9/251/c)
　　其有伏屍故氣，金土邪精，滯爽遊魂，幽靈暗魄，各乘善力，俱

遂逍遙。克保安寧，永臻福祐。(《廣成集》卷十一 11/283/c)

"伏屍"可作名詞，《漢語大詞典》釋爲："倒在地上的屍體。指死者。"例舉前蜀杜光庭《行軍僕射醮宅詞》："其有伏屍故氣，金土邪精，滯爽遊魂，幽靈暗魄，各乘善力。"舉此例來證"伏屍"爲倒在地上的屍體，并不確切。類似的道經用例很多。《太上三洞神呪》卷十二："西北威神，肅靜方洋。白衣仗劍，手握天章。伏屍厭蠱，遠避壇塲。不得留停，天憲摧傷。"又《道門通教必用集》卷七："以劍首畫地，左轉三帀。蓋壇三重，上張天羅，橫畫七畫，下布地網，立畫七畫。所有伏屍故氣，土木百精，於道不順者，收付魁罡之下，入地萬丈，無動無作。"又《無上黃籙大齋立成儀》卷十九："所有土木精邪、伏屍故炁，一切凶穢，於道不順者，收付魁罡之下。"這些伏屍與故氣於道不順，爲害猖獗，不像祇是死屍那樣簡單。

蔣梓驊等（1992：34）釋"伏屍"爲："藏伏的死屍，一般指宅宇下未被發現的屍骸。"并舉《廣異記》例："狄仁傑爲寧州刺史，其宅素兇，先時刺史死者十餘輩。傑初至，吏白官舍久凶，請舍他所。傑曰：'刺史不舍本宅，何別舍乎！'居之不疑。數夕，詭怪奇異，不可勝紀。傑怒曰：'此即吾宅，汝曲吾直，何爲不識分理，反乃以邪忤正？汝若是神，速聽明教，若是鬼魅，何敢相干！'斯須，有一人具衣冠而前曰：'某是某朝官，葬堂西樹下，體魄爲樹根所穿，楚痛不堪忍。頃前數公，多欲自陳，其人輒死，幽途不達，以至于今。使君誠能改葬，何敢遷延於此。'言訖不見。明日傑令發之，果如其言，乃爲改葬，自此絕也。"這種解釋也禁不住推敲。首先，《廣異記》例沒有出現"伏屍"，死屍也沒葬在宅宇之下，而是在大樹底下。從其他材料來看，伏屍的活動範圍也不僅限於宅宇之中，古墓中的伏屍倒頗見記載。晉王嘉《拾遺記》卷八："家内馬廐屋仄有古塚，有伏屍，夜聞涕泣聲。竺乃尋其泣聲之處，忽見一婦人袒背而來。"杜光庭《錄異記》卷八："暮夜之際，鬼多見形爲暴。疑是積古丘墓中伏屍鬼耳，終莫知其年代。"晉顏幼明《靈棋經》卷上："塚墳高丘，鬼神上游。宜禳祀之，可得無憂。"宋何承天注："有許人物而不與，與之則吉。或見恠，宜祭祀丘陵鬼神，吉。病，主古墓伏屍爲禍，宜解。產，生女。行人在外，有陰人相助，至夏自還，此卦平平。"又《太平廣記》卷八十方士五"權師"條："師之親曰郭九舅，豪俠強梁，積金甚廣。妻臥病數年，將不濟，召令卜之。閉目而言曰：'君堂屋後有伏屍，其數九。'遂令斸之，依其尺寸獲之，不差其一。旋遣去，除之，妻立愈。"伏屍在屋後。

伏屍是否爲藏伏的死屍呢？伏屍的特點是化爲鬼魂擾害活人，又稱爲"屍鬼"。《度人上品妙經》卷五十六："道民王甲，生奉仙真，運終鍊化，形歸太陰。上帝神符，赤書玉文。濟度死魂，速付玉真。飛昇天堂，刻簡仙名，骨成蘭玉，面有金英，太一守屍，三官衛靈。忽然輕舉，上登太清。土下大殺，屍鬼百精，敢干神符，亂甲神明。天丁把斧，斬汝五形。"當"伏屍"與"故氣"連用時，兩者所指相同，均指鬼魂精怪。伏屍鬼的特點，《玉髓真經》卷十二介紹說："百五名爲伏屍鬼，倒則爲屍竪爲鬼。兩般兼有最要詳，伏屍精恠迷人死。""世言伏屍者，謂人既死，復能化形，如生人出見，迷惑濁亂。"人死之後又化形如活人出現，倒在地上是屍體，站立起來就是鬼怪，很像今天人們所說的僵屍。這種解釋放在以上例句中可通，伏屍即是死屍變化之鬼。

"伏屍"之"伏"并非藏伏義，當取倒伏義。伏屍可指殺人，被殺者倒地，俗言"放倒一個"；人死倒地，伏屍可指死人；死人又化鬼出現，仍稱之爲伏屍。所以《漢語大詞典》的對"伏"的解釋也不錯，祇不過舉例與釋義不相配。道經"伏屍鬼"這一義項，可據補。

古代墓室地券中常見"故氣伏屍"的說法。2006 年 7 月 20 日《山西青年報》報道了這樣一條消息："運城市鹽湖區某工地於本月 18 日發掘出一清代墓室。但令人奇怪的是，墓室中的棺材內卻沒有屍骨，而且墓室內還寫著'故氣伏屍'、'不得侵爭'的警示性語句。"在陝西安康縣出土發現的明代"熊道元地券"中有這樣的話："故氣邪精，不得干咎。先有居者，永避萬里。""券立貳本：壹先奉后土地祇，明官神主；一本給付墓中亡人熊道元收把。準備付身，永遠照用。今分券背上書合同二字，令故氣伏屍，永不侵爭，須至券者。長命富貴千載富，金玉滿堂萬萬年。"地券是放在墓室中表明墓室主人對墓室所有權的憑證。如同冥幣模仿人間通行貨幣一樣，地券也是對人間地契的模仿。民俗認爲陰間也有無家可居的孤魂野鬼，爲防止它們搶奪，用地券來表明墓室主人的所有權。

此外，"伏屍"在道經中還可指三屍，即隱藏在人體內的三屍神。道教稱在人體內作祟的神有三，叫"三屍"或"三屍神"，每於庚申日向天帝呈奏人的過惡。清外方山人《談徵·事部·三屍神》："修真家言身中有三尸神，常以庚申日將本人罪過奏聞上帝，減其祿命。上尸名彭倨，次名彭質，下名彭矯。每遇庚申日，徹夜不臥，守之至曉，則三尸不得上奏。"《要修科儀戒律鈔》卷八："庚申日，身中伏尸上言人罪過。"又《神仙傳》卷八："伏尸常以月望晦朔上天，白人罪過，司命奪人筭紀，使少壽。"伏尸即是三尸。

《諸病源候總論》卷二十四有"伏尸候"："伏尸者，謂其病隱伏在人五臟内，積年不除。未發之時，身體平調，都如無患；若發動，則心腹刺痛，脹滿喘急。其湯熨針石，別有正方，補養宣導，今附於後。養生方導引法云：叩齒二七過，費咽氣二七過。如此三百通乃止。爲之二十日，邪氣悉去；六十日，小病癒；百日，大病除，伏尸皆去，面體光澤。"又《三洞珠囊》卷三《服食品》："如此三十日，三蟲皆死，伏尸走去，正神正氣自然定。伏尸不復還，心中兆自仙矣。"這裏伏尸是一種病症名稱，伏爲潛藏義，今亦稱感染疾病還未發作爲"潛伏期"。

浮好

科曰：齋戒之家，未至一日，先於門前豎一長竿，懸十絶大幡，標門戶，示絶浮好，以存閉靜。(《洞玄靈寶千真科》34/377/b)

《說文·水部》："浮，氾也。從水孚聲。"段注："各本汎作氾，今正。"汎指漂浮。浮爲漂于水面義，物虛則易浮，故引申有虛假不實義。《文選·孫楚〈爲石仲容與孫皓書〉》："載籍既記其成敗，古今又著其愚智矣。不復廣引譬類，崇飾浮辭。"唐張銑注："浮，虛也。言史籍所記非飾虛辭也。"浮辭即不實之辭。又南朝宋謝靈運《初去郡》詩："伊余秉微尚，拙訥謝浮名。"浮名即虛名。又宋葉適《法度總論二》："虛文相挻，浮論相倚。"虛、浮對文同義。虛浮常連言，宋蘇軾《上梅龍圖書》："夫惟簡且約，故天下之士皆敦朴而忠厚；詳且難，故天下之士虛浮而矯激。"又《上神宗皇帝書》："豈去歲之人皆忠厚，而今歲之士皆虛浮？"虛浮皆謂虛僞不實。

好有喜好義。浮好即虛好、假好，指表面上喜好而并不真的喜好。道經習見。如《太上九真妙戒金籙度命拔罪妙經》："或以彊淩弱，以貴虐賤，或浮好三寶，執心不專，或輕慢法師，穢賤靈文。"浮好三寶，指假好三寶。又《太真玉帝四極明科經》卷一："生世不良，懷惡抱姦。攻伐师本，反毁聖文。不崇靈章，疑貳天真。外心浮好，假求華榮。口是心非，行負道源。"又陸修靜《陸先生道門科略》："或先是凡俗之民，一身流寓，浮好假信，道士不先依法化受，而便授籙治，如此之人，皆是虛妄，徒爲道士。"浮好謂假好。又宋路時中《無上玄元三天玉堂大法》卷二十七："世人浮好，有始無終。輕賤秘文，類同兒嬉。"又《太上洞玄靈寶宣戒首悔衆罪保護經》卷下："若心不達，取自我見。中心懷疑，信此浮好，乖彼真實，有如此之人，必躓地獄下鬼。不得便以登天之書傳與流俗行屍之輩，故以相告，慎之慎之。"浮好與真實相對，意義相反。例句中絕浮好，指消除虛好，謂真心向道。

"浮好"還有外表貌美義。姚秦鳩摩羅什《大智度論》卷四："菩薩相者有七事勝轉輪聖王相。菩薩相者浮好，二分明，三不失處，四具足，五深入，六隨智慧行不隨世間，七隨遠離。"菩薩相者浮好，謂菩薩相外貌美觀。

流鈴

青陽虛映，燿日回靈。神虎辟邪，飛天流鈴。摧奸滅試，萬魔束形。（《道門科範大全集》卷一 31/758/c）

流鈴，是道教伏魔殺鬼的法器之一。明卓明卿《卓氏藻林》卷七："流鈴，道家法也。流鈴威百魔。"道經相關記載很多。晉蔣宗瑛校勘《上清大洞真經》卷一："敢有犯試，摧以流鈴。"又《無上秘要》卷二十四："北山神呪，激陽起雷。流鈴煥落，獲天振威。北酆所部，萬妖滅摧。"又《道門通教必用集》卷七："朱鳳吐火，金石化消。流鈴飛電，鹼剪赤妖。"流鈴當是"流金火鈴"的簡稱，《中華道教大辭典》547頁釋"流金火鈴""驅邪制魔的法器"。《太上三洞神咒》卷三："三元七政，九威八靈。狼牙猛吏，流金火鈴。玉晨大仙，六通靈君。散飛赫奕，翻海收雲。"又《上清握中訣》卷下："內有太一真君，頭形如嬰兒，著紫繡錦衣，腰帶流金火鈴。左把北斗星柄，右把北辰綱。"流金，謂鎔化金屬。晉陸機《演連珠》之四十九："臣聞理之所開，力所常達；數之所塞，威有必窮。是以烈火流金，不能焚景，沈寒凝海，不能結風。"

道經記述流鈴振響則雷聲大作、電火齊飛，妖魔鬼怪隨之灰飛煙滅。五代杜光庭《太上黃籙齋儀》卷三十三"三元中分行道"："流鈴擲火，除穢焚殘。"又宋佚名《太上三洞神呪》卷十二"開度祈禳登齋諸呪"："赤明開圖，炎帝扇飈。三童一妼，煥散浮飄。司明得失，萬帝宗朝。朱鳳吐火，金石化消。流鈴飛電，剪斌毒妖。束縛九醜，灰覆火燒。肅清皇祚，道德逍遙。"又宋白玉蟾《武夷集》卷二："擲火萬里，乃雷師之威也；流鈴八衝，乃雷母之權也。"又元佚名《法海遺珠》卷二十九："吾奉帝敕，急召五雷。雲奔電掣，助我行持。威蕩妖孽，斌魔伐非。神光所照，萬鬼俱摧。流鈴急召，雷火轟飛。"葉貴良（2007：702）認爲"流金火鈴"爲道教神符名，然從"帶""擲"等詞來看，將其視爲道家法器似更爲允當。

交周

五星高耀，瑞炁飛浮。元始集神，天地交周。玉符寶節，嘯命微幽。擲火揚威，奸凶無留。（《太上黃籙齋儀》卷二十一 9/238/c）

交周指交合。周有合義。《楚辭·離騷》："雖不周於今之人兮，願依彭咸之遺訓。"王逸注："周，合也。"又漢荀悅《申鑒·時事》："講司馬之典，簡蒐狩之事，掌軍功爵賞。小統於五校，大統於太尉。即周時務，禮亦宜之。"交周爲交合、會合義。道經屢見。《靈寶無量度人上品妙經》卷十六："包羅流布，二炁飛騰。大化交周，升降相纏。元運四虛，綱紐迴旋。"大化指陰陽，語出《荀子·天論》："列星隨旋，日月遞炤，四時代御，陰陽大化。"又宋路時中編《無上玄元三天玉堂大法》卷七："呪曰：入謁帝真，生炁九重。交周法體，陰邪勿容。"交周法體，謂生炁與法體會合，布滿全身。又《靈寶无量度人上經大法》卷六十五："符呪曰：陽藏陰生，二炁交周。天元混合，三五應符。"又《太上三洞神咒》卷十二："五星高耀，瑞炁飛浮。元始集神，天地交周。玉符寶節，嘯命微幽。"天地交周指天地和合。古人認爲天地相交即爲陰陽和諧，是萬物生長、社會安泰、天下太平的根本原因。如《周易》卷二："泰，小往大來，吉亨。象曰：泰，小往大來，吉亨，則是天地交而萬物通也；上下交而其志同也；內陽而外陰；內健而外順；內君子而外小人；君子道長小人道消也。"《白虎通德論》卷九："春，天地交通，萬物始生，陰陽交接之時也。"天地交則萬物生。

周還有終竟、完畢義。《左傳·昭公二十年》："子行事乎，吾將死之，以周事子，而歸死於公孟，其可也。"杜預注："周猶終竟也。"交有盡、完結義。《傳授三洞經戒法籙略說》卷下："大劫交時，天翻地覆，海涌河決，而萬惡絕種，鬼魔滅跡，八荒四極，萬不遺一。"又明陳鐸《樂府全集·滑稽余韻》之《水仙子·瓦匠》："東家壁土恰涂交，西舍廳堂初竟了，南鄰屋宇重修造。弄泥漿直到老，數十年用盡勤勞。"故"交周"在道經中也有結束、完結義。《無上秘要》卷三十一《經文存廢品》描述："大劫交周，天崩地淪。四海溟合，金玉化消，萬道勢訖。"又《度人上品妙經》卷四十一："大劫交周，同會河源。促召鳥毋，役御蛟龍。"又《元始五老赤書玉篇真文天書經》卷中："大劫交周，天地改易。金玉山海、人民鳥獸，一時消滅。"又《太上諸天靈書度命妙經》："斯經尊妙，度人無量。大劫交周，天崩地淪。四海冥合，金玉化消。"上述經文即描述大劫結束時的景象。

午酉

靈寶大帝，勅下九天。玉帝命令，勅震乾罡。統攝北部，掌執鬼仙。千千萬萬，隊仗擁前。旌旗閉目，烈火衝天。敢有午酉，擲視吾前。收斬見帝，永送羅酆。(《太上三洞傳授道德經紫虛籙拜表儀》18/332/c)

午與五古通。《說文·午部》："午，啎也。"朱駿聲通訓定聲："午，又借爲五。"宋孫奕《履齋示兒編·字說·集字三》："《學林》云：古篆五字爲×，象陰陽交×之義，午字亦取此義。"《周禮·秋官·壺涿氏》："若欲殺其神，則以牡橭午貫象齒而沈之。"漢鄭玄注："故書，橭爲梓，午爲五。"孫詒讓正義："午五二字古本通用，《左·成十七年傳》'夷羊五'，《國語·晉語》作'夷羊午'是其證。"

酉有老義。《史記·律書》："酉者，萬物之老也，故曰酉。"東漢班固《白虎通義·五行》："壯于酉。酉者，老也。物收斂。"清陳立疏證："萬物老極而成孰也。"典籍常見老物、老鬼、老怪等詞，指各種鬼神精怪。漢《太平經》卷七十二："今承負之後，天地大多災害，鬼物老精，凶殃屍咎非一，尚復有風濕疝疥。"又東漢王充《論衡·訂鬼》："一曰：鬼者老物精也。夫物之老者，其精爲人；亦有未老，性能變化，象人之形。"又南朝梁蕭統《文選·鮑照〈蕪城賦〉》："木魅山鬼，野鼠城狐，風嘷雨嘯，昏見晨趨。"唐李善注："《說文》曰：'魅，老物精也。'"又唐慧琳《一切經音義》第三十八："本草云：蜈蚣，毒蟲也，能敢諸虵，殺鬼物老精魅。"又宋李昉《太平廣記》卷十一"欒巴"："巴叱曰：'老鬼何不復爾形！'應聲即便爲一狸，叩頭乞活。"又明羅懋登《西洋記》卷二："祇因這個老怪，時常問帶著些兒大精小怪，或變做我的師父，或變做我的師兄，是我弟子連番與他賭個勝、鬥個智、賽個寶、顯個神通。"又清俞正燮《癸巳類稿》卷十四《非無鬼》："又曰衣物不當有鬼，鬼何有衣物？不知物老爲精，未老而忽有異者，人鬼憑之也。其老而朽則物之鬼也，人有知物無知，其鬼亦然。""老物、老鬼、老怪"之"老"以往僅被視作名詞前綴，不表義，實則"老"亦含因老而成精之義。老何以有此義？老原指年歲大，生老病死是適用於自然界一切生物的自然規律。人類觀念恐懼死亡，希冀長生，常將人之長壽者稱作仙人，仙人即是長生不死之人。與人不同，物之長壽者則被視爲精怪，所謂物老爲精，文學作品中各種精怪大都經過千百年的修煉最後幻化成人，也反映了人類此種觀念。新近發現的朝鮮時代漢語會話教科書《中華正音》有這樣一句："大山老虎！我看著你是老魄（醜）鬼，也不是狐狸老的，也不是天鬼地神，怎敢變成這樣的牲口教人害怕？"此處"老"用爲動詞，"狐狸老的"，意思當謂狐狸成精變的。

午酉即五酉，是古代傳說中指龜、蛇、魚、鱉、草木等老而成妖怪者。晉干寶《搜神記》卷十九："孔子曰：'此物也，何爲來哉，吾聞物老則群精依之……夫六畜之物，及龜、蛇、魚、鱉、草木之屬，久者神皆憑依，能爲妖怪，故謂之五酉。五酉者，五行之方，皆有其物。酉者老也，物老則爲怪，殺之則已，夫何患焉。'"此詞典籍經見，例不煩舉。

劫年　劫刃阿

七願浮雲，結炁聚煙。飛空高澄，蔭覆玄玄。隱則無爲，散則彌天。神仙同居，結友衆真。惠流一切，興國愛民。普濟群生，人同劫年。(《太上黃籙齋儀》卷三十 9/266/a)

寂寂至無宗，虛峙劫刃阿。豁落洞玄文，誰測此幽遐。(《洞玄靈寶三洞奉道科戒營始》卷四 24/756/a)

第三章　儀經疑難語詞考釋

劫，原爲佛教名詞。《佛光大辭典》釋爲："梵語 kalpa，巴利語 kappa。音譯劫波、劫跛、劫簸、羯臘波。意譯分別時分、分別時節、長時、大時、時。原爲古代印度婆羅門教極大時限之時間單位。通常以之爲梵天的一日，即人間的四億三千二百萬年。佛教沿之，而視之爲不可計算之長大年月。"道教"劫"的概念取自佛教，在道經中具體所指有所不同。《洞玄靈寶自然九天生神玉章經解》卷中："劫運之說，教中言之甚多，每考同異，互有不同。《赤書經》以三十日爲一交，十二交爲一度，三千三百度爲小劫，九千九百度爲大劫。若以大演之數考之，十九年爲一章，四章爲一部，二十部爲一統，三統爲一元，四千六百二十年數盡三元，是爲一劫。若以《度人經》御注考之，玉清交運三千億萬九百五十一年，上清變精七十億萬三十九年，大清纏煉五十億萬一十二年。此《赤書》、大演、御注，各有不同之說也。又據《正法經》文言之，天圓十二綱，地方十二紀，天剛運關三百六十輪爲一周，地紀推機三百三十輪爲一度。天運三千六百周爲陽勃，地轉三千六百度爲陰蝕。天炁極爲太陰，地炁極爲太陽，故陽激則勃，陰否則蝕，陰陽勃蝕，天地炁變，乃謂之小劫。小劫交則萬帝易位，九炁改度，日月縮運。"一劫的時間雖然并不確定，卻相當久遠。劫年，即指歷一劫之年數，用來指久遠的時間。人同劫年，謂人生同一劫那樣長遠，言人得長生之意。此詞道經屢見。《上清大洞真經》卷三《太清大道君道經第十五》："混合三帝室，保我萬劫年。"又《太上黃籙齋儀》卷五十八"懺禳疾病方懺"："安鎮天地，保制劫年。元始符命，普告三元。"又《度人上品妙經》卷五："國君侯王，常居自然。端拱無爲，燕禧劫年。"又《古詩紀》卷一百三十五隋第六諸葛穎《奉和方山靈巖寺應教》："靈光辨晝夜，輕衣數劫年。"

道教認爲，當劫數終盡，舊的世界會消亡，新的世界隨之產生。如《無上秘要》卷三十一《經文存廢品》描述："大劫交周，天崩地淪。四海溟合，金玉化消，萬道勢訖。"後引申指災劫、劫難。清趙翼《焦山江上》詩："終然浩劫入滄桑，縱有赤心天不諒。"又清洪昇《長生殿·密誓》："祇是他兩人劫難將至，免不得生離死別。"

劫，本指極久遠的時節，在道經中也可由指時間之長而引申指事物之高。《靈寶無量度人上品妙經》卷一："鬱羅蕭臺，玉山上京。上極无上，大羅玉清。渺渺劫仞，若亡若存。"又《元始无量度人上品妙經四注》卷二"眇眇劫刃，若亡若存"南齊嚴東注："一劫者如有巨石，方圓四百里；又如空城，方圓四百里。上下齊等，滿中芥子。天人每百年一度取一芥子，又羅衣拂巨石，消芥子盡，名爲一劫。七尺曰刃。存有亡無也。七寶玄臺高芥子無數之仞。《步虛》云'仰觀劫仞臺'，此之謂也。"唐李少微曰："按《真一自然經》云玉山一名劫仞臺，言以仞量之如彼劫數，故曰劫仞。"又唐吳筠《步虛詞》之六："瓊臺劫萬仞，孤映大羅表。"《漢語大詞典》引此例釋"劫"爲宮殿或塔的階級，未確。刃，通"仞"，古長度單位。漢桓寬《鹽鐵論·詔聖》："嚴牆三刃，樓季難之。"阿，指高山。唐王勃《秋日登洪府滕王閣餞別序》："儼驂騑於上路，訪風景於崇阿。"劫刃阿，猶言高達萬仞的高山。

蘭格

一人爲法師，五人爲從官，露壇大謝。令謝罪者蘭格、散髮、泥額，禮三十二天。(《洞玄靈寶道學科儀》上 24/772/a)

蘭通欄，常指飼養家畜的圈。《漢書·王莽傳中》："又置奴婢之市，與牛馬同蘭。"顏師古注："蘭，謂遮蘭之，若牛馬蘭圈也。"又《後漢書·東夷傳·夫餘》："復徙於馬蘭，馬亦如之。"李賢注："蘭即欄也。"格有柵欄義。唐杜甫《潼關吏》詩："連雲列戰格，飛鳥不能踰。"清仇兆鰲注："戰格即戰柵。"又明高啓《從軍行》："揚旌三道出，列格五營連。"

蘭格也作欄格，指柵欄。道教的塗炭齋法，用柵欄把齋者即謝罪者圈起來，如同關進牢獄以示其有罪，謝罪之人同時要散髮泥額，以此向天尊懺悔謝過。南朝宋陸修靜《洞玄靈寶五感文》對"蘭格之法"有較詳記載："又曰三元塗炭之齋，以苦節爲功，上解億曾道祖無數劫來宗親門族及己身家門無鞅數罪，拯拔憂苦，濟人危厄，其功至重，不可稱量。"下注："法：於露地立壇，安欄格，齋人皆結同氣，賢者悉以黃土泥額，被髮繫著欄格，反手自縛，口中銜璧，覆臥於地。開兩腳相去三尺，叩頭懺謝，晝三時向西，夜三時向北。"又《無上秘要》卷五十："謹相攜率爲承天師旨教，建義塗炭，露身中壇，束骸自縛，散髮泥額，懸頭銜髮於欄格之下，依靈寶下元大謝清齋，燒香稽顙乞恩。"

氣道

歲月日時，其令無廢，常使氣道通利，多少任意，兼得參服餌藥益善。（《三洞道士居山修鍊科》32/584/c）

氣道，指道士修鍊服氣的通道。道教修鍊提倡辟穀服氣以達長生，真氣經過氣道通達全身，服氣過程常在思存中完成。據《三洞道士居山修鍊科》記述："一引之氣，三八二十四氣，陸續從關口而下入。迺之太倉，開穿宮府，通利支節，氣滿充實，不飢不渴，調停五藏，延年益壽，長生飛仙，與神明合德。"又《莊周氣訣解》談服氣修鍊法，其中較關鍵的就是練成氣道："行住坐臥縱橫並得服氣，飽須閉氣，令遍身中。次想氣，覺氣道成。"又《延陵先生集新舊服氣經》："凡餌內氣者，用力寡而見功多。唯在安神靜慮，不煩不擾，即氣道疏暢，關節開通。"又《幼真先生服內元炁訣》："凡初服氣之人，炁道未通，則不可握固。待至百日或半年覺炁通暢，掌中汁出則可握固。"又宋曾慥編《道樞》卷三十："昔廣成子用積火以焚五毒，五毒者五穀五味也，不焚之則能壅遏其氣道矣。"

道教主張修鍊時除辟穀外，飲水也應有一定的限量，否則會損傷氣道。如《三洞道士居山修鍊科》："飲玄水，雖助氣爲力，飲過一斗以上，則亂氣道，飲水則塞氣經脈。"若在家修鍊還有不少飲食禁忌。如《三洞道士居山修鍊科》："其若居世俗官，行作習氣調鍊氣道之法，不得食一切血肉，及生菜、葷辛、生五果，當食熟煮，少食之，明慎奉行。"

殃注　復連

伏冀天尊慈祐，大聖垂光。勅勒地司，開度魂爽。出長夜之府，離九幽之中。冠帶天儀，毀絕鬼錄。超昇幽界，沐浴靈津，得上天堂逍遥之境。斷絕殃注，福利見存。（《太上黃籙齋儀》卷四 9/192/c）

致使魂神被繫，禍患來鍾，或重病不痊，或妖邪剋害，連年困篤，累歲迍邅，塚訟徵呼，先亡復連。（《道門科範大全集》卷五十六北斗延生捍厄儀 31/889/a）

殃注，即注病，猶今傳染疾病。注作爲一種疾病，也寫作"疰"。如《廣雅·釋詁一》："疰，病也。"王念孫疏證："鄭注《周官·瘍醫》云：'疰讀與注病之注。'……注與疰通。"又《釋名·釋疾病》："注病，一人死一人復得，氣相灌注也。"清畢沅疏證："注，《御覽》引作疰。"殗注，《諸病源候總論》卷二十四"殗注候"："注者住也，言其病連滯停住，死又注易傍人也。人有染疫癘之氣致死，其餘殗不息，流注子孫親族，得病證狀，與死者相似，故名爲殗注。"病人死後，其他人又患上同樣的病，此病由于"餘殗不息，流注子孫"，而名殗注。據此看來，殗注相當于現在的傳染疾病，家人往往聚集而居，難免相互傳染。古時醫學不發達，不明此理，往往歸咎于鬼物精邪干犯所致。如《聖濟總錄纂要》卷十五《諸注統論》："若因挾鬼物之精而爲邪所注者，則爲鬼注、邪注、屍注、殗注之病。"認爲殗注爲鬼物精邪所致之病。又明朱橚《普濟方》卷二百三十八《諸疰》："若因挾鬼物之精而爲其邪所疰，則爲鬼疰、邪疰、屍疰、殗疰。"也采此說。

　　就字形來看，典籍先有"注"，"疰"應是後起本字。對注病的得名之源，《釋名·釋疾病》解釋說："注病，一人死，一人復得，氣相灌注也。"以灌注釋注，采自《說文》："注，灌也。從水主聲。"氣爲無形之物，說它相灌注致病，難通。醫家著作皆謂"注者住也，言其病連滯停住，死又注易傍人也"。又清尤怡《金匱翼·諸疰》："疰者，住也。邪氣停住而爲病也。"說人死而病留住，以住釋注，也難合情理。注有連接、接觸義。如《戰國策·秦策四》："王一善楚，而關內二萬乘之主注地於齊，齊之右壤可拱手而取也。"又《史記·春申君列傳》："王又割濮曆之北，注齊秦之要，絕楚趙之脊，天下五合六聚而不敢救。"瀧川資言會注引中井積德曰："注，接也。"又《北史·周法尚傳》："請分爲二十四軍，日別遣一軍發，相去三十里，旗幟相望……首尾連注，千里不絕。"又宋秦觀《謁禹廟》詩："陰陰古殿注脩廊，海伯川靈儼在傍。"注病是傳染病，人與病人接觸而得。注病之"注"即取連接義，與"住"無關。相同的還有"疫"，《說文》卷七下"疒部"："疫，民皆疾也，從疒，役省聲。"楊樹達《積微居小學述林全編·上》卷一"釋疫"條認爲："役之爲言易也，易者，延也。……病以延易而民皆疾，故謂之疫矣。"疫也是傳染所致，故取義于"延易"。與注病相比證，楊說可從。注易意同，可連言複用。如晉葛洪《抱樸子·仙藥》："余又聞上黨有趙瞿者，病癩歷年，衆治之不愈。垂死，或云：'不及活流棄之，後子孫轉相注易。'"

　　道書中也常見"復連"一詞，如《赤松子章曆》卷六"新亡遷達開通道路收除土殗斷絕復連章"："某盟結既解，遷達魂神，去離三塗五苦，還昇福堂，衣食自然，利祐後人。不得更相戀慕，復連殃注，於今斷絕。地官衛尸，神還更生。並賜某家從今已去，大小某等疾病陰私除差，門戶安穩，生死受恩。"從文中表述來看，復連也是一種傳染疾病，先亡者得病死去，其他人又得此病，接連不絕，因之稱復連。古時人們認爲復連是由于死人鬼魂作怪，爲求將其斷絕，往往要請道士舉行齋醮活動。這是怎樣一種傳染疾病呢？翻檢古籍，唐孫思邈《千金翼方》卷二十八記述復連症狀："脛膝疼，腰脚攣急，足冷氣上不能久立，有時厭厭嗜臥，手足沉重，日覺羸瘦，名復連病。令人極無情地，常愁不樂，健忘嗔喜，有如此候即當灸之。"又宋王執中《針灸資生經》卷三："骨蒸病者，亦名傳尸，亦謂殗殜，亦稱復連，亦曰無辜。丈夫以精氣爲根，女人以血氣爲本，無問老少，多染此疾。"又宋陳自明《婦人大全良方》卷五《婦人瘵癆敘論》："夫骨蒸、殗殜、復連、尸疰、勞疰、蟲疰、毒疰、熱疰、冷疰、食疰、鬼疰等，皆曰傳尸。"又明朱橚《普濟方》卷二百三十五"勞瘵門"："夫勞瘵一證，爲人之大患。凡受此病者，傳變不一，積年疰易，甚至滅門，可勝嘆哉。大抵合而言之曰傳尸，別而言之曰骨蒸、殗殜、復連、尸疰、勞疰、蟲疰、毒疰、熱疰、冷疰、食疰、鬼疰是也。"諸論將復連與骨蒸、傳尸、殗殜等視爲同一種病，諸稱名異實同，都屬"瘵癆"病。宋佚名《急救仙方》卷十《總論傳癆》較爲詳細地描述了瘵癆的各種症狀："論曰：大抵傳尸之候，在心胸脇滿悶，背膊煩痛，兩目不明，四肢無力，雖欲寢臥，睡常不寐，脊膂急痛，腰膝酸疼，多臥少起，狀如佯病。每至早旦，精神尚存，有如無病；日午之後，四體微熱，面無顏色。喜見人過，常懷忿怒，纔不稱意，即多嗔恚。行立脚弱，夜臥盜汗，夢與鬼交，或見先亡，或多驚怖。有時氣息，有時咳嗽，雖思飲食，不能多湌，死在須臾。精神尚好，或時微利。兩脇虛脹，口燥鼻乾，常多粘唾。有時唇赤，有時欲睡，漸就沉羸，猶如涸魚，不覺死也。"從"有時氣息，有時咳嗽""常多粘唾"這些症狀來看，復連大約相當於今天所說的肺結核，又稱肺癆，由結核菌通過呼吸道傳染。在醫術尚不發達的古代，瘵癆難以治愈，且由于傳染性强，後果嚴重，人與病人接觸傳染，甚至全家因此"滅門"。醫治不好，人們就認爲是鬼魂作祟，先死的人在陰間作怪，殃連生人，需要祈求仙眞予以斷除。這種思想至今在百姓心中根深蒂固。今民間仍有此類說法，家中先死者會回到陽間來喊人，去陰間做伴。趙本山小品《火炬手》有一句臺詞："怎麼地，我媽還說了，誰要是敢和你爭這個火炬手的位置，我和你爸就把他帶走！"正是這種思想的反映。

同注病得名一樣，稱這種慢性傳染病爲復連，也是因爲它的接連傳染性。《普濟方》卷二百三十七《屍疰門》："夫傳屍復連殗殜者，皆起於骨蒸，遁屍故也。此病多因臨死哭泣，屍氣入腹，連綿不已。或三年至五年有能食，不作肌膚；或三日五日若微勞即發。當頭額間，骨節痛，壯熱翕翕然。死後家中更染一人，如此相傳，故名復連也。"

也作"伏連"，伏、復音同，伏是復的記音字。復連又與注病合稱"復注"。道經常見。如《道門定制》卷一《分解冢訟章》："並嚴絕弟子某冢訟之氣，復注之咎。"又《太上慈悲道場消災九幽懺》卷八："或掘鑿坑坎，傷動土精，致使存亡拷謫，魂魄拘閉，流殃復注，逮及後世。"復注，即復連殗注，今稱爲肺結核。

殃釁　釁負

　　或先亡遠逝，幽執九泉，考對未原，殃釁重疊，不勝甚苦，延及生人。(《道門定制》卷七十六 31/722/b)

　　張清都曰："夫惡逆之身，犯莫大之罪，猶使齋戒請贖，消散釁負。"(《無上黃籙大齋立成儀》卷三十三 9/577/b)

殃釁指罪過、過錯。殃有罪義。隋闍那崛多共笈多譯《添品妙法蓮華經》卷六："若不順我呪，惱亂說法者，頭破作七分，如摩利闍迦，如殺父母罪，亦如壓油殃，斗秤欺誑人，調達破僧罪。"壓油，指壓榨芝麻、大豆等含油作物取出油脂，現在一般稱作榨油。佛教認爲，壓油實有殺生之行。唐道世《法苑珠林》卷六十五《校量篇·罪業部》："一切諸佛，所不能救。譬如壓油，一一麻中，皆生諸蟲。"在佛教徒看來，油作物中亦有微細生命，榨油過程中會把這些小生命壓死的。殃、罪對文同義，殃也是罪。後秦佛陀耶舍共竺佛念譯《佛說長阿含經》卷十八："想及黑繩獄，堆壓二叫喚，燒炙大燒炙，無間爲第八，此八大地獄，洞然火光色，斯由宿惡殃，小獄有十六。"宿惡殃，即前世惡罪。又吳康僧會譯《六度集經》卷六："昔者菩薩身爲女人，厥婿稟氣凶愚妬忌。每出商行，以妻囑隣獨母。母奉佛戒爲清信行，時佛入國，王逮臣民靡不受戒。獨母聞經，還爲婦說之。婦喜歎曰：'斯即無上正真道最正覺者也。'從母聞佛，即遙稽首。齋日母曰：'可往聽化乎？'婦喜曰可。尋之城外忽存婿妬，悵然不悅，旋居自鄙：'吾殃重乎？'"商人婦聽化未果還歸自思："吾殃重乎？"猶言"我的罪過大嗎？"釁有罪過義。《左傳·莊公十四年》："人無釁焉，妖不自作。"殃釁同義連文，罪過義。殃釁重疊，指罪過累積。唐張君相《道德真經集解》卷五："無復與身之殃釁也，行業圓備，諸累復盡。"又《全唐文·爲程處弼辭放流表》："糞土臣某言：臣以殃釁，姪構凶逆，臣合宗族誅戮，以顯國刑。"殃釁均表罪過義。

殃與釁也都有禍患義。殃釁連文也表禍患、禍殃義。南朝梁江淹《建平王讓鎮南徐州刺史啟》："臣言：臣誓惟殃釁，頻瀉四折，慊慊狂愚，冀蒙哀弔。"明胡之驥匯注："殃釁，禍亂也。"又《宋書·謝晦列傳》："痛同懷之弱子，橫遭罹之殃釁。智未窮而事傾，力未極而莫振。"道經如《赤松子章曆》卷四"謝五墓章"："某家三曾五祖、七世父母已來，生時積罪，招延殃釁，或塚墓之中，有訴訟之害，嗔怨天地，致使亡人不安，擾動生人。"招延殃釁謂招致禍殃。

釁負，指罪過。負有罪過義。如《漢書·酈食其傳》："項王有背約之名，殺義帝之負。"又唐陳子昂《塵尾賦》："此先都之靈獸，因何負而罹殃。"釁負爲同義并列複音詞，罪過義。此詞典籍鮮見。宋胡寅《致堂讀史管見》卷十："然則不待他日釁負之彰，獨此一事，自足以取死矣。"是一例。

腥凡　腥污

一切衆生，自從生誕形體已來，頭負圓天，足履方地，肌屍醜穢，骨肉腥凡。不避星辰，常干風雨，累此陽過，必犯陰愆。（《太上慈悲道場消災九幽懺》卷三 10/35/c）

腥指葷腥。凡與泛音近可得相通，典籍有通例。如《左傳·隱公七年經》："天王使凡伯來聘。"陸德明《經典釋文》："凡字本作汎。"汎同泛。又《方言》："枚，凡也。"清錢繹箋疏："案凡之言泛也。包舉泛濫一切之稱也。"又《管子·乘馬》："泛山，其木可以爲棺，可以爲車。"于省吾《雙劍誃諸子新證·管子一》："按'泛'同'洀'，古'盤'字。……'泛'，亦省作'凡'。《墨子·辭過》：'凡回於天地之間。'《節葬下》：'壟雖凡山陵。''凡'均應讀作'盤'。"泛有污穢義。《方言》："氿，洿也。"洿即污。《廣雅·釋詁》："氿，污也。"又《漢書·王褒傳》："水斷蛟龍，陸剸犀革，忽若彗氿畫塗。"王念孫《讀書雜志·漢書十一》："彗者，埽也；氿者，污也。謂如以帚埽穢。"氿泛同。用爲動詞有污染義。如《隸釋·漢博陵太守孔彪碑》："浮游塵埃之外，矘焉氿而不俗。"此處道經中凡即通泛，有污穢義。腥凡，即腥臭污穢。此詞又見於《太上慈悲九幽拔罪懺》卷二："自從生誕，形體分張，首負圓天，足履方地，肌屍穢醜，骨血腥凡。不蔽星辰，恒干風雨，累此陽過，必犯陰愆。"

典籍又有腥污。如宋張津《（乾道）四明圖經》卷十宋王存之《隆教院重修佛殿記》："按昌國之民，居山者以耕鑿爲生，瀕海者以漁鹽爲生。其中捕網海物，殘殺甚夥。腥污之氣溢于市井，涎殼之積厚於丘山。"又宋曾鞏《鴻雁》詩："性殊凡鳥自知時，飛不亂行聊漸陸。豈同白鷺空潔白，俛啄腥污期滿腹。"又明陸簡《龍皋文稿》卷十《送涿州學正丁松年序》："學之先興北方，鄒魯以降，沿漢及唐，弗易也。惟宋運播越，文憲始南，而河朔諸州腥污尤久，北方之學至是亦甚不幸矣。"

又有腥穢，如漢鍾離權《靈寶畢法》卷中："身體光澤，神氣秀媚，漸畏腥穢，以衝己腹，凡情凡愛，心境自除，真氣將足，而以常飽，所食不多，而飲酒無量。"又晋干寶《搜神記》卷二十："晋魏郡亢陽，農夫禱於龍洞，得雨將祭謝之。孫登見曰：'此病龍雨，安能蘇禾稼乎？如弗信，請嗅之。'水果腥穢。"又唐谷神子《博异志補編·許建宗》："唐濟陰郡東北六里，佐山龍興古寺前，路西第一院井，其水至深，人不可食，腥穢甚，色如血。"腥凡、腥污、腥穢爲一組同義詞，皆爲腥臭污穢義。

鬼訟　注訟

高齡之無德也久矣，鬼訟之紛錯也積矣。(《太上感應篇》卷十四 27/67/b)

或爲爭財或爲嗔，一時忿怒叫神明。結成鬼訟何時了，解雪無非大洞經。(《三洞讚頌靈章》卷下 5/792/b)

晝夜考掠，痛毒備嬰。注訟子孫，殃流見在。冥冥長夜，解拔無由。(《太上黃籙齋儀》卷四十 9/294/c)

鬼訟，指鬼在陰間打官司訴訟生人。鬼訟之說，道經多見。如《要修科儀戒律鈔》卷十一《章科信儀》有："夫妻疾厄、斷除鬼訟、扶危保安章。"又《三洞珠囊》卷一："太上玄元，九都紫天。理魂護命，高素真人。我佩道法，受教太玄。長生久視，身飛體仙。塚墓永安，鬼訟息奸。"也作冢訟，如《道門科範大全集》卷二十七"祈嗣大醮儀"："又虞冢訟之牽連，欲丐洪恩而普度，乃嚴淨宇，祇薦嘉誠。"又《道門科範大全集》卷八十四："赴龍門之受會，獲烏母之督仙。無復冢訟之纏綿，蔑有子孫之殃注。"也作"陰訟"，如《道門通教必用集》卷五職佐篇："有陰訟者，勿得拘留。有冤對者，勿得纏縛。"鬼訟、冢訟、陰訟爲同義詞。

據道經所言，鬼魂在陰間訴訟生人類型不一、名目繁多。如《道門定制》卷一《分解冢訟章》："竊慮上世以來，先亡後逝，訴訟生人所在陰官冥府之中，神趣鬼趣之內，或有溺死之訟、燒死之訟、傷死之訟、絞死之訟、獄死之訟、囚死之訟……"載有八十一種訴訟。至于鬼訟產生的原因，道經解釋說："種種等事，各有訟言，並是怨結莫伸，因爲引注，將生人名字，訴於鬼官，連逮子孫，未有解絕，其人亡後所興諸訟，皆由不能自認，求對生人。"由于心有怨結，不能自認，鬼魂便在陰間訴訟生人。古籍有關于鬼訟的相關記載。如《水經注》卷三十七："縣有鵠奔亭，廣信蘇施妻始珠鬼訟於交州刺史何敞處。"又明張岱《夜航船》"開鑒湖"條："漢馬臻爲會稽太守，開鑒湖，得田九千餘頃。豪右惡之，告臻開河發掘古塚無數。徵下獄，遣官覆按，詭稱並不見人，云是鬼訟，臻竟被戮。其後越民承河之利，立祠祀之。"以鬼訟的名義竟將朝廷命官加戮，雖然主要由于官員枉法，不過從側面也反映出人們對"鬼訟"之說是相信認同的。凡是一切不利于自身的事情，古人都可以與之聯繫起來。在古人看來，這會直接導致陽世生人死亡且連逮子孫，後果是很嚴重的，所以想方設法要斷除鬼訟。

注訟，即是"殃注鬼訟"的縮略詞，古人認爲殃注與鬼訟均是鬼魂干犯所致。道經習見。如《道門科範大全集》卷六："願以是捻香功德，歸流某家七祖九玄、幽儀滯爽，超辭地壤，昇翥天衡，息注訟於冥關，流福祥於後裔。"又《道門定制》卷一："分解先亡後死家墓注訟之氣，令使注訟消滅，屯害潛靜，人鬼異路，死生永隔。"又《無上黃籙大齋立成儀》卷二十："轉輪受化，逍遙福門。安穩墳墓，注訟不興。舉家蒙福，一切荷恩。"又《廣成集》卷五："恐是往債宿冤，尚爲注訟，前生今世，旋結罪名。"例多不贅。

第二節　普通語詞

本節所討論的普通語詞指既見於道經文獻，也常用於其他文獻中的語詞。

紙陌

儻孝子慈孫志切薦嚴，誠深修奉，力或不及，師當量其所捐之財，將齋醮供獻及鎮信香燭章奏紙陌之類歸并從省，與之隨力建功，不可責備。（《無上黃籙大齋立成儀》卷五十 9/665/a）

紙陌即紙錢。陌是古時計算貨幣數量的單位，銅錢一百爲"陌"。《梁書·武帝紀下》："頃聞外間多用九陌錢，陌減則物貴，陌足則物賤，非物有貴賤，是心有顛倒。至於遠方，日更滋甚。豈直國有異政，乃至家有殊俗，徒亂王制，無益民財。自今可通用足陌錢。"九陌錢，指以九十爲一陌的錢串。

民俗認爲人死後在陰間也需要花錢消費，便依照陽間錢制用黃紙制作冥幣，稱爲紙錢，也以陌爲量詞。宋普濟《五燈會元》卷十二《南嶽下十三世·泐潭景祥禪師》："師不安，次有僧問和尚：'近日尊候如何？'師曰：'土地前燒二陌紙著。'"又元王實甫《西廂記》第一本第二折："自父母下世之後，並不曾有一陌紙錢相報。"又元施耐庵《水滸傳》卷二十六："何九叔道：'小人前日買了大郎一楪籠子母炊餅，不曾還得錢，特地把這陌紙來燒與大郎。'"紙陌爲名+量式合成詞，也就是紙錢，用於祭奠時燒化。明洪楩《清平山堂話本·戒指兒》："元伯於囊中取錢，令買祭物、香燭、紙陌，陳列於前，取出祭文，酹酒再拜。"又清葉昌熾《奇觚庼詩集》卷上《礟入城聽事墻壁猶有洞穿刻痕感而賦此》："鞾刀想見羣攀堞，紙陌猶聞哭祭播。"不過紙錢甚輕，完全按照銅錢形制不便於拿取，今天常見在黃紙上鏤出或者印出銅錢的形狀。筆者老家山東寧陽則盛行一種用圓木棍的頂端做成的錢印模，每逢節日或忌日祭拜先人，須用錢印模在黃紙上打出銅錢印跡，然後纔能燒化，不然先人是收不到錢的。

厨頭

居常齋，厨下監厨一人，先自檢校厨頭，果菜調和，生熟氣味，並令得所。（《要修科儀戒律鈔》卷九 6/963/c）

厨頭，此指厨房。厨頭是附加式合成詞，頭是名詞詞綴，詞義取決於"厨"義所指。厨有厨房義，厨頭可指厨房。宋陳起《江湖後集》卷十一《婢態》詩："纔入園中便折花，厨頭坐話是生涯。不時掐數週年限，每事誇稱舊主家。"又元施耐庵《水滸傳》卷七十四："小二哥看他兩箇吃了晚飯，收了碗碟，自去厨頭洗刮，心中衹是不信。"又清沈赤然《五研齋詩文鈔·詩鈔·隨計吟六首》："厨頭但有三月糧，環瑱已盡無可商。"又清趙翼《甌北集》卷九《即事》："燔柴老婦雇來驕，倦臥厨頭呼不動。"

厨可指烹飪者，厨頭亦指烹飪者。清馮詢《子良詩存》卷八《招客食全羊》："厨頭操刀發號令，今日之羊子爲政。百割何辭膳役勞，一臠已嘆賓筵盛。"厨頭猶今之廚子。佛教禪宗叢林設有飯頭、菜頭等職，是主管飯菜的和尚。《五燈會元》卷七《青原下六世·龍興宗靖禪師》："初參雪峰，誓充飯頭，勞逾十載。"又《水滸傳》第六回："還有那管塔的塔頭、管飯的飯頭、管茶的茶頭……這箇都是頭事人員，末等職事。"典籍中也有稱之爲厨頭的。如明夢覺道人《三刻拍案惊奇》卷五第十八回："衆僧怕太祖見怪，衹得拿去與他吃，他衹是不吃。厨頭道：'好漢餓不得三日，莫采他，他自來。'故意拿些飲食在他面前吃，他似不見般。"這裏的厨頭蓋指佛寺裏的飯頭、菜頭之類負責飲食的和尚。後來道教宮觀仿禪林職制，一般也設有飯頭、菜頭之類的職位。

厨有宴席義，厨頭也可指宴席。清編《元詩選·謝應芳〈呈趙徵士〉》："吴姬手執金叵羅，春風笑面生紅渦。主人留客長夜飲，客拜主人辭酒多。主人沉醉客亦醉，客散扶歸主人睡。殘杯冷炙厨頭傾，鄰家兒有啼饑聲。"又清張履祥《補農書》卷下："諺曰食在厨頭，力在皮裡。又曰竈邊荒了田地，人多不省，坐蹈斯弊，可嘆也。"

此外，唐李商隱《亂石》詩："不須併礙東西路，哭殺厨頭阮步兵。"以厨頭作爲晉阮籍的代稱。《晉書·阮籍傳》："籍聞步兵厨營人善釀，有貯酒三百斛，乃求爲步兵校尉。"因而李詩以"厨頭阮步兵"指稱阮籍。又明張邦奇《張邦奇集》四友亭集卷十五《又疊韻答東沙叔》："天光乍逢此日好，百年自信吾生浮。逝將避暑竹林下，步兵厨頭差可謀。"

驚吊

中元玉女，追無主、癆瘵、風癱亡魂。下元玉女，追瘟疫、雷嗔亡魂。玉符玉女，追驚吊、刀刑、自縊、落水、投火、胎產、厭穢亡魂。（《太上濟度章赦》卷中 5/830/b）

驚吊，又見於《高上神霄玉清真王紫書大法》卷十："保胎宜男符：凡婦人諸產厄及胎炁不穩保之，吞宜男符也。入月吞之，去邪，使子母皆全保胎。童子佩，去驚吊之疾，長大異養。"又元妙宗《太上助國救民總真祕要》卷七："治小兒驚吊法：斬腰、截手、劈腹、剜心，六丁下刀。""驚吊"是一種小兒病疾，即醫書所謂"驚風天吊"，醫學文獻經見。金張從正《儒門事親》卷十一《小兒風門》："凡小兒三五歲或七八歲至十餘歲，發驚涎潮，搐搦如拽鋸，不省人事，目瞪喘急，將欲死者。《内經》曰：此者得之在母胎胞之所，受悸惕、驚駭、恐懼之氣，故令小兒輕者爲驚風天吊，重者爲癇病風搐。"又明王肯堂《證治准繩》卷九十二："如小兒患驚風天吊，戴上眼睛，手足搐搦，狀候多端。但取藥一丸，用溫水化破，滴入鼻中，令嚏噴，三五遍後，眼睛自然放下，搐搦亦定。"又明盧之頤《本草乘雅半偈》卷十："竹黃，氣味甘寒無毒，主小兒驚風天吊，去諸風熱，鎮心明目，療金瘡，滋養五藏。"由文獻記載可知，驚風天吊即是小兒因受驚嚇等而出現身體抽搐、眼睛上翻等症狀的一種病疾。

驚風天吊，也省稱天吊。關於"天吊"之得名，葉大兵、烏丙安（1990：215）釋"放天吊"爲："少兒發病後，四肢痙攣，眼球上翻，一時喪失知覺，呼吸淺而不匀時，俗稱此症爲'天吊'，意爲患者的靈魂被上天鬼神帶走。"雷漢卿（2006：476）認爲："'天吊'爲一種小兒驚癇症，病發後的症狀一是身體抽搐，二是眼睛上翻（仰視），其狀若'神祟'，'天吊'因此得名。"似亦主此說。按神祟之說無據，眼睛上翻是小兒抽風的主要症狀，"天吊"即言此種狀況：天猶上，吊取懸義，天吊謂上懸，特指（眼）上翻。宋佚名《小兒衛生總微論方》卷四"發搐陰陽"有相關論述："或因母飲酒、食肉無度，致煩毒之氣流入於乳，因以乳兒，令兒宿滯不消，熱毒乘心，發爲驚搐，眼目翻騰，壯熱不休，甚者爪甲皆青，狀若神祟，俗謂之天弔。此非天能弔人，以其眼弔上視，故取意名之。況小兒發搐，未有不眼上者，寔亦陽搐之候也。"弔同吊。此義今仍存方言中，如山東方言"吊白眼"即指"翻白眼"，福建廈門話稱作"吊白仁""吊白目"。吳方言稱作"天釣"。《漢語方言大詞典》543頁釋爲："<名>病名。小兒驚風，頸項強直，頭目仰視。吳語。"應鍾《甬言稽詁·釋疾病》："小兒驚風，項背收引，以致頭目仰視，曰天釣。"

間越

或交合妄起於紛爭，或諂佞橫生於間越。遞傳虛語，矯飾詐情。惟務圖謀，是名障礙。罪將條列，惡已滿盈。(《北極真武普慈度世法懺》卷四 18/364/a)

間越，指阻隔、隔越。間有間隔義。越本義爲跨越。《說文·走部》："越，度也。从走戉聲。"《楚辭·天問》："阻窮西征，巖何越焉？"漢王逸注："越，度也。"跨越謂度過一段距離，前後相較有差，引申有差距義。南朝梁蕭統《文選·司馬長卿〈喻巴蜀檄一首〉》："身死無名，謚爲至愚。恥及父母，爲天下笑。人之度量，相越豈不遠哉！"又章炳麟《駁康有爲論革命書》："夫終古不能得國權，與暫得國權而復失之，其利害相越，豈不遠哉！"距離有差則產生間隔，引申有阻隔義。宋曾鞏《太平州與本路轉運狀》："伏念更移歲序，阻越道途，音塵莫及於賓階，書問不通於記室。"阻越義同連言，爲阻隔義。又漢蔡琰《胡笳十八拍》之十五："子母分離兮意難任，同天隔越兮如商參。"隔越是阻隔、間隔義。間越也是同義複用，間隔、阻隔義。典籍常見。明鄧元錫《皇明書》卷十："帝怒曰：'命婦免賀，本奉皇太后懿旨。孝養兩宮，朕豈敢間越？'"間越，指阻攔、阻擋。又清谷應泰《明史紀事本末》卷五十："上曰：'朕奉太廟，豈敢間越？與漢哀帝不同，務愜公論，以伸至情。'"又《明史·何孟春傳》："朕嗣承大統，祗奉宗廟，罔有間越。尊崇大禮，自出朕心。"間越，均爲阻隔、間斷義。

評詳

第九戒者，不得鬪亂口舌，評詳四輩，天人咎恨，傷損神氣。(《要修科儀戒律鈔》卷五 6/939/c)

王雲路、方一新（1992：307）釋"評詳"爲"調停；仲裁"義。例舉《賢愚經》卷五《重姓品》："于是二家各引道理：其兒父母，說是我兒……王聞其說，靡知所如，即與二家評詳此事：'卿二長者，各認此兒，今若與一，于理不可；更互共養，至兒長大，各爲娶婦，安置家業。'"《例釋》謂此事"屬民事糾紛，受到了以公正面目出現的第三方的'評詳'，顯然，'評詳'即是調停、仲裁"。按此釋亦爲隨文釋義，未爲的詁，評詳爲評議、評判之義。

《說文·言部》："詳，審議也。"《廣韻·陽韻》："詳，論也。"又《文選·陸機〈五等諸侯論〉》："是以其詳可得而言。"唐呂向注："詳，議也。"詳論即議論。評詳同義連文，評論、評議義，典籍經見。南朝梁僧祐《釋迦譜》卷三："時首陀會天以當爲佛起精舍故，恐諸大臣偏爲太子，即化一人，下爲評詳，語太子言：'夫太子法不應妄語，已許價決不宜中悔。'"首陀會天擔心大臣偏向太子，因而下凡予以評判。又唐李商隱《樊南文集補編》卷九牒碑銘《劉福》："今廉部之初，求人是切，爰將折獄，用寄長材，子其斟酌蜀科，評詳漢令，勿令門下意盜璧于張儀，無使獄中溺然灰于安國。"評詳與斟酌對文，評議、品議義。又《全唐文》卷九百三十六杜光庭《蜀州孟駙馬就衙設銷災遷拔黃籙道場詞》："臣夙奉元休，早承皇澤。未展涓埃之効，驟叨符竹之榮。況累掌重權，兼司刑憲。評詳獄訟，慮乖仁恕之規；主領兵師，實寡訓齊之要。"評詳獄訟，此指評判案件。又清錢陳群《香樹齋詩續集》卷三十六《蘇橋雜咏》："一門父子占文章，遺迹猶蒙考評詳。地以人傳傳以遇，子牙明允亦堂皇。"評詳爲評說義。

如果評論者身分不夠資格或者評判缺乏標準，評詳就近於胡亂指點、妄加議論的意思了。元吳鎮《梅花道人遺墨》卷下《竹譜》："如其以他人清論，徒爲喋喋評詳，貽笑大方之家多矣。"道教講究尊經重師，對於道經師三寶，道士不得妄加評議，否則不僅被視作不守科戒、犯上的表現，還將有報對懲罰。如明《道典論》卷三："明真科經云：無極世界，男女之人，生世所行，評詳四輩，攻擊天人，死受酷對，長淪惡根。"

四輩原爲佛教語，丁福保《佛學大辭典》："四輩，比丘、比丘尼、優婆塞、優婆夷之四眾也。又，人、天、龍、鬼之四眾也。"道教借用四輩，指出家的男女道士及在家的男女道眾。如明趙宜真《靈寶歸空訣》解釋說："四輩者謂道教中有出家男官道士，有出家女官道士，有在家男官道士，有在家女官道士。釋教中則出家者男曰比丘，女曰比丘尼，在家者男曰優婆塞，女曰優婆夷。"

入人

尼曰："此牛前行者是一官人，坐入人罪。後行者是一醫人，坐誤殺人。"（《太上感應篇》卷九 27/49/b）

入人，《大詞典》釋爲："謂打動人，爲人所感受、理解。"此義於此不洽。入的本義爲進入，人犯罪被捕即被送入監獄，故入可指拘捕。《後漢書·劉瑜傳》："促以嚴刑，威以正法。民無罪而覆入之，民有田而覆奪之。"又清紀昀《閱微草堂筆記·槐西雜志二》："君子可欺以其方，不能橫加鍛鍊，入一童子遠戍也。"人犯罪被捕，典籍常以"入罪""入獄"言之。三國魏康僧鎧《大無量壽經》卷下："世有常道王法牢獄，不肯畏慎，爲惡入罪，受其殃罰，求望解脫，難得免出。"又南朝梁蕭子顯《南齊書·豫章文獻王傳》："伏尋郡縣長尉俸祿之制雖有定科，而其餘資給復由風俗，東北異源，西南各緒，習以爲常，因而弗變。緩之則莫非通規，澄之則靡不入罪。殊非約法明章、先令後刑之謂也。"又東漢王充《論衡·辨祟》："人不觸禍不被罪，不被罪不入獄。"又明馮夢龍《古今小說·史弘肇龍虎君臣會》："罪人入獄，教獄子絣在廊上，一面勘問。"

入人則謂構陷罪名拘捕人，一般指人無辜而獲罪，也稱入人罪，典籍習見。《管子·君臣上》："是故有道之君，上有五官以牧其民，則衆不敢踰軌而行矣；下有五橫以揆其官，則有司不敢離法而使矣。"唐房玄齡注："橫謂紀察之官得入人罪者也。"又東漢班固《漢書·宣帝紀》："用法或持巧心，析律貳端，深淺不平。"顏師古注："析，分也，謂分破律條，妄生端緒，以出入人罪。"又唐長孫無忌《唐律疏議》卷五："若枉入人徒年者，即計庸折除課役及贖直。"又宋陳元晋《漁墅類稿》卷六《廣東主管帳司元公墓誌銘》："公笑曰：'吾從得罪，猶是失出，決不能入人罪以梯榮也。'"皆其例。

《漢書·路溫舒傳》："上奏畏卻，則鍛鍊而周內之。"王念孫《讀書雜志·漢書九》："內讀爲納。納者，補也。周，密也。此承上'上奏畏卻'而言，謂密補其奏中之罅隙……'鍛鍊而周內之'，謂鍛鍊其文而周納其隙。"《漢語大詞典》據王說設立義項："'納'的古字。補綴，彌補縫隙。"按《說文·入部》："內，入也。"段注："今人謂所入之處爲內，乃以其引申之義爲本義也。互易之，故分別讀奴荅切，又多假納爲之矣。"內納爲古今字，納是內的後出分別文。然內之補義典籍除此外鮮見用例。疑王說未是。"周內"當取本義。晉灼解釋曰："精熟周悉致之法中也。"內謂致之法中，即是構陷罪名。內入同義，兩詞構成一對同義詞例，聯繫"入"有無辜獲罪義，內也可引申指入罪、獲罪。周內即謂周密地構陷罪名。又《新唐書·李元素傳》："又自以不失盜爲功，因必其怒，傅致而周內之，若不可翻者。"又明竇子偁《敬由編》卷五唐"徐有功"條："於是酷吏周興、來俊臣之倫用而羅織之獄興，吏爭以周內窮詆爲功。"例多不贅。

影寄

地境瘠，俗懻忮。影寄詭挾者連阡陌，下戶苦役產破者相踵。（《無上黃籙大齋立成儀》卷五十七 9/729/b）

《中華道藏》將本句校點爲："地境瘠，俗懻忮影，寄詭挾者連阡陌下戶苦役產破者相踵。"按標點未確，"忮"後當點斷，"影"字爲下句首，"阡陌"後可加逗號點斷。"懻忮"爲一詞，強悍義。《史記·貨殖列傳》："種、代，石北也，地邊胡，數被寇。人民矜懻忮，好氣，任俠爲姦，不事農商。"

"影寄"爲一詞，指隱藏財產。物遮光則生影，故影引申有遮蔽義。南朝梁吳均《陌上桑》："嫋嫋陌上桑，蔭陌復垂塘。長條映白日，細葉影鸝黃。""影鸝黃"謂遮擋着黃鸝鳥。又姚秦鳩摩羅什《大智度論》卷十一："是時有鷹逐鴿，鴿飛來佛邊住。佛經行過之，影覆鴿上，鴿身安隱，怖畏即除，不復作聲。後舍利弗影到，鴿便作聲，戰怖如初。"影覆，指遮蔽、覆蓋。物被遮蔽則不得見，影又引申有隱匿義。北齊劉晝《劉子》卷四："夫連城之璧瘞影荊山，夜光之珠潛輝鬱浦。玉無翼而飛，珠無脛而行。"瘞影，指埋藏、藏匿。又北周庾信《西門豹廟》詩："漳流鳴磴石，銅雀影秋林。"又《水滸傳》第十六回："只見對面松林裏影着一箇人，在那裏舒頭探腦價望。"

寄本義爲委託、託付。《說文·宀部》："寄，託也。"將己物委託於他人別處即爲寄放。人們有時出於隱蔽財富或者逃避稅賦的目的，將個人財產寄放於他人他處或者將產業掛於他人名下加以藏匿。寄成爲隱藏財產的一種手段，如果人們不關心寄的過程而祇注重結果，寄與匿則渾言無別。宋胡寅《斐然集》卷十八《寄趙秦二相》："今民有常產，以旱荒之苦，科調之頻，詭名寄產無所不至，其則棄而之他邦，而有餘力爲官耕田乎？"寄產猶匿產。寄與匿語義密切相關，故常連言使用。如宋王之望《漢濱集》卷五《論潼川路措置經界奏議》："人戶詭名，寄隱產業，有田者無戶，有戶者無田。而差某等充戶長，催驅稅賦，率皆代納，以此破家者甚衆。"又明熊明遇《文直行書詩文》文選卷十七《盜賊課》："賊曹卒乃始精心跡捕，得所爲藏獨眼者暨他所寄匿金帛至。"寄隱、寄匿均謂隱匿。影寄與寄隱義同，隱匿義。此詞又見於明何三畏《雲間志略》卷十五《范太僕中方公傳》："豪民輒影寄田產，爲狐鼠穴。公籍出之，屬以役。"

祭先肺

伏聞夏月祭先肺，備詳《呂令》之辭；丹砂化黃金，具述《漢書》之志。（《東廚司命燈儀》3/581/c）

《中華道藏》校點爲："伏聞夏月祭先，肺備詳呂令之辭，丹砂化黃，金具述漢書之志。"按"肺"當屬上句末，"金"當屬上句末。

"祭先肺"指古代舉行祭禮時首先用牲肺祭祀。先，指次序在前，夏季祭祀時先祭以肺是古時的祭竈禮。古時有五祀，即戶、竈、中霤、門、行，竈是其中之一，夏時以祭。古人將五祀與四時、五臟聯繫起來。夏月祭先肺，《禮記·月令》載："孟夏之月，日在畢，昏翼中，旦婺女中。其日丙丁。其帝炎帝，其神祝融。其蟲羽。其音徵，律中中呂。其數七。其味苦，其臭焦。其祀竈，祭先肺。"又"仲夏之月，日在東井，昏亢中，旦危中。其日丙丁。其帝炎帝，其神祝融。其蟲羽，其音徵，律中蕤賓。其數七。其味苦，其臭焦。其祀竈，祭先肺。"又"季夏之月，日在柳，昏火中，旦奎中。其日丙丁。其帝炎帝，其神祝融。其蟲羽。其音徵，律中林鐘。其數七。其味苦，其臭焦。其祀竈，祭先肺"。

關於爲何夏月祭先肺，歷來有兩種說法。一爲五臟位置關聯說。鄭玄解釋說："夏陽氣盛，熱於外，祀之於竈，從熱類也。祀之先祭肺者，陽位在上，肺亦在上，肺爲尊也。"鄭玄將季節、陰陽、五臟的位置相聯，認爲夏季陽位在上，與肺位置相符，肺爲尊，故先祭肺。一爲五行相克關聯說。《呂氏春秋》卷四漢高誘注："肺，金也。祭禮之先進肺，用其勝也。"高誘認爲肺爲金臟，夏屬火神，火克金，故先祭以肺享之。高誘說當承之《今文尚書》，許慎對此又持不同觀點，漢鄭玄《駁五經異義》引述許說："異義：《今文尚書》歐陽說肝木也，心火也，脾土也，肺金也，腎水也。《古尚書》說脾木也，肺火也，心土也，肝金也，腎水也。謹按《月令》春祭脾、夏祭肺、季夏祭心、秋祭肝、冬祭腎，與《古尚書》說同。"王引之認爲鄭玄以五臟上下次序說解與實際不符，對五行說則贊成許慎，《經義述聞》卷十四："今、古文《尚書》雖未知孰是，而《月令》之五藏則非《古文尚書》之說不足以釋之。脾木藏，故春祭先之；肺火藏，故夏祭先之；心土藏，故中央祭先之；肝金藏，故秋祭先之；腎水藏，故冬祭先之也。"王氏進一步推論說："木火土金水既各有所主之藏，何反不用其所主而用其所勝乎？春夏秋之祭如用所勝之藏，則中央之祭當用土所勝之水而先腎，冬之祭當用水所勝之火而先心，今中央祭先心冬祭先腎，則非用其所勝可知；由冬祭先腎推之，則木火土金皆自用其藏可知。"這也正是五行相勝說無法解釋的地方。王氏評判精審，其結論可從。

《月令》內容初見於《呂氏春秋·十二月紀》，鄭玄認爲《禮記》采自《呂氏春秋》，《禮記·月令》孔穎達正義引鄭《目錄》云："名曰《月令》者，以其記十二月政之所行也，本《呂氏春秋·十二月紀》之首章也，以禮家好事抄合之，後人因題之名曰《禮記》。言周公所作，其中官名時事多不合周法。此於《別錄》屬《明堂陰陽記》。"道經此處謂"呂令"，蓋襲鄭說。"丹砂化黃金"事見《漢書·郊祀志上》："少君言上：'祠竈皆可致物，致物而丹沙可化爲黃金，黃金成以爲飲食器則益壽，益壽而海中蓬萊僊者廼可見之，以封禪則不死，黃帝是也。'"

怯懦

若女冠衆性理怯懦，本位無人可講習者，當三人、五人乃至多人，清淨三業，齋其道具，聽受法本，親近大師，一日二至，退著本位。(《洞玄靈寶道學科儀》上 24/766/c)

怯懦指粗劣不精通。《說文·犬部》："狧，多畏也。從犬去聲。怯，杜林說狃從心。"朱駿聲通訓定聲："按劫省聲。本義謂犬畏人也。"又："本謂犬，移以言人。"《說文·心部》："懦，駑弱也。"又《龍龕手鏡·心部》："怯，懼也；弱也。""懦，怯劣、懦弱也。"怯與懦都有畏怯、軟弱義，軟弱則差劣。宋普濟《五燈會元》卷三《南嶽下二世·麻谷山寶徹禪師》："師又問：'上岸稻得與麼好，下岸稻得與麼怯？'婆曰：'總被螃蟹喫卻也。'"怯與好對文，為差義。又有怯劣，《晉書·劉波傳》："古者為百姓立君，使之司牧；今者以百姓恤君，使之蠱食，至乃貪污者謂之清勤，慎法者謂之怯劣。何反古道一至於此！"怯劣謂差劣，此處大意是把貪污的官員看作清官，把奉公守法的官員看作庸劣之官。《大詞典》釋為"懦弱"，未確。又《漢書·蘇武傳》："陵雖駑怯，令漢且貰陵罪，全其老母，使得奮大辱之積志，庶幾乎曹柯之盟，此陵宿昔之所不忘也。"駑怯，指駑劣。懦也常和劣、庸、愚等詞同義複合連用。唐李翱《論事疏表》："伏惟陛下明聖，思博聞天下之事以助政理，故臣敢忘其懦愚而盡忠焉。"又《新唐書·劉蕡傳》："臣才志懦劣，不能質今古是非。"又清陳確《祭祝子開美文》："不遺諸子，不授仲叔，弟之懦庸，乃悉見屬。"諸例"懦"均宜解為駑劣義。具有相同詞義引申關繫的還有"弱"，"弱"有柔軟、軟弱義，引申有"差""劣"義，《玉篇·弓部》："弱，尪劣也。"敦煌 P.3638《辛未年（911年）正月六日沙州淨土寺沙弥善勝領得曆》："破鐺鏉弱鐵壹，拾肆斤。……好生鐵拾肆斤。"于正安（2012：67）釋"弱鐵"為"劣質生鐵"，是。

怯懦具有差劣義還可從反義詞"硬""棒"等詞有優、好義得到比證。硬與軟意義相反，由堅硬義而引申有優勝義。《西游記》第十七回："三藏道：'你手段比他何如？'行者道：'我也硬不多少兒，只戰個平平。'"又郭小川《歡樂歌》："我們這兒是祖國一山鄉，工作不如別個山鄉硬。"天津方言中稱質量上等的好菜肴為"硬可菜"，"可"本字當為"殼"，殼亦硬義。《負曝閒談》第五回："鄒老夫子點了一席殼子，堂倌答應，自去安排。"殼子，指好菜肴。

"怯懦"有差劣義，典籍有徵。宋李心傳《建炎以來繫年要錄》卷一百九十三："如內有避事不職，及生事騷擾百姓，或老病怯懦不堪職任之人，并見闕官去處。"又宋石介《徂徠石先生全集》卷十二《上范中丞書》："鰥寡惸獨不能自養者，怯懦困窮不能自存者，聞之曰'我其為吾天子吾相國吾中丞所生乎？'"又宋趙鼎《忠正德文集》卷三《經筵論事第二疏》：" 今爲陛下計，唯是委任羣臣，不責近效，俾盡前日措置之策。必取今日規模之利，用副陛下孝悌之心不難也。如臣怯懦愚闇，實不足以及此。" 諸例 " 怯懦 " 均宜釋爲差劣義。此處 " 女冠衆性理怯懦 " 指女道士道法粗劣不精。

正爾

科曰：凡履下皆有龍虎神伏，夜安版簀牀几上，不得正爾頓地及履廁溷。(《洞玄靈寶三洞奉道科戒營始》卷五 24/761/c)

正爾是附加式合成詞，爾爲詞綴，不表意，祇起補足音節的作用。詞義由正來表示。此句正爾指直接，有輕率意。《洞玄靈寶三洞奉道科戒營始》卷二：" 每藏皆作臺舉之，不得正爾頓地，巾帕裘蘊如法。" 正爾頓地，指直接放在地上。又《正一威儀經》：" 先當洗手、熏手及經，然後讀之。竟，復斂淨洗手，不得正爾便行。" 正爾便行，指不進行洗手熏手的準備工作就直接讀經。《北齊書·斛律金傳》：" 斑因云：'正爾召之，恐疑不肯入。宜遣使賜其一駿馬，語云 ' 明日將往東山游觀，王可乘此馬同行。' 光必來奉謝，因引入執之。'" 正爾爲直接義。

正有嚴肅義。《孫子·九地》：" 將軍之事，靜以幽，正以治。" " 正爾 " 可表莊重嚴肅貌。《道門科範大全集》卷二十六：" 臣今正爾燒香，皈身、皈神、皈命十方無極大道，願以是功德，普度幽明。" 正爾燒香，指莊嚴燒香。又《紫皇鍊度玄科》：" 臣今正爾鍊度，陞壇謹奏，爲人意其諸丹悃，已具奏聞。" 正爾，莊嚴貌。

又可表示即要、將要。《世說新語·任誕》：" 問賀：' 卿欲何之？' 賀曰：' 入洛赴命，正爾進路。" 又姚秦竺佛念譯《出耀經》卷四《欲品》：" 兒復語母：' 可時放我，及暗至彼。若不見聽，正爾殺母。' 母語兒曰：' 死死不放汝。' 兒即拔刀，取母刺殺。"《宋書·二兇傳》：" 此姥由來挾兩端，難可孤保，正爾自問臨賀，冀得審實也。"《北史·后妃傳上》：" 俄而高車來抄掠，后乘車避賊而南，中路失道，乃仰天曰：' 國家胤胄豈正爾絕滅也！惟神靈扶助。' 遂馳，輪正不傾。行百餘裏，至七個山南而免難。" 正爾爲即要、就要義。

如果用於強調，則有恰恰義。《宋史·食貨志下》：" 既而中書奏事已，帝論及市易，且曰：" 朝廷設此，本欲爲平準之法以便民，今正爾相反，使中下之民失業若此，宜修補其法。"正爾爲正好、恰恰義，表強調。

又《世說新語·品藻第九》："謝曰：'正爾有超拔，支乃過殷；然亹亹論辯，恐殷欲制支。'"正爾爲祇、僅義。

又表如此、這樣義。《三國志·魏書·劉放傳》："字性恭良，陳誠固辭。（帝）問曰：'燕王正爾爲？'放、資對曰：'燕王實自知不堪大任故耳。'"《漢語大字典》1437 頁謂正"多表疑問，相當于'何'、'怎'"。解惠全等（2008：1130）也舉此例并認爲"此項用法爲疑問代詞做狀語"。按此未確。"正"當用爲代詞"此"，代指前述事實。漢劉安《淮南子·要略》："若劉氏之書，觀天地之象，通古今之論。權事而立制，度形而施宜。原道之心，合三王之風，以儲与扈冶。""劉氏之書"下許慎注："淮南正自謂也。"正猶此。《太平經》鈔丙部卷三："夫以威嚴智詐刑罰勝人者，正乃寇盜賊也。"《太平經》卷四十七作："夫以嚴畏智詐刑罰勝人者，是正乃寇盜賊也。""正"同"是正"，即此。又《老殘游記》第十四回："俺媽看見齊二叔，問他：'今年怎正利害？'"

"爾"亦作代詞，"正爾"爲同義連文。又《三國志·吳書·孫綝傳》裴注："今規取之，卿父作中軍都督，使密嚴整士馬，孤當自出臨橋，帥宿衛虎騎左右，無難一時圍之。作版詔敕綝所領皆解散，不得舉手，正爾自得之。"又陸雲《與兄平原書》："張公文無他異，正自情省無煩長，作文正爾自復佳。"又南朝宋劉義慶《世說新語·品藻第九》："王孝伯問謝太傅：'林公何如長史？'太傅曰：'長史韶興。'問：'何如劉尹？'謝曰：'噫！劉尹秀。'王曰：'若如公言，並不如此二人邪？'謝云：'身意正爾也。'"身意正爾，謂我意如此。

趣爾

弟子問訊師，皆當隨其所受高下，巾褐執簡，不得趣爾白服。（《三洞衆戒文》卷上 3/397/c）

趣爾，指隨便、隨意。趣有匆促義。《莊子·人間世》："趣取無用，則爲社何邪？"王先謙集解："既急取無用以全身，何必爲社木以自榮。"欲速則不達，匆促急促易表現爲草率隨意、不夠嚴謹。趣爾，有隨便、不莊重義，爾爲詞綴。道經用例如《三洞衆戒文》卷上："弟子詣師請道法，皆當冠帶執簡，謙苦求請，不得趣爾。"傳道授法，弟子問訊師尊，在道教中是相當莊重的事，要求弟子應該"巾褐執簡""冠帶執簡"，不可隨便裝束。又南朝梁陶弘景《登真隱訣》卷下："今且非唯章文不精，亦苦祭酒難得，趣爾拜奏，猶如投空，乃更爲您崇耳。"

佛教文獻中也有此詞。如東晉佛陀跋陀羅共法顯譯《摩訶僧祇律》卷第三十四《明威儀法之一》："衆僧床褥，不得趣爾受用。"又唐道宣《四分律行事鈔》卷上一《受欲是非篇》："僧祇云：不得趣爾與人，欲與，堪能持欲。"又卷下一《二衣總別篇》："僧祇云：不得趣爾厭課。"意思與道經例同。

"趣"有草率、隨意義可以"率"有草率義相比證。率有急速義。《文選·司馬相如〈上林賦〉》："率乎直指，掩乎反鄉。"晉郭璞注："率，徑馳去也。"唐吕向注："率，猶疾也。"又宋洪邁《夷堅支丁志·蜀梁二虎》："農遽跳坐其背，以刀亂斫之，虎亦勃躍與相抗。里人環睨，不敢救，率投戎帥乞援。"也有草率、隨意義。隋江總《入攝山栖霞寺詩》序："交臂不停，薪指俄謝，率製此篇，以記即目。"又《晉書·文苑傳·袁宏》："謝尚時鎮牛渚，秋夜乘月，率爾與左右微服泛江。"率爾，有隨意義。由"急促義→草率義"是"趣"、"率"兩詞共同的引申模式。

消洋

東北方有諸罪人，處鑊湯之獄、鑪炭之牢。煮漬四肢，烹離六府，筋骨臭穢，膿血消洋。常處狴犴，不捨晝夜。(《太上消滅地獄昇陟天堂懺》9/889/b)

消洋指消溶。洋有熔化義。《太平廣記》卷三七九引唐戴孚《廣異記·崔明達》："明達惆悵獨進，僅至一城，城壁毀壞，見數百人，洋鐵補城。"又元柯丹邱《荊釵記·受釵》："冰見了日頭就洋了，怎麽曬得冰乾？"洋也作烊。《法苑珠林》卷一百八《破戒篇·引證部》："〔獄卒〕以鐵鉗開口，灌以烊銅。"又《老殘游記》第十六回："翠環把墨盒子捧到火盆上烘……半霎工夫，墨盒裏冒白氣，下半邊已烊了。"

唐道世《法苑珠林》卷八十五《業因篇·引證部》："爲人喜妄語傳人惡者，死入地獄，烊銅灌口，拔出其舌，以牛犂之。"此引自南朝宋求那跋《佛說罪福報應經》，有兩種收入《大正藏》，"烊銅"均作"洋銅"。李維琦（2005：347）據此認爲"原本作'烊銅'，轉引時尚未改動，我們現在看到的《罪福報應經》則是道世之後人所改者"。他說："'洋銅'本作'烊銅'。"烊"字從火，不能表現出金屬銷熔後之貌，俗以'洋'代'烊'，欲以表示出其液體狀態。或者原本作'烊'，後人持此種心態而徑改之"。按檢《中華大藏經》36 冊 284 頁亦作"洋銅"，李說烊早洋晚可商。蔣禮鴻（2001：105）謂："鎔化金屬的'烊'字唐人都寫作'洋'，或寫作'煬'，'烊'雖是正字，恐怕還是比照'洋'字而造的後起字。"洋本爲河名。《說文·水部》："洋，水。出齊臨朐高山，東北入鉅定。"洋有溶義，當爲煬的假借。《說文·火部》："煬，炙燥也。"煬本義爲加熱烘烤使物干燥，由於物品的物理屬性不同，有些東西受熱會改變存在狀態，如冰塊受熱變成水，金屬在達到一定的高溫時也會呈現液態狀。同爲煬，這種受熱而化的情況與其他受熱而燥的情況是有區別的，人們覺得有加以區分的必要，便借用與煬同音的"洋"字來表示溶化義。大約是看到"洋"爲水旁，人們覺得字形與表加熱融化義不那麼緊密，便又另造一個"烊"字來表示融化義。烊可以說是洋之融化義的後起本字，也可說是煬之融化義的分化字，不過其在使用過程中并未戰勝洋，因而出現了洋烊共存的局面。

消洋，即消溶、消失義，典籍習見。《玉籙濟幽判斛儀》："冰池凜冽，俄自消洋。沸鑊烹煎，遽皆撲滅。"又五代吳越延壽《宗鏡錄》卷七十四："命如風裏之殘燈，刹那磨滅。身似潭中之聚沫，倏爾消洋。"又《靈寶玉鑒》卷三十："六真分治，回屍返生，屠割停考，刀劍消洋。"又引申表示抽象意義，消失、化解義。《金瓶梅》第九回："武松是何等漢子，怎消洋得這口惡氣。"消洋惡氣謂咽下、忍受住惡氣之意，忍住也是一種化解的方式，消洋爲消化義。又清鴛湖漁叟《說唐全傳》第六十七回："忽聽下面喊叫，推開紗窗往下一看，嚇得魂膽消洋。"魂膽消洋謂魂飛膽喪，消洋爲消散義。

痛惱

負山運石，捷汲溟波。走電驅雷，辛勤無息。冥冥受報，望返何期。自非大道開恩，天尊愍護，負斯痛惱，懺拔無階。以今一念至誠，洗心歸向。無邊之苦，並乞赦除。（《太上黃籙齋儀》卷三十九 9/292/a）

痛惱，此指痛苦。惱有苦義，李維琦（2005：223）已發。痛惱同義連文，痛苦義。南朝梁寶唱《比丘尼傳》卷二《司州令宗尼傳十一》："寶飾莊嚴，暉耀爛日。法鼓鏗鏘，香煙芳麾。語吾令前，愕然驚覺。即體中忽忽，有異於常。雖無痛惱，狀如昏醉。"這是說身體并不感到痛苦，像昏醉樣。又唐道世《法苑珠林》卷九《六道篇‧阿修羅部‧戰鬬》："我欲觀之，一時大戰，兩不相傷。但觸身體，生於痛惱。"戰鬥雙方雖未受傷，不過身體碰觸，也很痛苦。又卷八七："憂老百病生，坐起愁痛惱。"年老生病，一舉一動都讓人痛苦。

惱有煩惱義，痛惱也可表煩惱義。南朝梁慧皎《高僧傳》卷七"釋僧瑾"條："帝後風疾，數加針灸。痛惱無聊，輒召顒及殷洪等，說鬼神雜事以散胸懷。"痛惱與無聊相連，爲煩惱意，下文"以散胸懷"與之對應。又南朝梁簡文帝《金薄像疏》："拔六根之痛惱，去五燒之焚灼。"痛惱即煩惱。又《南史‧姚察傳》："初，察欲讀一藏經，並已究竟，將終，曾無痛惱，但西向正坐，念云'一切空寂'。"謂臨將離世，并無煩惱。又唐道宣《續高僧傳》卷六"釋慧約"條："神識恬愉，了無痛惱。""痛惱"與"恬愉"對文反義，爲煩惱義。痛無煩惱義，由於在痛苦這一義項上痛惱連文構成同義并列複音詞，使用者在表達煩惱一義時，直接將其拈連過來，痛惱在表苦惱義上偏重於惱，痛不表義，構成偏義複詞。

《大詞典》釋痛惱爲"痛苦煩惱"義，似分釋爲痛苦和煩惱。痛惱爲同義連文，不必分釋。可分列兩個義項：痛苦；煩惱。

種親

當念胎根已絕，不能生世因緣種親；當念三徒路塞，地獄長休。（《要修科儀戒律鈔》卷六 6/949/b）

種，原指植物的種子，引申指人種。《戰國策‧齊策六》："女無謀而嫁者，非吾種也。"有時特指子嗣。如《晉書‧劉頌傳》："及趙王倫之害張華也，頌哭之甚慟。聞華子得逃，喜曰：'茂生，卿當有種也！'"道教稱信道民衆爲"種民"，蓋取之于傳承繁衍之義，冀望于信道者將道教代代相承，流傳不息。如《魏書‧釋老志》："其中能修身練藥，學長生之術，即爲真君種民。"

種親，指人之親屬。此詞道經習見，具體所指隨上下文意有別。如

《洞玄靈寶三洞奉道科戒營始》卷一："經曰：父母妻子離隔、常不同居者，從嫉妬姦婬、破人和合、離人種親中來。"種親泛指人之親屬。又《無上黃籙大齋立成儀》卷五："暨修齋弟子家，億曾萬祖，歷劫種親，十方九幽，苦魂罪魄。"又《道門定制》卷六："悼種親之永隔，冀沖鑒之旁昭。"又《太上黃籙齋儀》卷九："弟子某仰慮前因，逮于累劫。九玄七祖，一切種親。"上諸例種親指祖先、祖輩。又《太上黃籙齋儀》卷三十九："絕人種親，離人恩愛。傷殘物命，淫祀殺生。"《道門定制》卷一："或有臨民理務，枉劾無辜，殺人取財，陷人受賂，因公行私，狠戾暴虐，離人骨肉，奪人種親，破人和合，絕人恩愛。"句中種親指後嗣。

與漢語種的詞義引申過程相似，英語 seed 一詞既指植物的種子，也指人的精子，還指子孫後代。這反映了人類共通的認知心理，人類的繁衍生息恰如生物要依賴種子代代延續，種的觀念在人類意識中根深蒂固。古籍中將部族稱為種族。如宋蘇轍《論渠陽蠻事札子》："楊晟臺等手下兵丁，雖止五六千人，然種族蟠踞溪洞，衆極不少。"將族人稱作種人。如《後漢書·光武帝紀下》："是歲，九真徼外蠻夷張遊率種人內屬，封為歸漢里君。"祭祀祖先則稱種祀、種祠。如《漢書·郊祀志下》："家人尚不欲絕種祠，況於國之神寶舊時！"顏師古注："種祠，繼嗣所傳祠也。"又《漢書·王莽傳中》："家之所尚，種祀天下。"中華民族有著悠久的祭祀祖先習俗，儒家甚至將其視為化民的手段。如《論語·學而》："曾子曰：'慎終歸遠，民德歸厚矣！'"國人的祀祖活動至今生生不息。普通民眾逢節遇慶必要供奉先人自不必說，各地官方也樂此不疲，紛紛舉辦祭祖大典。其中規模最大的當數河南新鄭軒轅黃帝祭祖大典，公祭由官方主持，來自海內外的華夏兒女共同祭拜中華民族的始祖黃帝，盛況空前。祀祖反映了人們對種姓宗族的認同，也增強了民族的凝聚力和認同感。

古時盛行家族宗法制，本家族的人死後可以葬家族墓地，靈位可以進本族祠堂，個人生平能夠寫進家譜，如果有人犯錯被逐出家門而享受不到這些權利，是對其最大也最殘酷的懲罰，意味著喪失了種族傳人的身份。俗言"不孝有三，無後為大"。農村落後觀念認為，男孩是家族種姓的延續者，沒有男孩就相當于自家門戶將會滅絕，父母是很有思想壓力的。重男輕女之風依然盛行，與國人種姓觀念不無關係。此外，人們也常常用"根""根苗"作為後代的代稱。如元高文秀《襄陽會》第二折："你論親戚是漢祖根苗。"又《老殘遊記》第十四回："可憐俺田家就這一線的根苗。"根取根本意,植物有根方得成長,家族有根才可傳承。沒有了後人常說斷了根、絕了種。稱根與稱種類似,也是取其象征種族延續意。

爲了保證種族血統的純正,人們建立了嚴格的倫理體系,血緣關係是判斷種族純正的唯一標志。如《史記·呂太后本紀》:"乃與太僕汝陰侯滕公入宮,前謂少帝曰:'足下非劉氏,不當立。'乃顧麾左右執戟者掊兵罷去。"少帝非惠帝嫡出,做了西漢皇帝也被趕下臺,後來還送了命。又《史記·匈奴列傳》:"父子兄弟死,取其妻妻之,惡種姓之失也。故匈奴雖亂,必立宗種。"匈奴的禮俗,嫡子可以娶庶母做妻子。公元前31年(漢成帝建始二年),呼韓邪單于亡故,其子雕陶莫皋繼位爲復株累若鞮單于,復妻其後母王昭君。《後漢書·南匈奴傳》:"及呼韓邪死,其前閼氏子代立,欲妻之,昭君上書求歸,成帝勅令從胡俗,遂復爲後單于閼氏焉。"匈奴人的這種習俗也是爲了保證種姓的純正。清朝建立初期,規定后妃不得從漢女中選擇,也是爲了保持清皇室種族的純正。國外猶太人盛行割禮,"目的在避免猶太人與異邦女子交接,以確保其種族血統之純正"(威爾·杜蘭特,2010:241)。

發生不正當的性關係常被視作敗亂種族的罪行。如宋李昌齡《太上感應篇》卷二十六:"黃靖國嘉祐間爲儀州判官,忽一夕被攝至陰司。陰君曰:'卿官儀州,有一美事,卿知之乎?'因命吏取百葉簿示之,乃醫工聶從志於某年月日,有華亭主簿楊某妻李氏淫奔從志,從志辭以亂種,必不可。李不能強,大慚而退。"又卷二十七:"傳曰:隱僻者,非止一事。大抵淫亂人家,最能損行,瀆倫亂種,獲罪最重。"亂種指敗亂種族。這是社會倫理道德所不能容忍的。如明馮夢龍《醒世恒言》卷三十九《汪大尹火焚寶蓮寺》:"往時之婦女,曾在寺求子,生男育女者,丈夫皆不肯認,大者逐出,小者溺死。多有婦女懷羞自縊,民風自此始正。"婦女遭受寶蓮寺和尚的奸污生下的孩子,因爲不是自己的種,便可棄之殺之。有句罵人的話叫作"雜種",即諷刺血統不正的人。如《紅樓夢》第七回:"瞎充管家!你也不想想焦大太爺蹺起一隻腿,比你的頭還高些。二十年頭裏的焦大太爺眼裏有誰?別說你們這一把子的雜種們!"

時頃

今見汝之所問眾生罪福因緣,如吞鐵石,似箭入心,行慈悲念,無忘時頃。今說懺法,將救沈迷。汝當勤行,廣度後劫。(《太上慈

悲道場消災九幽懺》卷二 10/28/b)

時頃，《大詞典》釋爲："時候。"例舉李大釗《原人社會於文字書契上之唯物的反映》："造紙術由亞拉伯人輸入於歐人，大約在十字軍興的時頃。"以此義理解，意頗不洽。

《說文·七部》："頃，頭不正也。"頃本義爲頭歪斜。引申泛指傾斜義，字又寫作"傾"，段玉裁謂頃："引申爲凡傾仄不正之偁。今則傾行而頃廢。"人們常用頭部的動作表示時間的短暫，如轉頭間、眨眼間等，故頃又引申表短時義。如《墨子·非儒下》："有頃，聞齊將伐魯，告子貢曰：'賜乎！舉大事於今之時矣！'"又《荀子·正論》："譬之是猶以摶塗塞江海也，以焦僥而戴太山也，蹎跌碎折不待頃矣。"唐楊倞注："頃，少頃也。"

時頃猶時刻、片刻，此義道經習見。如五代杜光庭《墉城集仙錄》卷二"上元夫人"："帝見侍女下殿，俄失所在。一時頃，侍女至。"一時頃，一會兒。又宋吳淑《江淮異人錄·瞿童》："九月洞源南歸，行及宜城，去襄陽百餘里。洞源遽曰：'香爐捐主人，柰何？'栢庭請復取，白洞源暫休以俟，不時頃持爐還。"又元衛琪《玉清無極總真文昌大洞仙經》卷八："三塗九幽十方惡趣，咸承光音所及，十纏九結六染七塵，於時頃間一時解脫。"又明趙宜真《原陽子法語》："我昔南昌遇至人，曾聞丹訣能通真。卷舒造化還溟涬，匹配陰陽在時頃。"上舉諸例時頃均爲短時、一會兒義。又有同素逆序詞"頃時"，忻麗麗（2012：116）已釋。

兩訟

公曰：兩訟在官，人之大事。或生或死，或予或奪，在吾一言，其可輕忽？（《太上感應篇》卷十 27/53/a）

兩訟，即訴訟，訴訟必關涉雙方當事人，故又稱兩訟，此詞典籍常見。如唐馬總《通紀》卷十四："帝謂鞫吏曰：'兩訟未分，何以爲斷？可殺馬刳腸而視，其粟有，則軍士誅；無，則婦人死。"又明王同軌《耳談類增》卷三十一《畸墨篇上·虎丘病僮子》："一日有小隙，遂攫以歸。周大窘，集數百人毆奪。不得，兩訟於都臺。"此處道經中兩訟亦爲訴訟義。

兩訟也指訴訟的兩方當事人。如《太上說玄天大聖真武本傳神呪妙經》卷四："大抵官清廉乃能決曲直，予奪一定，兩訟伏矣。""兩訟伏"謂雙方均能服從判決。又明黃淮編《歷代名臣奏議》卷一百八："兩訟不勝，則有罰錢。既勝，則令納歡喜錢。"官司不勝的要罰錢，勝了的要交歡喜錢，輸官司的與贏官司的都得交錢，兩訟即指訴訟的兩方。

古籍中也常用"兩造"表示訴訟的雙方。如《書·吕刑》："兩造具備，師聽五辭。"孔傳："兩，謂囚、證；造，至也。"又《文選·潘岳〈馬汧督誄〉》："兩造未具，儲隸蓋尟。"李善注引孔安國曰："兩，謂囚證也。造，至也。"吕向注："兩造，謂兩囚相證也。"孔安國釋兩爲囚證是其語境義，是說訴訟的兩方是囚證。"兩造"典籍習見。如唐元稹《戒厲風俗德音》："語稱訕上之非，律有匿名之禁，皆所以防三至之毀，重兩造之明。"又《明史·葉向高傳》："今兩造具在，一訊即情得。"

攀號

月日某頓首，禍故無常，尊翁婆傾背，哀慕抽剝，不能自勝。伏惟攀號無及，五内摧裂，何可堪居，酷當奈何，未即奉拜，伏增悲咽。(《要修科儀戒律鈔》卷十五 6/995/b)

"攀號"常用爲弔喪書儀語，痛哭哀悼義。攀爲高攀，用爲敬詞，無實義。張小艷（2004：107）考察了敦煌書儀中"攀留""攀送""攀和""攀奉""攀念"諸例，認爲這些詞"都由敬詞'攀'+表示行爲或情感的語素構成，其中'攀'僅表恭敬意味，而真正的語義承擔者是後一語素"。其說是。《大詞典》釋"攀號"爲"攀龍髯而哭。謂哀悼帝喪"。認爲"攀號"源於黃帝乘龍昇天百官攀龍髯不舍的典故，未確。且攀號也可用爲哀悼辭世尊長，并不僅限於哀悼帝喪。如《要修科儀戒律鈔》卷十五"師喪報同學弟妹書"："月日某白報：無狀招禍，禍不殞身，上延滅尊師，攀號躃踊，五内屠裂，不能自勝。"又《唐鴻臚卿越國公靈虛見素真人傳》："王公以下，盡出京城青門外送別。傾城縞素，莫不攀號哀慟。"此寫京城官民爲道士葉法善送葬時的情景。又宋蘇軾《東坡續集》卷七《與胡郎仁脩三首》："伏惟孝誠深篤，追慕痛裂，荼毒難堪，奈何奈何。比日攀號愈遠，摧毁何及。"

攀號也可僅指號哭，不用於哀弔死者。元脫脫《宋史·楊大異傳》：

"進朝奉郎，宰石門縣，就除通判溧陽，攝州事，皆有惠政。去官之日，老弱攀號留之，大異易服潛去。"又清張廷玉《明史·楊漣傳》："顯純乃自爲獄詞，坐漣贓二萬，遂逮漣。士民數萬人擁道攀號，所歷村市，悉焚香建醮，祈祐漣生還。比下詔獄，顯純酷法拷訊，體無完膚。其年七月遂於夜中斃之，年五十四。"攀號均爲痛哭義。

綴班

踰月，除樞密使，又辭。上必待公綴班乃坐。豈非福祿隨之而然乎？（《太上感應篇》卷五 27/31/a）

班謂朝班，古時官員上朝要按一定次序列班而進。如宋王讜《唐語林·雅量》："文宗時入閣，郎官有誤窺者，上覺之，班退語宰相。"又宋邵伯溫《聞見前錄》卷十一："時司馬溫公判留司御史臺，因朝謁應天院神御殿，天申（蔡天申）者獨立一班，蓋尹以下不敢壓也。既報班齊，溫公呼知班曰：引蔡寺丞歸本班。"綴，《說文·叕部》："綴，合箸也。"段注："聯之以絲也。會意。"綴本爲綴合、連綴義，連綴之物常居于末端，故又引申爲居末位、充數之意。如明俞汝楫編《禮部志稿》卷十："凡朝覲、進表箋官員見辭謝恩，俱用公服。如面除而不及具服即時謝恩者，勿拘其或常服，見者綴班後。"

綴班，綴列朝班，指在朝爲官，典籍習見。如宋方大琮《鐵庵集》卷二十三："某綴班三年，所見居要官者多，能斟酌事體、擇言而發、稍磨歲月繇此而從官而執政鮮。"又宋徐元杰《楳野集》卷六《除太常少卿辭免狀》："某爲學空疎，綴班玩愒。寵榮僥躐，疾疢支離。"此處"上必待公綴班乃坐"，這是說公辭官不受，皇上不答應，一定要等公接受官職列入朝班後才坐下，可見對其之禮遇榮寵。

盼蠁

薦苾芬於縟坐，佇盼蠁於煙霄。（《道門科範大全集》卷五十三 31/880/a）

用薦苾芬，將祈盼蠁。九重金格，奉靈寶之祕言，三級瑤壇，延衆真於珠館。（《道門科範大全集》卷二十七 31/820/b）

肸，同"肹"。《說文》："肹，響布也。"此謂聲響振起或傳播。"肸蠁"即"肹蠁"，散布、瀰漫義，多指聲響、氣體的傳播。聲音氣體的傳播特點一般由近及遠，綿延不絕，因而又引申有連綿之義。對遠處的接受者來說，其聽覺、視覺的感受無疑是隱約、縹緲的，因而肸蠁又有隱約義。在道教儀式中，與神仙真聖聯繫的載體就是行香，所謂"道由心學，心假香傳，手執玉爐，心存九天。真靈下盻，仙斾臨軒"，在香氣繚繞中與仙真通感。故肸蠁又可比喻靈感通微。唐杜甫《朝獻太清宮賦》："若肸蠁之有憑，肅風飆而乍起。"

蠁，指一種小蟲，特指酒醋上的小飛蟲。《集韻·養韻》："蠁，一曰醯雞名。"又明屠隆《曇花記·祖師說法》："沈酣世味，渾如酒蠁尋酸；苦戀火坑，一似燈蛾赴燄。"有人認爲肸蠁一詞，源自蠁蟲。如《爾雅·釋蟲》"虫蠁"清郝懿行義疏："《香祖筆記》一引《物類相感志》云：'山行慮迷，握蠁蟲一枚於手中，則不迷。'然則蟲有靈應，故有肸蠁之言矣。"《物類相感志》舊題宋蘇軾撰，然肸蠁在典籍中出現較早。如《史記·司馬相如列傳》："吐芳揚烈，鬱鬱斐斐。衆香發越，肸蠁布寫。"又春秋時晉國的大臣羊舌肸，字叔向。古人名與字往往意義相關，羊舌肸名肸字叔向，即取自肸蠁一詞。蠁的本字爲"響"，指聲音。肸響指傳播聲音。不作"肸響"而寫作"肸蠁"的原因或與"詞彙的生動化"不無關係。楊琳（2012）指出："詞彙生動化是指爲了表達的生動將抽象的概念或是既有的抽象詞彙改用富於形象色彩或是詼諧色彩的詞語來表達。詞彙生動化的方式主要有比擬、移就和諧音三種。"以具體生動的形象來表達抽象的概念，不獨現代漢語如此，古代亦然。聲音之響相比小蟲之蠁，無疑是抽象的，這樣人們就更願意寫作形象具體的"肸蠁"。

第四章

儀經詞語源流辨考

詞語的溯源是詞彙研究的一項重要內容，具有重要意義。詞語的溯源一般而言包括兩方面工作：詞源研究和義源研究。"詞源一般指詞的最早的語音形式的來源，義源則指一個詞的語音形式所標記的所有意義的來源。詞源關注的是詞的'出生'問題，義源關注的是詞義的發展演變問題。"（楊琳，2005：123）前者推求詞的構造理據，後者考求詞義的源流演變。

第一節　推求詞語語源例

王力（2003：617）在談到同源詞研究時說："從語音的聯繫去看詞義的聯繫，這是研究漢語詞彙的一條非常寬廣的道路。"同源詞研究不僅對於構建漢語詞彙系統具有重要作用，在具體訓詁實踐中，通過同源詞的繫聯，尋求詞形與詞義變化的理據，可以準確釋解詞義從而有效避免訓詁實踐中的主觀隨意性。

㤼惶

處母生藏之下、熟藏之上，五繫自縛。如在革囊，如在羅網，起不淨想、瑕穢想、牢獄想，晝夜㤼惶，急欲趨出。（《太上感應篇》卷二十七 27/126/b）

五繫，原爲佛教語。《佛光大辭典》釋"五繫"爲："即以死人、死蛇等五屍繫於天魔波旬，使其不能離去。或謂繫縛天魔之兩手、兩足、頸等五處。《法華經三大部補註》卷五引章安之釋，謂繫分五屍繫、繫五處二種，其中，五屍即指死人、死蛇、死狗等。繫五處者，依《首楞嚴三昧經》之說，乃繫於兩手、兩足及頸，稱爲五處繫魔。"此處五繫指人之五體，謂四肢及頭頸。五繫自縛，是說嬰兒五體拘攣，如束縛住自己一樣。

"悑"有忻喜、休息等義，於此不達，疑"悑"爲"恓"之形誤，因"西"字頭橫畫"一"脫奪致誤。與此處道經相似的內容又見於宋李昌齡《樂善錄》卷六："如此在胞胎中凡十箇月，處母生臟之下、熟臟之上，五繫自縛。如在革囊，如在羅網。起不淨想、瑕穢想、牢獄想、幽冥想，起如是等想，晝夜恓惶，急欲趨出。"悑正作恓。

恓是悽的換旁異體字。明張自烈《正字通·心部》："恓，與悽同。《六書故》憂心凄然也。通作凄，舊註煩惱非。"又"悽，同恓。舊註重出，與凄通"。明張雲龍《廣社·齊微韻》："悽、恓，慘悲、惶愴、痛楚。"《說文·心部》："悽，痛也。從心妻聲。"悽一般指心情悲痛、悲傷。《楚辭·遠游》："意荒忽而流蕩兮，心愁悽而增悲。"南朝宋劉義慶《世說新語·任誕》："張驎酒後挽歌甚悽苦。桓車騎曰：'卿非田橫門人，何乃頓爾至致？'"悽苦謂悲傷、痛苦。

心悲則意涼，悽也有悲涼、悽涼義。唐元稹《酬樂天書懷見寄》詩："仍云得詩夜，夢我魂悽涼。"又清江炳炎《憶舊游·送楊耘谷游江楚諸勝》詞："別後悽清意，問隔窗梅影，誰伴黃昏？"悽涼、悽清均謂心情淒涼冷清。形容內心淒冷一般而言源於外界自然環境的寒冷，悽有寒冷義。《漢書·王褒傳》："故服絺綌之涼者，不苦盛夏之鬱燠；襲貂狐之煖者，不憂至寒之悽愴。"顏師古注："悽愴，寒冷也。"

寒冷之悽一般寫作"淒"。淒從仌，寒義。《左傳·昭公四年》："夫冰以風壯，而以風出。其藏之也周，其用之也遍，則冬無愆陽，夏無伏陰，春無淒風，秋無苦雨。"杜預注："淒，寒也。"淒冷同義可連言複用。宋陸游《舟中對月》詩："月窺船窗挂淒冷，欲到渝州酒初醒。"又淒涼，北魏楊衒之《洛陽伽藍記·建中寺》："有一涼風堂，本騰避暑之處，淒涼常冷，經夏無蠅，有萬年千歲之樹也。"淒涼爲寒冷義，《大詞典》釋此爲"孤寂冷落"，未確。所謂觸景生情，環境淒寒又引申有心情悲涼、悲傷義。如三國魏曹丕《與吳季重書》："清風夜起，悲笳微吟。樂往哀來，淒然傷懷。"淒然爲悲傷貌。

淒從仌妻聲，《說文·仌部》："仌，凍也。象水凝之形。"淒當是凄的分化字。《說文·水部》："淒，雲雨起也。从水妻聲。"段注："按《詩》曰'淒其以風'，毛傳：'淒，寒風兒。'又曰'風雨淒淒'，蓋淒有陰寒之意。《小雅》'有渰淒淒',兒急雨欲來之狀,未嘗不兼風言之。許以字從水,但謂之雨雲。从水,妻聲。七稽切。十五部。《詩》曰'有渰淒淒',今《詩》作'萋萋',非也。《呂覽》《漢書》《玉篇》《廣韵》皆作'淒淒'。"淒本義指雲雨興起貌。《史記·司馬相如列傳》:"儵眒淒洌,雷動熛至。"裴駰集解引《漢書音義》:"皆疾貌。"《大詞典》據此收"淒洌",釋爲"疾速貌"。按未確。《玉篇·水部》:"洌,疾流也。"此處淒指雨,淒洌謂雨疾。雲雨起則氣溫降低,感覺寒冷,淒引申有寒冷義。《莊子·大宗師》:"淒然似秋,煖然似春。"淒有寒義,故又從冫作凄。淒由寒冷義又引申有悲涼、悲傷義。悲傷之情動乎內心,故淒又從心作悽。

《說文·水部》"渰"段注:"按'有渰淒淒',謂黑雲如髻,淒風怒生。此山雨欲來風滿樓之象也。"興雲布雨之景常見黑雲遮空、電閃雷鳴、風雨交加之象,氣勢較爲盛大,淒又引申有強盛、盛大義。《楚辭·九章·悲回風》:"涕泣交而淒淒兮,思不眠以至曙。"王逸注:"淒淒,流貌。"按淒淒爲"盛流貌"爲長。又唐拾得《詩》之五二:"松拂磐陀石,甘泉涌淒淒。"淒淒謂盛涌貌。《大詞典》據此立"水流貌"義項,未確。淒淒又可指草木盛榮。唐羅隱《謁文宣王廟》詩:"晚來乘興謁先師,松柏淒淒人不知。"又宋王安石《送吳叔開南征》詩:"春草淒淒綠,江楓湛湛清。"淒又從艸作"萋",《說文·艸部》:"萋,艸盛。从艸妻聲。"萋也是淒的分化字。

草木茂盛則色彩鮮明,萋又引申指文采交錯貌。《詩·小雅·巷伯》:"萋兮斐兮,成是貝錦。"毛傳:"萋、斐,文章相錯也。"用來形容織錦花紋錯雜,故萋又從糸作緀。《說文·糸部》:"緀,白文兒。《詩》曰:緀兮斐兮,成是貝錦。从糸妻聲。"段注:"帛各本作白。今依《韵會》正。"注家皆據此謂萋爲緀之假借,未得。緀爲萋的分化字,二者非假借關繫。王力(1982:425):"在文章相錯的意義上,萋、緀實同一詞。"

值得探討的還有霋字。依字形來看,霋從雨妻聲,義當訓爲雲雨興。似爲淒的換形字,或者說是淒的後起本字。清陳鱣《簡莊疏記》卷十七:"《詩·小雅·大田》云'有渰淒淒',毛傳:'淒淒,雲行貌。'淒亦霋之假字。"又明杜騏徵《幾社壬申合稿》卷一陳子龍《秋望賦》:"赴暄景以日變,攄浮霋之寒寒。矯高清以掩冉,瞀鬱軫而潰翻。"浮霋,謂浮空之烏雲。又清李繼白《望古齋集》卷七《光福寺》:"塔影摩空雲漠漠,舟師淩曉雨霎霎。"霎霎，謂雨盛貌。

然檢《說文·雨部》："霎，霽謂之霎。從雨妻聲。"霽爲雨止天晴義，霎是霽的改換聲旁字。朱駿聲通訓定聲："霎，霽謂之霎。從雨妻聲。按當爲霽之或體。今系于此。"遼行均《龍龕手鏡·雨部》："霎，音妻，雨止也。"又明何慶元《何長人集》甓社游草詩類下《初雪》詩："小慇霏雨破朝霎，化作西風柳絮低。佇倚虛檐飄片片，天花到底不沾泥。"又明張泰階《北征小草》卷十《汾水》詩："荷製衣裳春尚冷，雲迷嶂嶺暮方霎。"霎均爲天晴義。

兩義迥然有別，當是同形關係。字書一般也收兩義。《玉篇·雨部》："霎，子兮切。雲行皃。又霽謂之霎。"又明張自烈《正字通·雨部》："霎，此西切，音妻。《說文》：'霽謂之霎。'又雲行貌。《毛詩》作萋，音義同。"

霎、淒、凄、悽、恓、萋、綾爲一組同源詞。霎爲雲雨興起義，字或作淒。淒有寒冷義，字又從冫作凄；寒冷義與悲傷義相通，字又從心作悽，恓爲悽的換形字；雲雨興又引申有草木盛榮義，字從艸作萋；又引申有交錯義，字從糸作綾。

悽由寒冷義引申有悲憂義，憂傷義與恐懼義相通。古漢語中許多詞語既有憂傷義，也有恐懼義。如憂爲憂愁義，也有懼義。《晏子春秋·問上三》："吳越受令，荊楚惛憂，莫不賓服。"于省吾《雙劍誃諸子新證·晏子春秋》："'荊楚惛憂'，言荊楚聞而恐懼也。"畏有懼義，也有擔憂義。《史記·項羽本紀》："今卒少惰矣，秦兵日益，臣爲君畏之。"又唐杜甫《羌村》詩之二："嬌兒不離膝，畏我復卻去。"懼爲恐懼義，也有憂慮義。《孟子·滕文公下》："世衰道微，邪說暴行……孔子懼，作《春秋》。"又唐韓愈《題〈歐陽生哀辭〉後》："凡愈之爲此文，蓋哀歐陽生之不顯榮於前，又懼其泯滅於後也。"慴爲恐懼義。《墨子·七患》："君脩法討臣，臣慴而不敢拂。"又南朝宋謝靈運《述祖德詩》之二："萬邦咸震慴，橫流賴君子。"也有悲憂義。《荀子·禮論》："其立哭泣哀戚也，不至於隘慴傷生。"楊倞注："慴，猶戚也。"戚指擔憂。蓋人之情感憂與懼常比存共生，二義可相互轉化。

恓有恐慌義。東漢王充《論衡·指瑞》："聖人恓恓憂世，鳳皇、騏驎亦宜率教。"惶也有恐慌義。恓惶爲同義連言複音詞，謂恐慌不安貌。典籍習見。唐李白《上安州李長史書》："白孤劍誰託，悲歌自憐，迫於恓惶，席不暇暖。"又唐道世《法苑珠林》卷一百《六度篇·精進部·進益》："又加山崩石墜，林摧澗塞。驚動人畜，恓惶失據。"又唐元稹《進詩狀》："臣九歲學詩，少經貧賤；十年謫宦，備極恓惶。"又宋歐陽修《投時相書》："抱關擊柝，恓惶奔走，孟子之戰國，揚雄之新室，有不幸其時者矣。"

暗曜

所有行年之上、命運之中，或暗曜臨身，或默符加運，或值運元之衝破，或當氣本之衰微，上願各沐玄休，仰承道廕，變凶爲吉，注祿延齡。(《道門科範大全集》卷二十一 31/805/a)

暗曜，泛指災星。曜，異體又作燿、耀，《說文·火部》："燿，照也。"朱駿聲通訓定聲："字亦作耀、作曜。"《釋名·釋天》："曜，耀也，光明照耀也。"日、月、星辰均可稱爲"曜"。暗指黑暗，在人類的認知心理中，黑暗常與災禍、死亡、失利、病疾等負面情況相聯繫，帶給人不祥之感。漢焦延壽《易林》卷十一："恒 霧露雪霜，日暗不明，陰孽生疾，年穀大傷。"又唐瞿曇悉達《唐開元占經》卷六"日占二"："石氏曰：日晝昏，行人無影，到暮不止，刑急，民無聊生，不出二年大水下，田不收。甘氏曰：日晝昏，鳥羣鳴，天下國家分析，臣持政，期不出五年中。甘氏曰：日無故晝昏到暮不出，一年大水。京房別對灾異曰：國有讒佞，朝有殘臣，則日無光，暗冥不明。"日暗無光就有諸多禍災發生。又明羅貫中《三國演義》第一百十五回："臣夜觀天文，見西蜀分野將星暗而不明，今大將軍又欲出師，此行甚是不利。"謂星光暗淡則預示出兵不利。古時的面相占卜之術常用"暗"預示人運命不好，將有災咎。南朝梁陶弘景《真誥》卷九："仙真之道以耳目爲主，淫色則目闇，廣憂則耳閉。"人眼睛發暗是疾病的徵兆。五代後晉劉昫《舊唐書·方伎列傳》："其年侍御史張行成、馬周同問天綱，天綱曰：'馬侍御伏犀貫腦，兼有玉枕，又背如負物，當富貴不可言，近古已來君臣道合罕有如公者。公面色赤，命門色暗，耳後骨不起，耳無根，只恐非壽者。'周後位至中書令兼吏部尚書，年四十八卒。"袁天綱給馬周相面，看到馬周命門發暗，認爲他是短壽之相。小說中常見"印堂發暗，會有血光之災"之類的說法。

古人又以天象附會人事，把人的命運與星辰相關，認爲人之流年如果遇到某些星，將有不測，故把這些星稱爲暗曜，暗即預示禍災，老百姓俗稱災星。人們往往把流年不利、噩運連連，解釋爲暗曜照臨所致。暗曜之說常見於古占星術家的著作中，具體所指略有不同。遼耶律純《星命總括》卷下："善星在命分，無奈發遲；暗曜攢身分，須防早夭。"下注："善星者，金木水氣之類也，人命遇之固吉，除是發達，無有不應。暗曜者，火羅計孛之類也，此星攢聚于命，忌夭折也。"善星是吉星，暗曜爲災星，這是認爲火星是暗曜之一。又明謝肇淛《五雜俎》卷一："今曆家祿命，金木水火土五星之外，又有四餘星：一曰紫氣，二曰月孛，三曰羅，四曰計都，而羅計二星人多忌之。考歷代天文志，實無此二星也。不知此說仿自何時，餘考宋《蠡海錄》所載有之，則其說久矣。今術家以四餘爲暗曜，豈亦以天象無所見故強爲之說耶？"則認爲火星不屬暗曜。所謂"四餘"就是羅侯、計都、月孛、紫氣四星。因爲它們都是虛星，被認爲是五星（金、木、水、火、土）之餘氣，故名爲"四餘"。又明池本理《禽星易見》："其或有犯於暗曜，弗惟不利於拜官，亦且大忌乎行伍。"下注："暗曜即亢牛婁鬼四金也。"亢牛婁鬼是古二十八星宿中的四個星宿，分屬東方青龍、北方玄武、西方白虎、南方朱雀四個星區，爲金星之行躔，這是將金星視作暗曜。

《說文・日部》："暗，日無光也。从日音聲。"從音得聲的字有陰暗或黑暗之意。《說文・穴部》："窨，地室也。從穴音聲。"又《說文・水部》"湆，幽濕也。"《小爾雅・廣詁》："闇，冥也。"楊琳（2012：437）指出："音的本義是樂音，與陰暗無關，用來表示陰暗之意當是陰的借用。音和陰的上古音都是影母侵部，讀音相同，故得通假。"陰的初文爲侌，本義爲暗。《說文・𠂤部》："陰，闇也。"段注："按山北爲陰，故陰字从𠂤。自漢以後通用此爲霒字，霒古文作侌。夫造化侌昜之气本不可象，故霒與陰，昜與陽皆叚雲日山𠂤以見其意而已。"又《說文・雲部》："霒，雲覆日也。从雲今聲。於今切。侌，古文或省。"按陰陽是後起繁構字形，侌昜二字并非不可見意。侌從云今聲，昜從日一勿，古人觀天，云閉則爲侌，日出則爲昜。

音聲字與奄聲字義常相通。《說文・日部》："晻，不明也。從日奄聲。"《玉篇・日部》："暗，不明也。"又《說文・黑部》："黯，深黑也。从黑音聲。""黤，青黑也。从黑奄聲。"又《說文・門部》："闇，閉門也。从門音聲。""闇，豎也。宮中奄閽閉門者。從門奄聲。"段注："門豎也。門字今依《御覽》補。豎猶孺也。《周禮》注曰：'豎，未冠者之官名。'凡文王世子之内豎，《左傳》之'使牛爲豎'皆是。司門則曰門豎，故從門。"閉門則闇，閉門者爲閽。晻、暗、黯、黤、闇、閽爲一組同源詞。

《說文·廾部》："弇，蓋也。從廾從合。"又《說文·奄部》："奄，覆也；大有餘也；又，欠也。从大从申。申，展也。"段注："《釋言》曰：'荒，奄也。弇，同也；弇，蓋也。'古奄弇同用，覆蓋同義。"奄弇同義，故奄聲字與弇聲字義常相通。《說文·黑部》："黤，果實黤黯黑也。從黑弇聲。"黤、黤、黯意通。《說文·手部》："揜，自關以東謂取曰揜。一曰覆也。从手弇聲。"揜又作掩。《方言》卷六："掩、索，取也。自關東曰掩，自關而西曰索。"揜掩同用。弇是揜的初文。《爾雅·釋魚》"前弇諸果"陸德明釋文："弇，又作揜。"《易·困·象傳》："困，剛弇也"惠棟述："弇，古文揜。"弇有覆蓋義，後又從手作揜。渰也是弇的分化字。《說文·水部》："渰，雲雨皃。從水，弇聲。"《詩·小雅·大田》："有渰萋萋，興雲祁祁。"毛傳："渰，雲興貌。"王先謙三家義集疏："《齊》渰作黤，《魯》作晻，《韓》作弇。"按《爾雅·釋天》："弇日爲蔽雲。"陰雲興起蔽日即爲弇，從水又作渰。《文選·張協〈雜詩〉》"有渰興南岑"李善注："渰與弇同。"後周衛元嵩《元包經傳·仲陰》"弇泗于磧"唐李江注："弇與渰同。"弇奄同，奄又通闇。《文選·傅毅〈舞賦〉》："翼爾悠往，闇復輟已。"李善注："闇，猶奄也。古人呼闇，殆與奄同。《方言》曰：'奄，遽也。'"

陰、暗上古均屬影母侵部，奄、弇上古均屬影母談部，陰、暗、奄、弇音近且具有相同的核心義素"覆蓋"；光綫被遮覆則陰暗，故陰、暗、奄、弇屬於同源關係。不明事理是爲愚暗，暗引申有愚蠢義。唐袁郊《甘澤謠·紅綫》："不知汝是異人，我之暗也。"又宋梅堯臣《樂椽自淮南回示新詩》詩："我雖暗愚眼不盲，要識合如劉長卿。"渰同暗，也有愚昧義。元曲中常見"捫渰"一詞，如元王曄《折桂令·問黄肇》曲："麗春園黄肇姨夫，人道你聰明，我道你胡突。蘇氏掂俠，雙生捫渰，你夌地粧孤。"李崇興（1998：299）釋爲"迷戀"義，按此未確。《漢語大詞典》釋爲"裝作癡呆"義，可從。

悾恫

醮主某伏念性本悾恫，生爲假借，託聖主休明之運，染中華禮義之風。（《道門科範大全集》卷九 31/779/b）

悾恫，無知愚昧義，文獻習見。宋施子美《施氏七書講義》卷十九《司馬法》："鄒人與楚人戰，則楚勝，此勢之小大也。大平之人仁，悾恫之人武，此性之堅柔也。"又明杜全芳、胡承詔《補續全蜀藝文志》卷十五楊璲《丈八溝雜詠》："不經壚市太悾恫，只醉溪頭爛熳紅。賈客漫來評米價，老夫元不到江東。"又清方履籛《萬善花室文稿》卷五："履籛稟質駥呐，約悋悾恫。少未以章句爲通，長而昧揣摩之術。""悾恫"又作"悾侗"。《論語·泰伯》："子曰：狂而不直，侗而不愿，悾悾而不信，吾不知之矣。"宋陳祥道《論語全解》注："人之生也，悾侗顓蒙，則悾而後侗，侗而後狂。於此則先狂而後侗與悾者，蓋狂者，進取善也。狂，未以爲善也。以其未善而猶不直，則其反常度甚矣。""人之生也，悾侗顓蒙"源自漢揚雄《法言·序》："天降生民，悾侗顓蒙。"晉李軌注："悾侗，無知也。顓蒙，頑愚也。"又唐柳宗元《東明張先生墓志》："悾侗而不實，窮老而無死。"又宋陳襄《古靈集》卷十七啟狀《謝運使唐學士啟》："伏念某學術疎濶，性質悾侗。"

"悾恫""悾侗"都是"空同"的分化詞。空同，謂虛無通透。《關尹子·九藥》："昔之論道者，或曰凝寂，或曰邃深，或曰澄澈，或曰空同。"又南朝梁江淹《水上神女賦》："視空同而失貌，察倏忽而亡迹。"同、洞古音相同，同屬定母東部。"空同"又作"空洞"。宋林逋《深居雜興》詩序："鄙夫則不然，胸腹空洞，譾然無所存置。"用來形容人則作"悾恫"，人胸中無物腹內空空是爲無知，"悾恫"爲無知義。《漢書·揚雄傳下》："天降生民，悾侗顓蒙。"師古曰："悾音空，侗音同，顓與專同。"古人認爲思維、知識與心相關，"悾恫"又作"悾侗"，意思相同。

崆峒山亦得名於空同。山高險峻，觸目則虛無漂渺，故謂之空同，又寫作空峒、崆峒。宋曾鞏《冬暮感懷》詩："坐思空峒間，負雪山千層。"又明宋濂《崆峒雪樵賦》："伊空同之拔起兮，鎮嶠南之靈區。"又明姚士麟《見隻編》卷上："平涼迤北山皆童赤，惟皋彌望，惟空同蒼翠，峻極雲表，足稱西塞雄勝。"空同即崆峒山。

《關尹子·九藥》："昔之論道者，或曰凝寂，或曰邃深，或曰澄澈，或曰空同。"空同與凝寂、邃深、澄澈並提，結構當相同。凝寂、邃深、澄澈三詞均爲同義并列複音詞，空同也是同義連文。空虛義是空的常見義，同也可表空虛義。《説文·冃部》："同，合會也。"由會合義引申有通達義。蓋會合部分即貫通整體，從而引申有通達義。《洪武正韻·東韻》："同，合也，通也。"《易乾·文言》"同聲相應"焦循注："同，通也。"又《群經平議·周官二》："掌六祈以同鬼神示"俞樾："同，猶通也。"

"同"有通義可以"會"的詞義引申軌迹相比證。會本爲會合義，引申有通達義。《太玄·玄數》"爲會"司馬光集注引許翰曰："會，通也。"會、同、通三詞同義，可組成同義複詞會同、會通、通同等。以同作聲符的形聲字多含中通義。《説文·竹部》："筒，通簫也。从竹同聲。"通簫爲吹奏樂器，以中空竹管爲之。《説文·木部》："桐，榮也。从木同聲。"桐樹干枝中間有空心，故名之爲桐。胴的常見意義有二：一指軀干，二指胴腸，皆爲中空之肉體。洞指孔穴，有中通義。又《説文·行部》："衕，通街也。"同、筒、桐、胴、洞、衕音近義通，屬於同源詞。通達則無阻礙，又引申有空虛義。前人在論及此義時常把"同"視作"童"的借字。《管子·侈靡》："山不同而用談。"戴望校正："陳先生云：'同讀爲童。'"郭沫若等集校引陳奐曰："'同'讀爲'童'，'談'，古'贍'字。"實則同自有空無義，不煩通借。

了戾

了戾自用是一病，喜好嗜美是一病。（《要修科儀戒律鈔》卷五 6/946/b）

了本義指手彎曲。《説文·了部》："了，尥也。"朱駿聲通訓定聲："手之攣曰了，脛之繫曰尥。"王筠句讀："凡糾纏不順理者，皆謂之了尥矣。"戾本義也是彎曲。《説文·犬部》："戾，曲也。从犬出戶下。戾者，身曲戾也。"了戾同義連文，有彎曲、迂曲義。唐孫思邈《孫真人備急千金要方》卷十："石膏湯治小兒中風、惡痺、不能語、口眼了戾、四肢不隨方。"口眼了戾，指口歪眼斜。又章炳麟《思鄉原》下："今諸校悉誦《論語》，竟弗能化，觀其得失之故，何了戾而不可知耶？"了戾爲迂曲義。

彎曲則不直、不順，戾又引申有違逆、乖張義。《詩·小雅·節南山》："昊天不惠，降此大戾。"鄭玄箋："戾，乖也。"又《淮南子·覽冥》："舉事戾蒼天，發號逆四時。"高誘注："戾，反也。"人剛愎自用、固執己見常囿於一端、局於一隅，不能通情達理順從人意，在他人看來也是一種抽象的彎曲。"了戾"可指人性格固執，詞義主要由"戾"表示，由於了戾爲同義複音詞，使用者直接將其拈用過來表示人性格固執、不從人意。此詞道經習見。如《太上洞玄靈寶上品戒經》："追念舊惡是四病，不受諫喻是五病，了戾自用是六病，教人傷人是七病。"又《正一法文天師教戒科經》："此輩不莊事，變易心腸，巽濡日月，冀脫災免害，萬不一脫，執性了戾，心腸不改，没命之後，悔復何及。"了戾自用，即指固執己見，不聽別人勸說之意。

或謂了戾爲"狼戾"的"音轉成分"。（忻麗麗，2012：86）按了戾自有其成詞理據，此說可商。狼戾原爲狠戾，狠狼古籍書寫易混。狠戾同義連文，乖戾不從義。狠是很的同音借字。《說文·犬部》："狠，吠鬭聲。"段注："今俗用狠爲很。"朱駿聲通訓定聲："狠，今用爲很戾字。"很本義爲不聽從。《說文·彳部》："很，不聽從也。從彳艮聲。"按很從艮聲，艮兼表義，艮當是很的初文。《說文·匕部》："艮，很也。从匕目。匕目，猶目相匕，不相下也。"段注："匕目，猶目相匕。目相匕即目相比，謂若怒目相視也。不相下也。很之意也。"又《易·序卦》："艮者，止也。"《說文·止部》："止，下基也。"字從艮聲者多有止義。如根從木艮聲，爲根本義；跟從足艮聲，爲腳跟，又作䟖；很從彳艮聲，有行難義；恨從心艮聲，有怨義，怨義與積義通。故艮本義或爲止。徐鍇繫傳："艮，很戾不進之意也，以目匕相齊不下也。"很戾不進即爲止。艮又引申有堅義。《方言》卷十二："艮，堅也。"《廣雅·釋詁》同。堅義與很戾義相通。固有堅固義，也有固執義，固執則不從人意。《論語·子罕》："子絕四——毋意、毋必、毋固、毋我。"又《列子·湯問》："汝心之固，固不可徹。"剛有堅硬義，也有倔強義。《史記·袁盎晁錯列傳》："淮南王爲人剛，如有遇霧露行道死，陛下竟爲以天下之大弗能容，有殺弟之名，奈何？"又唐韓愈《王公墓志銘》："氣銳而堅，又剛以嚴。"堅有固義，也有堅決不從意。馬王堆漢墓帛書《戰國縱橫家書·蘇秦謂齊王章（四）》："夏后堅欲爲先薛公得平陵，願王之勿聽也。"又宋歐陽修

《論杜衍范仲淹等罷政事狀》："及陛下堅不許辭，方敢受命。"硬有堅義，也有剛直義。《警世通言·鈍秀才一朝交泰》："有個浙中吳監生，性甚硬直。"艮、固、堅、硬爲一對同義詞例。

艮之很戾義今還保存在方言中。北方方言中艮指人脾氣倔或說話生硬。如：這個人真艮；他說話太艮。食物不松脆也叫艮。如：這蘿蔔艮了，不好吃。牙齒爲硬物所硌也稱艮。元劉君錫《來生債》第一折："磨博士做咬銀子科，云：'中穿中吃？阿喲！艮了牙也。'"吳語又稱性格耿直之人爲艮頭，清翟灝《通俗編·品目》："《輟耕錄》：'杭人好爲隱語，如粗蠢人曰朾子，朴實人曰艮頭。'按，今又增其辭曰艮古頭。"

要之，很、戾均有不從意，同義連文作"很戾"表違逆不從意；了、戾均有彎曲義，同義連文作"了戾"表彎曲、迂曲意。"了戾"在表固執意時是偏義複詞，了不表義。狠是很的同音字，又混作狼，狼與了聲同韻異，以音轉說釋之似不必。

可漏

正薦投壇狀可漏：狀投上清三洞法師某君門下　具官位姓某　謹封（《無上黃籙大齋立成儀》卷三 9/390/c）

近代漢語典籍常見"可漏"一詞。南宋洪邁《容齋隨筆》卷十五"蔡京除吏"條："俄，別有一兵齎一雙緘及紫匣來，乃福建轉運判官直龍圖閣鄭可簡以新茶獻。即就可漏上書'秘撰運副'四字授之。"又元佚名《群書通要》己集卷五榮達門"授勅黃"條："勅黃用蜀中麻紙爲之，兩幅連粘，大字書某人等官賜某等科第，其可漏子又長於勅黃一尺。"又清葉昌熾《奇觚廎詩集》前集《宋槧婚禮備用月老新書，前集十二卷，後集十二卷，奇書也。舊爲延令季氏所藏，後歸大興劉氏君子磚館。吾師子壽先生爲劉寬夫先生之壻，于劉氏得此，以畀再同編修，爲世守之寶。己丑春正出以見示，作長歌紀之》云："小禮於歸叙及時，圓封可漏知何物。"下注："可漏子，見前。又《論笥子式》云：'今日士大夫家，只用聘啟一幅，禮物狀一幅，用兩可漏子圓封。'所謂可漏子，不知何物也。"從詩下注可知，可漏又稱可漏子，其意義已不爲時人所熟悉。

明彭大翼《山堂肆考》卷八十四科第"獨班謝恩"條對可漏作出過解釋："進士唱第日，授敕黃。敕黃用蜀中麻紙爲之，兩幅連粘，大書某人等宜賜某等科第。其可漏子又長於敕黃一尺……按可漏子，謂封皮也。"敕黃是表明科考等級的敕書，可漏子是封裝敕黃的封皮。前面葉氏詩下注中所言的可漏子，即是用來封裝啟狀文書的封皮，大致相當於我們今天使用的信封。一般而言，可漏根據封裝物的不同有不同的形制和書寫格式。以元佚名《居家必用事類全集》甲集"饋送請召式"所列爲例："請可漏　狀申某官稱呼　具位姓某　謹封"與"答可漏狀申謝某官稱呼　具位姓某　謹封"，封皮文字內容一般居中書寫，分兩部分：上題所呈達對象，下爲封可漏者具名。再如宋蔣叔輿《無上黃籙大齋立成儀》卷三"正薦投壇狀可漏"："狀投上清三洞法師某君門下　具官位姓某　謹封"，格式大致相同。

　　除作封皮解外，人之軀身也可稱爲可漏。南宋龔昱《樂庵語錄》卷五："是夕風月清美，如陽春高秋，天宇湛然，萬籟沉寂，不類人境。識者知先生之逝，決非與萬物同盡者。先是，嘗語監征王琛曰：'吾可漏子已有頓放處矣。'豈非先知者耶！"又元陳致虛《金丹大要》卷一："世惟皮可漏子禪，搥亦不斷，咬亦不破。若人參得皮可漏子禪，則鉛與汞自相投矣。"這裏的可漏子，即指人身。也作"殼漏子"。《祖堂集》卷四"藥山和尚"："吾便問：'離卻這個殼漏子後，與師兄什摩處得相見？'"又宋道原《景德傳燈錄》卷十五"筠州洞山良價禪師"："師將圓寂，謂衆曰：'……離此殼漏子，向什麼處與吾相見？'衆無對。"又明瞿汝稷《指月錄》卷十六："有病師乃問：'僧離此殼漏子，向甚麼處與吾相見？'僧無對。"殼漏子，均指人之軀體。殼漏不僅可指人身、封皮，還可指動物的軀殼。《全唐詩》卷二十六徐夤《溪隱》詩："蝸牛殼漏寧同舍，榆莢開花不是錢。"蝸牛殼漏，即指蝸牛軀殼，此喻房舍狹小。

　　封皮、軀體何以稱可漏呢？丁福保《佛學大辭典》收"皮殼漏子"："（譬喻）又作皮可漏子。殼可音通。殼者卵殼也，比人之身骸，漏者漏屎尿也。意味任運自在。又書束袋曰可漏子，或殼漏子。"《佛光大辭典》收"可漏子"："又作殼漏子、可漏。（一）即古代禪林之信封或書信袋。可漏，原指殼漏、卵殼，謂書狀或書信封入筒中，如蟲等之容身殼內。……（二）指人之肉體。含輕蔑之意。"《漢語大詞典》："殼漏子，佛教語。指人的軀殼。"諸家釋義基本不差，然將可漏視作比喻用法，可漏是殼漏、卵殼，漏爲漏屎尿之理據解析不免望文生義之嫌，若說人之身軀爲卵殼，漏爲漏屎尿，那麽稱封皮爲可漏，漏又作何解？

楊琳（2011：102）指出："漢語方言衆多，古代文獻中曾經使用過的很多古詞古義和古音在今天的一些方言中仍然存在，我們可以利用這些方言詞語來求證古代文獻中的古詞古義，從而貫通古今，破解文獻疑難詞語，此爲方言求義法。"可漏一詞，至今保存在各地方言中。中原官話有"殼婁"，山東平邑指半大而尚未長膘的架子豬。晉語河北成安話也有同樣說法。1931年《成安縣誌》："呼半大豬曰殼婁。"山東寧陽稱眼窩深陷爲"殼婁眼"，稱蛋殼爲"蛋殼婁"，帽子爲"帽殼婁"。以前農村有種柱體錐底的大鐵皮水桶也被稱作"殼婁"。東北官話稱下過一胎小豬後宰殺的母豬爲"殼郎"；浙江寧波指人身材曰"殼郎"；山東寧陽稱胸腔爲"胸殼郎"；北京官話中，房子拆後的空架子稱"苛浪"，1933年《順義縣誌》："高大插飛又亮藻的房子，拆去剩空䏘㝗（俗呼苛浪），以此無處存身。"山西吉縣稱人胸腔爲"殼冷"；山東郯城稱帽盔爲"殼楞帽"。河北辛集話稱鞋子爲"鞋窠漏"，也可用作動詞，如"我先把棉鞋窠漏上"。

殼婁、殼郎、苛浪、殼冷、殼楞、窠漏均爲"可漏"一詞的方言音轉，雖然所指不盡相同，但核心意義是相通的，均指具有中空圓曲空間的封閉或半封閉的外殼。從詞語語音來看，"可漏"及其方言音轉詞都是雙音節詞，且第二音節聲母爲l，是典型的"嵌l詞"，"可漏"當爲"殼"之分音詞。殼不單指卵殼，一般指物的堅硬外皮，如甲殼、龜殼、腦袋殼等等。殼之音義，源於中空義。齊佩瑢（2004：35）認爲："考老轉注，二字義同音轉，蓋因老翁背駝而得名。……推而言之，物之空甲曰'殼'，洞穴曰'窩'、曰'坎'、曰'科'、曰'竅'、曰'坑'、曰'孔'、曰'窟窿'，都是圓曲之意。……坑閻，單言曰'坑'、曰'㝗'，複語則曰'㝖㝗'（《方言》）、'䏘㝗'（《說文》）、'閌閬'（揚賦）。語轉作'窐寥'（宋玉賦）、亦作'巧老'，馬融《長笛賦》：'寉窔巧老，港洞坑穀。'""殼"與"坑"恰爲一體兩面，凡殼在外，其內必爲可以容納的彎曲空間，即是"坑"狀。其核心義素似爲"中空"義而非"圓曲"義。"可漏"是"殼"的分音詞，亦源於中空義。人的軀體內有體腔，封皮內部是可以容納物品的空間，將其稱作可漏子，正是取義於其內部具有彎曲而中空的空間。同樣，動物軀殼可以稱可漏、殼漏，并非卵殼的譬喻，也是因其具中空之形。

殼，字形本作"殼"。《玉篇·殳部》："殼，物皮空。"物皮空則謂之殼。朱駿聲認爲外殼字本作"青"，文獻以"殼"假之。《說文·冃部》：

"青，幬帳之象。从冃，屮其飾也。"朱駿聲通訓定聲："凡物之郭甲在外者曰壳，字作壳，書皆以殼爲之。"章炳麟持同樣觀點。《新方言·釋言》："《說文》：'青，幬帳之象。苦江切。'引申爲凡包覆之稱。今語有二音：一音如殼，凡物之皮則謂之青，通以殼字爲之。一音如字，俗字作腔，本言青韜，俗作腔套。《說文》：'韜，劍衣也。'引申爲凡外廓之稱。"此謂由包覆義引申爲外殼義，從詞義引申角度來看有一定道理，然而仔細考察青之形義，似乎并非如此。

據《說文》，青是象形字，本義指幬帳之象，然此字典籍未見。元周伯琦認爲青爲"㡞"的本字。《六書正訛·三江》："青，傅江切。幬帳、旛旗之象；又帳極也。象形，隸作㡞，通俗作幢，非。"《說文·木部》："㡞，帳極也，從木童聲。宅江切。"桂馥義證："帳極也者，小字①本作'帳柱也'。本書'青，幬帳之象。從冃，屮其飾也。'"幢爲《說文》新附："幢，旌旗之屬。宅江切。"幢當是㡞的俗寫分化字。《後漢書·班固傳》："撫鴻幢，御繒繳，方舟並騖，俛仰極樂。"李賢注："《廣雅》曰：'幢謂之幬。'幢音直江反，即舟中之幢蓋也。"從字形構造及其本義來看，青與㡞所指相同，周伯琦之說并非無據，桂馥似亦與其說同。青與外殼義無涉，將其視作外殼義的本字非是。

將殼看作本無其字的假借或許更爲穩妥。《說文·殳部》："殼，從上擊下也。從殳青聲。"徐鉉注："殼，苦角切。青，苦江切。"王筠句讀："案殼與殼同音，義亦略近。"按此義與"外殼"義別。段注："今人用腔字，《說文》多作空，空與殼義同。俗作殼，或作㲉，吳會間音哭，卵外堅也。"又《說文·革部》："鞟，履空也。"徐鍇繫傳："履空猶言履殼也。"段注："按空腔古今字。履腔如今人言鞵幫也。"按外殼義取義於"空"，由于殼上古屬溪母屋部，空上古屬溪母東部，殼、空語音相近，因而殼又被借來表外殼義。

從殼聲字多含表皮義。《說文·禾部》："穀，續也。百穀之總名。从禾殼聲。古祿切。"段注："殼者，今之殼字。穀必有稃甲。此以形聲包會意也。"又《說文·車部》："轂，輻所湊也。从車殼聲。古祿切。"轂位於車輪的中心部位，中有圓孔，用以插軸。又《說文·角部》："觳，盛觵卮也。從角殼聲。讀若斛。"段注："盛字當是衍文。觵卮謂大卮。"

---

① 疑爲"徐"字之誤。

又《集韻·覺韻》："㲉，克角切，卵孚也。一曰物之孚甲。或從出從皮。"卵孚即蛋殼。

殼中古爲溪母覺韻，可中古爲溪母哿韻，聲同韻異，差別較大。"可漏"詞形最初作"㲉漏"，最早見於唐五代時期的《祖堂集》，宋時文獻又作"可漏"。可殼音同通用可視爲早在兩宋之際語音已開始簡化，入聲韻尾已開始趨於脫落的一個例證。

第二節　考求詞義來源例

相對於"詞源"，楊琳（2005：123）首次明確提出"義源"的概念，幷指出"義源關注的是詞義的發展演變問題"。考求詞義來源，是清晰梳理詞義引申演變關繫的前提與關鍵。

格　祀

古人求交於神明，嚴其戒，重其齋如此，故祀圓丘而天神降，祭方澤而地祇出，格祖廟而鬼神享。(《道門科範大全集》卷七十九31/945/b)

《說文·示部》："祭，祭祀也。"又"祀，祭無已也。"格與祀、祭對文，意義也相同，爲祭祀義。文獻有用例。春秋《子華子》卷下《執中》："此心之弗失焉，可以事帝矣，可以格天矣，可以入道矣；此心之弗存焉，道之所去也，天之所違也，帝之所誅也。"格天，即祭祀上天。又《管子·小匡》："夫鳳皇鸞鳥不降而鷹隼鴟梟豐；庶神不格守龜不兆，握粟而筮者屢中；時雨甘露不降，飄風暴雨數臻；五穀不蕃六畜不育，而蓬蒿藜竝興。"唐房玄齡注："格，庶神不至則未歆其祭享。"房氏以至釋格，大約覺得語意未安而後加"則未歆其祭享"以補充，未免迂曲。格謂人祭祀鬼神，引申之鬼神享用祭祀也稱爲"格"。庶神不格，指衆神未享其祀。又《道門通教必用集》序："古者，天子祀天地，格神明，皆具犧牲之禮，潔粢盛，備衣服，先散齋，而後致齋，以成其祭，猶慮儀不及物，與不成享也，而況士庶乎？"祀天地、格神明互文，祭祀天地神明義。格之祭祀義，楊琳（1988：71）已發，上舉道經用例，亦可爲證。

白平（2012：87）提出"'祭'的最早詞義應該是在對鬼神表達敬愛

供奉的儀式中向鬼神敬獻各種飲食，'祀'的最早詞義應該是指向鬼神祈禱而希望賜予子嗣的一種儀式"。白文從字形入手，結合文獻例證，對"祭"、"祀"的詞義作出區分。其思路可嘉，但其觀點及論證尚可商榷。《說文·包部》："包，象人裹妊，巳在中，象子未成形也。"白文據此認爲"'巳'字的本義是胎兒，極有可能充當過'祀'的初文"。

因形求義是考索詞語本義的一種行之有效的方法，其前提是"要儘量追溯到字的原始形體，因爲後世的形體往往已發生變異，喪失了形體所藴涵的詞義信息……字形分析必須與文獻印證結合起來，不能僅憑字形猜想其義"（楊琳，2011：51）。在甲骨文獻發現以後，追溯文字原形當以甲骨文字爲首選，《說文》所依據的篆文，不少字形已經發生了訛變。甲骨卜辭本有"巳"字，作"𠃌"（甲二八九六）、"𠃌"（合集三/七五六）等形，卜辭均用爲"祀"（參于省吾，1996：528），是"祀"的初文。《甲骨文字典》"祀"下收四個義項："祭也；遍祭先公先王一周爲一祀；人名；地名。"我們翻檢《殷墟甲骨刻辭類纂》"巳"、"祀"下卜辭例句，其意義大致不出《甲骨文字典》所收義項範圍，未見有作胎兒義解者。至於從《詩·小雅·楚茨》及《大雅·生民》得出"'祀'的主旨就是求子""它的原始詞義就是向鬼神求子的儀式"的結論，也難以成立。《楚茨》是糧食豐收後祭祀祖先神保以求福的樂歌。《生民》中姜嫄"克禋克祀，以弗无子"，求子袛是祭祀的目的，并不等於祀的本義就是求子。事實上，祭祀活動對遠古初民來說極其重要，狩獵、戰爭、求子、求雨、病疾等大事發生前均會舉行祭祀，有關記載保留在大量的甲骨刻辭中。

引起我們注意的是這些祭祀活動的對象恰如《楚茨》與《生民》所載分爲兩類：一爲祭祀先祖，一爲祭祀天神。而所謂的天神，一般是對人類祖先的神化；先祖也被當作神格，入祠廟享奉。《詩·大雅·鳧鷖》毛傳："守成也。大平之君子能持盈守成，神祇祖考安樂之也。"孔穎達疏："神者天神，祇者地神，祖者則人神也。"又《禮記·王制》："天子七廟，三昭三穆與大祖之廟而七；諸侯五廟，二昭二穆與大祖之廟而五；大夫三廟，一昭一穆與大祖之廟而三。"據白文統計，"在《左傳》中，'祀'字共有八十九例。其用例雖多，但觀察其詞義，卻大多表示的是對先祖、先君、先聖、明神的固定的常規性供奉"。

在許多從遠古流傳下來的神話傳說中，人類祖先都具有人首蛇身之形。伏羲和女媧是上古二皇，伏羲畫八卦，取火種、正婚姻、教漁獵，結束了人們茹毛飲血的歷史；女媧則煉石補天，搏泥造人，是公認的人類始祖。他們爲人類的進步作出了巨大貢獻，在傳說中都被描繪成了蛇與人的結合體。晉皇甫謐《帝王世紀》卷一："太皞帝庖犧氏，風姓也，母曰華胥。燧人之世有大人之迹，出於雷澤之中。華胥履之，生庖犧于成紀。蛇身人首，有聖德，爲百王先。"庖犧即伏羲。又"女媧氏，亦風姓也，承庖羲制度，亦蛇身人首"。又屈原《天問》："女媧有體，孰制匠之？"王逸傳："言女媧人頭蛇身，一日七十化。"《山海經·大荒西經》郭璞注："女媧，古神女而帝者，人面蛇身。"又曹植《女媧贊》："或云二皇，人首蛇形，神化七十，何德之靈。"又《列子·黃帝第二》："庖犧氏、女媧氏、神農氏、夏后氏，蛇身、人面、牛首、虎鼻，此有非人之狀而有大聖之德。"華夏兒女自稱是"龍的傳人"，被尊爲華夏始祖的黃帝也是人首蛇形。黃帝號軒轅氏，《山海經·海外西經》描述："軒轅之國，在此窮山之際，其不壽者八百歲。在女子國北，人面蛇身，尾交首上。"《山海經》中此類神話故事不勝枚舉。

考古發現也爲這類神話傳說提供了直接證據。距今約 5000 年前的仰韶文化是中原文明的搖籃，被尊爲華夏始祖的黃帝就在今陝甘一帶活動。上世紀五六十年代在甘肅武山、定西、臨洮等地發現了代表仰韶文化的多件陶器，大多繪有人面蛇身圖像。如 1958 年在甘谷縣西坪遺址出土的一件彩陶瓶，瓶身就畫有人首蛇身的神怪。1976 年在洛陽城北 0.5 公里處郊區發現的洛陽西漢卜千秋墓壁畫，據考證製作於西漢昭帝、宣帝時期（前 86—前 49），是現存最早的漢墓壁畫。其中伏羲即爲蛇身人首形。清乾隆年間發現的山東嘉祥城南武氏祠東漢題爲"伏戲倉精初造王業畫卦結繩以理海內"壁畫中的兩位蛇身交尾的神仙，前人多認爲是伏羲與女媧，經楊琳（1996：255—263）考證實爲伏羲與倉頡，壁畫"反映了古人對文字創制者的崇拜和讚揚"。同樣形象的壁畫在敦煌、新疆各地考古中均有發現，人首蛇身交尾是這些畫作的共同主題。

古人把他們崇拜的英雄人物均塑造成蛇身人首之形，爲我們探求"巳"字的形體及本義提供了新的啟發。《說文·巳部》："巳，已也。四月，陽气已出，陰氣已藏，萬物見，成文章，故巳爲蛇，象形。"許慎以已釋巳，已巳原爲一字，古無已字，借巳字爲之。漢代採用夏曆，以建寅之月爲歲首（正月），故四月爲巳。許慎云"巳爲蛇象形"很有見地，這

伏羲（卜千秋墓壁畫）

伏戲倉精初造王業畫卦結繩以理海內（武氏祠壁畫）

在甲骨文中得到了驗證。"巳"在甲文中作"𢀳"、"𢀴"，為祀的初文。蛇，甲骨文即它，作"𢀳"、"𢀴"，是蛇的象形。巳它兩字除頭部略有不同，下半部均象蛇屈曲之形。郭沫若認為："祀象人跪地於此（生殖）神象之前。"姚孝遂對此表示質疑，理由就是甲骨文人形絕無如此作者。（參于省吾，1996：1787—1789）姚氏所論爲是，"巳"下半部顯爲蛇形而非人形。我們推測，"巳"即是依據神話傳說所造，字形本身就是蛇身人首的摹形，是上古帝王的符號化表示，造字本義當爲神祀。古人造字，近取諸身，遠取諸物，雖然神話傳說中的神祀無法見到，不過依據神話傳說并以現實中的反映神話內容的實物原形造字，并非沒有這種可能。就像上舉帝王壁畫一樣，人們雖然沒親眼見過伏羲與倉頡，但完全可以依據蛇身人首的傳說加以創造出來。

　　巳與蛇相關，禹的來歷可作爲一個旁證。禹姓姒，歷來認爲與傳說契因其母吞乙子生而姓子、棄因其母履天神跡生而姓姬一樣，禹因其母吞薏苡生而姓姒。《史記·五帝本紀》："帝禹爲夏后而別氏，姓姒氏。"司馬貞索隱："禮緯曰：禹母修己吞薏苡而生禹，因姓姒氏。"這些當然是爲神化帝王身份而所附會的神話傳說。不過，乙子爲玄鳥卵，郭沫若（1982：317）據《楚辭·離騷》"鳳皇既受詒兮，恐高辛之先我"認爲玄鳥即是鳳鳥。鳳鳥是傳說中的神鳥，《詩經·商頌·玄鳥》："天命玄鳥，降而生商。"棄因母履神迹而生。與他們的傳奇身世相比，"禹母修己吞薏苡而生禹"，顯然要普通得多，因此後來有些神話傳說便稱薏苡爲"神珠"，以示禹的不平凡。其實關於禹的身世，還有另一種說法。《竹書紀年》："顓頊之子鯀，生禹于石紐。"又清洪頤煊《經典集林》收《歸藏·啟筮篇》載："鯀死，三歲不腐，剖之于吳刀，化爲黃龍。"又"鯀殛死，三歲不腐，副之以吳刀，是用出禹"。顓頊爲黃帝之孫，傳說黃帝爲人首蛇身。鯀爲黃龍，則禹是黃龍子，聞一多（1926：26）認爲："所謂龍者祇是一種大蛇。"龍是人們想像的產物，其原形就是蛇。劉師培《左盦集·姒姓釋》認爲"姒""巳"同文，姒姓即巳姓。與前說相比，劉說可從。姒巳音同可通。禹爲黃龍子，蛇神之後，其姓"姒"即得之於"巳"，以此來表明自身是正宗的蛇神家族血統。此外，禹字從虫，虫它古爲一字，即是蛇，今天許多方言中仍稱蛇爲"長蟲"。

　　巳的造字理念以及種種神話傳說或源於遠古先民的蛇圖騰崇拜。蛇崇拜是世界上許多民族共同的思想信仰。英國人丹尼斯·兆（1991：21）說："在希臘神話中，智慧女神和勝利女神都拿著畫有蛇圖案的盾牌，醫藥之神阿斯克勒庇俄斯拄著一根盤繞著蛇的拐杖。在美洲印加人的神話裏，蛇是創造天地的神靈。"人類爲何會產生蛇崇拜呢？研究表明，人類的信仰崇拜通常經歷兩個階段：在人類社會初期，由於生產力低下，人類在與自然的鬥爭中處於下風，便會以他們認爲有神秘力量的事物作爲崇拜對象，這就是最初的動物圖騰崇拜；隨著人類生產水平的提高，與自然鬥爭的能力大大增强，在社會發展中爲人類進步作出巨大貢獻的英雄人物會成爲新的崇拜信仰。而這時新的英雄崇拜身上必然留有動物圖騰崇拜的痕迹。古先民將他們擁戴的英雄君主描繪成蛇身并進而擁有强大的力量，正是蛇崇拜思想在神化英雄過程中的意識投射。崇蛇習俗至今在各地、各族中猶有遺留。福建南平樟湖阪一帶每年正月要遊蛇燈，七月初七舉辦蛇王節。筆者老家山東忌殺家蛇，家中若出現蛇，常常要燒香擺供，蛇就會消失不見。雲南楚雄市西舍路鄉彝族青年在婚嫁之前，女方用樹枝刻成木蛇形，作爲出嫁最重要的陪嫁之一。木蛇放於夫婦枕下，妻子懷孕後，要祭蛇神，感激蛇神賜給了孩子。貴州一帶的土家族人相信，凡在祖先誕生日這天，如有蛇進屋，便認爲是祖先的化身。

巳爲神祖，則祭神祖也爲巳，又從示作祀。《詩·大雅·雲漢》："祈年孔夙，方社不莫。昊天上帝，則不我虞。敬恭明神，宜無悔怒。"陸德明釋文："明祀本或作明神。"《文選·張衡〈東京賦〉》"爰敬恭於神明"清胡紹煐箋證："善曰：《毛詩》曰'敬恭明神'也。本書《答張士然》詩注引《毛詩》作'敬恭明祀'。按《釋文》：'明祀本或作明神。'是陸所據本作明祀，孔龢碑'敬恭明祀'，亦作明祀。蓋當時有二太①，平子賦及善注所及皆即陸所云或本也。"據此知，祀、神原爲異文，明祀即明神，謂神靈。明也有神義。《漢書·五行志中之下》："今吾執政毋乃有所辟，而滑夫二川之神，使至于爭明，以防王宫室，王而飾之，毋乃不可乎！"顏師古注："明謂神靈。"明祀同義連文。

如同社爲土地神，"古代的社大都立在叢林中"，古人"選擇一棵五大三粗枝繁葉茂的樹木作爲社主"（楊琳，2011：264）一樣，祀爲神祖，古人最初亦以大樹作爲祀主祭拜。《禮記·檀弓下》："天子崩，三日祝先服，五日官長服，七日國中男女服，三月天下服。虞人致百祀之木可以爲棺槨者斬之，不至者廢其祀刎其人。"唐孔穎達疏："百祀者，王畿内諸臣采地之祀也……必取祀木者，賀瑒云君者德著幽顯，若存則人神均其慶，沒則靈祇等其哀傷也。"宋黃震《黃氏日鈔·讀禮記》："虞主山澤，故斬百祀之木，以共棺槨之用。必取祀木者，神祀處多樹木，常時所不

---

① 疑"太"爲"本"字。

斬，天子崩則幽明之所共哀，故斬取之也。"清萬斯大《禮記偶箋》卷二："百祀，百年也，木過百年堅老可爲椁材。廢祀，廢山澤之祀也。廢祀刎人，姑爲之令而已，究屬可疑。"按孔、黃得之，萬注非是。"百祀之木"即各地充當祀主之樹，祀謂祀主，即大樹。因祀樹高大材優而選作天子棺槨，但因其代表著先祖神格，有不願斬伐者，故下文說"廢其祀刎其人"，廢祀則意味著除國。古時諸侯建國必先按照天子之命立祀，祭祀對象有嚴格規定，除了先祖外，一般還可包括封國境內山河。如《孔子家語·正論》："楚昭王有疾，卜曰：河神爲祟。王弗祭。大夫請祭諸郊，王曰：'三代命祀，祭不越望……'遂不祭。"魏王肅注："天子望祀天地，諸侯祀境內，故曰'祭不越望'也。"又《左傳·僖公三十一年》："相之不享於此久矣，非衛之罪也，不可以閒成王周公之命祀，請改祀命。"楊伯峻注："閒借爲干，犯也，違也……蓋諸侯之國所當祀者，由周王室命之；衛國之所當祀者，爲成王周公所命，今祀相，在命祀之外者，故云犯成王周公之命祀也。"

典籍有"斬祀"，《禮記·檀弓下》："吳侵陳，斬祀殺厲，師還出竟。"鄭玄注："祀，神位有屋樹者。"此說從者甚衆。明胡廣《禮記大全》卷四："斬祀，伐祠祀之木也。"如前，祀爲祀主，即大樹，斬祀即斬斷祀樹，這是占領陳國的標志。試想如果僅僅砍掉祠祀旁邊的樹木，又能代表什麽呢？宋黃震《黃氏日鈔·讀禮記》曰："斬祀謂斬其神祀之木。"可謂得之。又晉干寶《搜神記》卷三記載了這樣一則故事："揚州別駕顧球姊，生十年便病，至年五十餘，令郭璞筮，得大過之升。其辭曰：大過卦者義不嘉，冢墓枯楊無英華。振動遊魂見龍車，身被重累嬰妖邪。法由斬祀殺靈蛇，非己之咎先人瑕，案卦論之可奈何？球乃跡訪其家事，先世曾伐大樹，得大蛇，殺之，女便病，病後有羣鳥數千迴翔屋上，人皆怪之，不知何故。有縣農行過舍邊，仰視，見龍牽車，五色晃爛，其大非常，有頃遂滅。"前載卦辭爲"斬祀"，後述"先世曾伐大樹"，祀即大樹，意義豁然。故事中"大樹"與"大蛇"相關聯并非巧合，當是"巳"之神祖義在神話傳說中的反映。

由於奉祀的對象主要爲祖先神位，因而這種祭祀活動舉行時間、規格、祭品等都有嚴格規定，固定下來就成了官方禮制。如前所述，斬祀、廢祀謂國除，立祀則表示享國，奉祀、承祀表示繼承帝位。《詩·魯頌·閟宮》："龍旂承祀，六轡耳耳。"又《左傳·成公十三年》："獻公即世，穆公不忘舊德，俾我惠公用能奉祀於晉。"而絕祀、不祀則謂亡國。《史記·管蔡世家》："侯齊四年，楚惠王滅蔡，蔡侯齊亡，蔡遂絕祀。"又晉盧諶《贈劉琨》詩："夫差不祀，覊在勝齊。"此外，祀爲先祖神格，沒有後嗣則無人奉祀，故絕祀也指無後。如明沈德符《野獲編補遺·兵部·戚帥懼內》："戚歿，而汪志其墓。述其爲妻所困，幾至絕祀。"又清戴名世《徐節婦傳》："徐氏之禍，可不謂烈哉！微節婦，徐氏不祀矣！"這些都是"祭"所不具有的義項。《說文·示部》："祀，祭無已也。"無已即不止，祇要後嗣不絕，祀祖活動必然無已，由祀表示神祖這個意義來看，許慎的說解是很正確的。

先祖稱"巳"，其語源或來自"子"。祀，邪母之部字；子，精母之部字，兩詞聲近韻同，可得相通。先秦時期"子"爲尊美之稱，宗族族長被稱爲"子"（參楊琳，2011：89），作爲宗族先祖神格命名爲"巳"就很自然了。困擾人們的問題是甲骨文中本有"巳"字，而干支紀年中辰巳之巳常借"子"代之，有人據此認爲"子""巳"爲同一個字。較爲合理的解釋是干支之巳與神祀之巳原爲用法不同的兩個詞，這種區分或是爲了保證巳爲神祀之義的專有表達權。干支之巳與神祖之巳很有可能原本毫無關繫，干支之巳作"?"形并非"巳"的假借，其最初字形即借"?"（與甲子之字形不同）表示，後來寫作"巳"，應該是受了後起的十二生肖說的影響。在人們熟知的十二生肖中，肖象動物蛇所對應的即是干支巳。巳字本據人首蛇身的神祖所創，在後來當"祀"成爲表示神祖、祭祀義的正字之後，巳被用來表示與蛇對應的干支無疑是很合適的。

十二生肖至秦代即已粗具模型。《睡虎地秦簡·日書甲種》"盜者"篇載："子，鼠也。……丑，牛也。……寅，虎也。……卯，兔也。……辰，……巳，蟲也。盜者長而黑，蛇目。……午，鹿也。……未，馬也。……申，環也。……酉，水也。……戌，老羊也。……亥，豕也。……"除辰外，其餘均列出相應肖象物。巳，"蟲也，蛇目"，即謂巳屬蛇，甲文中"蟲""它"（蛇）原爲一字。申，環也。環當爲"獧"，《集韻》："獧，犬急躍也。"獧即犬。如此除午鹿、酉水外，十二生肖與今同者有九，但搭配順序有較大差別。到後漢，十二生肖已大致完備，與今無別。東漢王充《論衡·物勢篇》："寅，木也，其禽，虎也。戌，土也，其禽，犬也……午，馬也。子，鼠也。酉，雞也。……巳，蛇也。申，猴也。"共提出十一種生肖名。加上東漢趙曄《吳越春秋》中有"吳在辰，其位龍"，恰好補上了"辰龍"，成全了十二生肖。晉葛洪《抱朴子内篇》卷十七也有類似表述："辰日稱雨師者，龍也；稱河伯者，魚也；稱無腸公子者，蟹也；巳日稱寡人者，社中蛇也；稱時君者，竈也。"雖然十二生肖說到秦漢時期才有較爲完備的記載，不過可以相信有關思想在先秦當已頗爲流行。

　　巳日在古代常被視作吉日，上巳節就是中國古代的一個傳統節日，文獻中對上巳節的最早記載見於漢代典籍。楊琳（2000：96—116）對上巳節的淵源、成因、習俗等作了詳實的論證與考辨，揭示了上巳節豐富的文化内涵。《周禮·春官·女巫》："女巫掌歲時祓除釁浴。"鄭玄注："歲時祓除，如今三月上巳如水上之類。釁除，謂以香薰草藥沐浴。"楊琳據此指出："上巳節無疑是古代舉行'祓除釁浴'活動的'歲時'中最爲重要的節日，而其事最初由女巫主掌，且載入官方禮制，說明上巳節原本是一種全民參與的祭祀活動。"

　　那麼，一年中如此重要的活動爲何選擇在巳日舉行呢？常建華（2009：44）認爲："辰巳爲凶的觀念反映在古人生活中，而破除之法就是祓禊。"這是說因爲巳日爲凶，所以在巳日祓禊以破凶。"辰巳爲凶"的說法不知據何而發，我們在文獻中未見到巳日爲凶的例證，相反巳日在古代大多是作爲吉日來看待的。典籍屢見"吉巳"一詞，如唐杜佑《通典·禮一》："皇后季春吉巳享先蠶、齋戒、陳設、車駕出宫、饋、享、親桑、車駕還宫、勞酒。"季春吉巳，當指上巳日。皇后在這一天要做享先蠶、齋戒、陳設、親桑諸活動，以爲下範。類似的記載很多。又《舊唐書·禮儀志四》："季春吉巳，祭先蠶于公桑，皇后親桑。"又《宋史·禮志五》："紹興七年，始以季春吉巳享先蠶。"又明章潢《圖書編》卷一百二《三祀因革》："十年改築壇于内苑，以仲春吉巳日祀。"又《皇霸文紀》卷四載有《周伯碩父鼎銘》："惟六年八月初吉巳，子史伯碩父追孝于朕皇考。鼇仲王母乳母尊鼎，用祈丐百祿眉壽。縮綽永命，萬年無疆。子子孫孫，永寶用享。"明梅鼎祚釋："惟六年八月初吉巳者，以年繫月以月繫日也。"這是說皇帝在吉巳日賜鼎。又《文選·班固〈幽通賦〉》："雝造怨而先賞兮，丁繇惠而被戮。"李善注："《漢書》曰六年春正月上巳日，封功臣二十余人。"漢高祖大封功臣也在巳日，可見巳日是個好日子。又唐韓鄂《四時纂要》卷四載："嫁取日：求婦，辰巳吉。"嫁娶要在辰巳日，這是吉日。甚至生病也會在巳日痊癒康復。東漢趙曄《吳越春秋·勾踐入臣外傳》:"後一月,越王出石室召范蠡曰:'吳王疾,三月不愈。吾聞人臣之道,主疾臣憂,且吳王遇孤恩甚厚矣,疾之無瘳?惟公卜焉。'范蠡曰:'吳王不死明矣,到己巳日當瘳。惟大王留意。'"吳王夫差生病,因其說過等病好之後纔能赦免勾踐的話,故勾踐憂慮其病不愈,去找范蠡商議卜問。范蠡想都沒想就回答吳王的病到己巳日就會好,要越王不用擔心。夫差的病痊癒了,意味著勾踐的性命也就保住了,因此對勾踐來說,巳日絕對是個吉日。上引諸例可見古人歷來就有巳日爲吉的觀念。

《漢語大詞典》收"吉巳"一詞,釋爲:"古禮,皇后于每年季春三月之巳日躬親蠶桑之事,其日卜須吉,故稱'吉巳'。""其日卜須吉"純爲臆測之言,不僅於史無據,而且有點强求占卜日者必須卜吉了。實則古人歷來認爲巳日是個吉日,謂之"吉巳",和占卜須吉毫無關係。

古人巳日爲吉的觀念由來已久,這種觀念的形成,與巳的造字本義不無關係。巳爲神祀,人們當然願意在一個有神靈保佑的日子裏舉行活動。古時祭祀是非常神聖的活動,遠古初民在狩獵、戰爭諸重大事情發生前往往要祭神,祈求神靈保佑。國家成立社會安定之後,祭祀又成爲官方的例行活動。當干支之巳與神祀之巳採用同一個字形之後,干支之巳便也獲得了吉祥的意蘊,人們很自然地將巳日與蛇神崇拜聯繫起來,顧名思義地認爲巳日即是神祀之日,從這個意義上說,巳日註定天生就是個吉日。

巳日爲吉的觀念或可幫助我們進一步推闡古人常於巳日舉行活動的文化内涵。巳爲神祀,皇后舉行享先蠶、親桑之祀自然要在巳日舉行;古人於上巳日祓禊,濯除不潔,本身就是上古祭祀儀禮的必要步驟;人們於上巳日宴游賞樂,或是上古娛神活動的遺留。上巳節還有求子、祈壽習俗(參楊琳,2000:96—116)。這也源於人們對蛇神的生殖崇拜。蛇一直被認爲是性激情的象徵,蛇盤旋而立,頗似勃起的男根;蛇交尾時間很長,人們自然希望擁有這樣強大的性能力;蛇的生殖力旺盛,母蛇往往一次產卵幾十枚。傳說蛇身人首的女媧一日而七十化,化即是生育的意思,這是說女媧一天就生育達七十次。這對於渴求子嗣的人們來說,無疑具有巨大的吸引力。巳既是蛇神的代表,人們選擇這一天祈求子嗣也就順理成章了。蛇皮不能隨著身體生長,因此蛇每過一段時間就會蛻一次皮,仿佛獲得了重生。對古人來說,這是極爲神秘的,也是極端嚮往的。在巳日進行招魂續魄祈求長壽的動機也就具備了。

道教是中國的土著宗教,求仙長生是早期道教的活動主題。巳日爲吉的民俗觀念對道教無疑有著巨大的影響和滲透。南北朝《靈寶五符經》卷中《真人四物卻穀散》："又服食治病方。以十月上巳日取槐子，陰乾百日。搗去皮，取子，著瓦器中盛之。欲從一日始，日服一枚，十日服十枚。""又卻老方。十月上巳服槐子一枚，日轉增一，至十日更復從一始。正當上巳日，造服之也。"槐子須於巳日服之，方能治病卻老。

巳日爲吉的觀念由來已久，但這種觀念產生的時間不早於殷商。當干支紀年法採用"巳"來表示巳日之後，人們望文而聯想到蛇神祭祀，巳日爲吉觀念的產生就水到渠成了，遠古的蛇神崇拜是此種觀念得以產生的根本源泉。

較難解釋的是"包"字的形體構成。《說文·包部》："包，象人裹妊，巳在中，象子未成形也。元氣起於子。子，人所生也。男左行三十，女右行二十，俱立於巳，爲夫婦。裹妊於巳，巳爲子，十月而生。男起巳至寅，女起巳至申。故男年始寅，女年始申也。凡包之屬皆从包。"包即胎兒。今之學者多據此認爲"巳"有"子"義，以此來證實甲文干支"巳"假借"子"來表示，甚至據此認定子巳原爲一字。這或許是對許慎說解字形的誤解。"子""巳"相通的觀點起自近代甲文干支卜辭發現以後，許慎時代"子""巳"的區分是毫不模糊的，這從他對包字從巳的說解中也可看出來。段玉裁注："'元氣起於子。子，人所生也。'子下曰：十一月陽气動，萬物滋，人以爲偁。'男左行三十，女右行二十。俱立於巳爲夫婦。'左右當作ナ又。男自子左數次丑，次寅，次卯爲左行，順行，凡三十得巳。女自子右數次亥，次戌，次酉爲右行，逆行，凡二十亦得巳，至此會合。故《周禮》令男三十而娶，女二十而嫁，是爲夫婦也。'裹妊於巳巳爲子，'下巳字衍。巳部曰：巳者，已也。四月陽气已出，陰气已藏，萬物見，成文章。故夫婦會合而裹妊，是爲子也。'十月而生。'十月上當有子字。《易·本命》曰：天一地二人三，三三而九，九九八十一，一主日，日數十，故人十月而生。'男起巳至寅。女起巳至申。故男年始寅。女年始申也。'《淮南·氾論》曰：'禮三十而娶。'高云：'三十而娶者，陰陽未分時俱生於子。'男從子數，左行三十年立於巳，女從子數，右行二十年亦立於巳，合夫婦。故聖人因是制禮，使男三十而娶，女二十而嫁。其男子自巳數左行十得寅，故人十月而生於寅，男子數從寅起。女自巳數右行十得申，亦十月而生於申，故女子數從申起。高說與許說同。《神仙傳·王綱》云：'陽生立於寅，純木之精。陰生立於申，純金之精。夫以木投金，無往不傷，是以金不爲木屈，而木常畏於金。'按今日者卜命，男命起寅，女命起申，此古法也。自元气至此，又詳說从巳之意。"讀段注可知，許慎謂男年三十女年二十俱立於巳，巳則萬物見成文章，夫婦於此時合會而懷妊成胞胎。包從巳取元氣起於子合於巳而成胎義，巳爲干支"巳"而并非胎兒"子"意甚明。包後作胞，《玉篇·包部》："包，布交切。裹也。婦人懷妊，元氣起於人子①所生也，今作胞。"說亦同。

審許慎用"象形"一語來說解象形字的本義，有時也用來說解會意或形聲字的形旁，但這時往往著重於字義的闡發而并非形旁的本義。如幺本義爲小。《說文·幺部》："幺，小也。象子初生之形。"《說文·肉部》："胤，子孫相承續也。从肉，从八，象其長也。从幺，象重絫也。"段注："'幺亦象重絫也。'絫俗作累，上非幺麼之幺，直像其重絫之意。"此謂胤會幺重絫之意，非幼小意。《說文·隹部》："雝，周燕也。从隹、屮，象其冠也。"屮即山。此處許云"巳在中，象子未成形也"蓋亦如之。

尋博

肉人奉法懈怠，防險不固，以某年月日行於某處，忽然失去符籙，思過責躬，累自首謝，從道求哀，比加賞慕，四出尋博，遂失所在。（《正一法文太上外籙儀》32/214/b）

尋博，即尋求、尋找。尋博一詞，多見於六朝樂府詩。明馮惟訥《古詩紀》卷五十一晉第二十一《阿子歌》："春月故鴨啼，獨雄顛倒落。工知悅弦死，故來相尋博。"明陸時雍《古詩鏡》卷十五宋第四《讀曲歌》："自從近日來，了不相尋博。竹簾襧襠題，知子心情薄。"又卷十六齊寶月《估客樂》："初發揚州時，船出平津泊。五兩如竹林，何處相尋博。"尋博皆尋求義。

尋有尋求義，博也有尋求義。南朝梁徐陵《玉臺新詠》卷三苟昶《擬相逢狹路間》："朝發邯鄲邑，暮宿井陘間。井陘一何狹，車馬不得旋。邂逅相逢值，崎嶇交一言。一言不容多，伏軾問君家。君家誠難知，

---

① 疑"人子"當互乙。

難知復難博。"難博謂難求。明謝肇淛《五雜俎》卷九："宋沈括使契丹，大漠中有跳兔，形皆兔也。而前足才寸許，後足則尺許，行則跳躍，止則仆地，此即佩也，但又未見卬卬距虛耳，物之難博如此。狼亦負狽，今狼恒見而狽不恒見也。"難博，即不容易尋找。

《說文·十部》："博，大通也。从十从尃。尃，布也。"段注："凡取於人易爲力曰博。《陳風》鄭箋：'交博好也。'"博本義爲大通。段玉裁謂博爲換取義。博有獲取義。《後漢書·皇后紀·和熹鄧皇后》："〔后〕數選進才人，以博帝意。"然獲取義與通博義似無意義上的相關性，之間缺乏必要的引申聯繫。朱駿聲通訓定聲："又爲捕。《詩》箋'交博好也'。按凡取于人曰博取，皆捕字。"他認爲博有取義是捕的假借。按捕古屬並母魚部，博古屬幫母鐸部，魚鐸對轉，音同可通。然此說可商。《說文·手部》："捕，取也。"捕本義爲捕取、捉拿，此義先秦典籍又作"搏"。《說文》"搏"段注："《周禮·環人》'搏諜賊'，《釋文》云：'搏音博。又房布反。劉音付。'《射人》注：'貍，善搏者也。行則止而擬度焉，其發必獲。'《釋文》云：'搏音博。劉音付。'《士師》注：'胥讀爲宿偦之偦，偦謂司搏盜賊也。'《釋文》云：'搏音博。劉音付。'《小雅·車攻》箋：'獸，田獵搏獸也。'《釋文》云：'搏音博。舊音付。'按《小司徒》注之'伺捕盜賊'，即《士師》注之'司搏盜賊'也。一用今字，一用古字。古捕盜字作搏。"又《左傳·莊公十一年》："乘丘之役，公以金僕姑射南宮長萬，公右歂孫生搏之。"杜預注："搏，取也。"《詩·小雅·車攻》："建旐設旄，搏獸于敖。"《周禮·地官·司虣》："若不可禁，則搏而戮之。"孫詒讓正義："搏，猶今言捕也。"《莊子·山木》："睹一蟬，方得美蔭而忘其身；螳蜋執翳而搏之。"漢劉安《淮南子·說山》："弊箄甑瓺，在袇茵之上，雖貪者不搏。"許慎注："搏，取。"宋歐陽德隆《增修校正押韻釋疑·暮韻》："捕，亦作搏，取也。"

搏又作"薄"。《文選·揚雄〈羽獵賦〉》："淩堅冰，犯嚴淵。探岩排碕，薄索蛟螭。"清胡紹煐箋證："善曰：'孔安國《尚書》傳曰"薄，迫也"。賈逵《國語》注曰"索，求也"。'按薄索疊韻字，書多連文。本書《洞簫賦》'薄索合沓'，薄索猶合沓，皆形容之辭，此謂併取之貌。《說文》：'搏，索持也。'薄索即搏索。"按"薄索蛟螭"猶搏索，即捕索。漢桓寬《鹽鐵論·散不足》："吏捕索掣頓，不以道理。"王襃《洞簫賦》："惆悵瀾漫，亡耦失疇。薄索合沓，罔象相求。故知音者樂而悲之，不知音者怪而偉之。"清胡紹煐箋證："按薄索猶合沓，並連語，索亦迫也。"胡氏謂薄索爲迫促義，非。薄索亦搏索，獲取義，此謂簫聲所營造種種意象紛至沓來。

《說文·手部》："搏，索持也。"段玉裁謂"索"當作"索"："索各本作索，今正。入室搜曰索。索持，謂摸索而持之。"王筠句讀："段說是也。《吕氏春秋·首時篇》：'伍子胥說之半，王子光舉帷搏其手。'注云：'搏執子胥之手。'案此事亦本義。"索持，即搜尋而執持。從義素角度分析，搏義由"搜求+持取"義組成，使用時若側重於其中一個義素則易分化出一個義位。搏之持取義後常寫作"捕"，特指捕捉，捕當是搏的分化字。《廣雅·釋言》："捕，搏也。"明張自烈《正字通·手部》："搏，伯各切，音博。《說文》'索持也'。索者，入家搜也。《月令·孟秋》'務搏執'，陳澔註：'搏，戮也。執，拘也。'按下文'戮有罪，嚴斷刑'，搏與捕義同，猶執也，非即戮之也。陳說誤。"《漢語大詞典》謂捕有追尋義。例引《周髀算經》卷上："日益表，南晷日益長，候勾六尺，即取竹空徑一寸，長八尺，捕影而視之，空正掩日。"趙爽注："捕，猶索也。"《管子·四稱》："〔無道之臣〕擅創爲令，迷或其君。生奪之政，保貴寵矜，遷損善士，捕援貨人。"尹知章注："其所捕追而援引者，唯財貨之人。"按未確。捕當謂索取、獲取義。

搏之尋求義則多假作"博"，即博有求義源自"搏"的假借。如前舉諸例。又明沈德符《野獲編·禁衛·晝夜用刑》："史謂以尚探知上無殺瑞意，故上此疏釣奇博名。"博名謂求名。成語有"以博一粲"，博亦求義。博也可釋爲"獲取"。蓋求與得是同一行爲的兩個方面，從行爲的動機來看，得的過程也是求；從行爲的結果來看，求之目的即爲得。博之求義還可以"取""求"相比證。取有獲得義。《楚辭·天問》："女岐無合，夫焉取九子。"也有求義。漢張衡《西京賦》："列爵十四，競媚取榮。盛衰無常，唯愛所丁。"又明袁宏道《經太華》詩："不取色態妍，唯求神骨肖。"博、取都有獲得義，也都有尋求義，構成一對同義詞例。求有尋求義，也有獲得義。《淮南子·說山》："聖人用物，若用朱絲約芻狗，若爲土龍以求雨；芻狗待之而求福，土龍待之而得食。"高誘注："求，猶得也。"如前舉"難博"一詞，釋爲"難得"亦可。尋博即爲同義連言，尋求義。

搏的常見義爲"搏擊"，元戴侗認爲此義方是"搏"的本義，《說文》

說解有誤。《六書故》卷十四《人七》："搏，手擊也。《說文》曰'索持也'。許氏蓋以爲捕字，誤。"又："捕，索持也。《說文》'取也。'"段玉裁認爲："搏擊與索取無二義。凡搏擊者未有不乘其虛怯、扼其要害者，猶執盜賊必得其巢穴也。本無二義二音。"若此，搏擊義當由捕取義引申而來。竊謂戴段二說亦未得其實。搏之擊義源自"拍"之假借。搏，上古屬幫母鐸部；拍，上古屬滂母鐸部，搏拍同音，可得相通。《周禮·天官·醢人》："饋食之豆，其實葵菹、蠃醢、脾析、蠯醢、蜃、蚳醢、豚拍、魚醢。"唐賈公彥疏："鄭大夫、杜子春皆以拍爲膊，謂脅也。或曰豚拍，肩也。"拍膊亦音同相通。拍《說文》作拍。《說文·手部》："拍，拊也。"段注："《釋名》曰：'拍，搏也，手搏其上也。'按許釋搏曰索持，則古經搏訓拍者，字之假借。《考工記》：'搏埴之工。'注曰：'搏之言拍也。'云之言者，見其義本不同也。"段此是而彼非，可謂未達一間。《廣雅·釋言》："拍，搏也。"王念孫疏證："搏、拍、拍並聲近義同。"搏由拍擊義又引申有搏擊、格鬥義。

博還有交易、換易義。此義似從獲取義引申而來，付出己物來獲取他物則完成交易過程。聯繫交、通、關等同義詞來考察，交易義當由通達義引申而來。交有通義，兩物相交則互通。《易·泰》："天地交而萬物通也。"孔穎達疏："由天地氣交而生養萬物。"今亦稱"交通"。也有交易義。通本義爲通達，也有交易義，如"通商"。《說文·門部》："關，以木橫持門戶也。"本義爲以門閂關門，引申有貫通義。段注："凡立乎此而交彼曰關。"《集韻·刪韻》："關，通也。"漢揚雄《法言·五百》："關百聖而不慚，蔽天地而不恥，能言之類，莫能加也。"關也有交易義。蔣禮鴻（2001：248）釋"交關"爲交易。交關亦同義連文。兩方交易即互通有無，是一種特別意義上的相互溝通，通過交易萬物方可流通。交易是流通的必要手段，因而由通義引申出交易義，或者說交易義是通義的特指。

蕆揚

誓願蕆揚眞風，廣化一切。(《無上黃籙大齋立成儀》卷二十二 9/515/a)

《說文》新附："蕆，《左氏傳》'以蕆陳事'杜預注云：'蕆，敕也。'从艸未詳，丑善切。"敕同飭，完備義。《左傳·文公十七年》："十四年七月，寡君又朝，以蕆陳事。"《廣雅·釋詁》："蕆、飭、戒，備也。"王念孫疏證："蕆、飭、戒者，《方言》：'蕆、敕、戒，備也。'《文十七年左傳》'寡君又朝以蕆陳事'賈逵注云：'蕆，勑也。'《說文》：'敕，誡也。''誡，敕也。'鄭注《曾子問》云：'戒猶備也。'飭、勑、敕古通用，戒、誡古通用。"《方言》卷十三："蕆、敕、戒，備也。"晉郭璞注："蕆亦訓敕。"戴震疏證："案《春秋文公十七年左傳》'以蕆陳事'，賈、服注皆云'蕆，敕也'。《張衡·東京賦》'雖萬乘之無戒，猶怵惕於一夫'薛綜注引《方言》：'戒，備也。'《廣雅》：'蕆、飭、戒，備也。'義本此，飭、敕通。"

《方言》卷十三："蕆、逞，解也。"郭璞注："蕆訓勑，復言解，錯用其義，音展。"蕆音同展，構形義理不明。清錢繹箋疏："注'蕆訓敕'者，下卷云'蕆、敕，備也'，注云'蕆亦訓敕'。按蕆、敕一聲之轉，《文十七年左氏傳》云：'寡君又朝，以蕆陳事。'賈逵、服虔、杜預注並云'蕆，勑也'，勑與敕同。"錢繹認爲蕆敕一聲之轉，讀爲展。朱駿聲認爲蕆讀爲展是敕展音轉，蕆是貳的誤字："蕆，《方言》十三：'蕆，備也。'《廣雅·釋詁四》：'蕆，敕也。'《左文十七傳》：'又朝以蕆陳事。'按此字無從下筆，疑實貳之誤字。貳，副益也，因古訓爲敕即以敕之音轉而讀展，既讀爲展，因又借爲展，《方言》十二'蕆，解也'是也。"按展古屬端母元部，敕爲透母職部，差別較大，音轉說難立。

清鈕樹玉《説文新附考》卷一認爲："蕆疑古作箴。《玉篇》：'蕆，敕展切，解也，備也。'引《左氏傳》曰：'寡君願以蕆事。'蕆，敕也。按《左文十七年傳》'以蕆陳事'，正義引賈、服皆云'蕆敕也'，據《晉語》陽畢曰'厚箴戒圖以待之'韋注'箴猶敕也'，是箴義與蕆同。《方言》：'蕆、敕、戒，備也。'又云：'備、該，咸也。'箴從咸，或聲兼義，更與蕆合。又形聲亦相類，故疑古作箴。"按此說亦難通，箴訓敕取規箴義，蕆訓敕取完備義，二義有別，非同一詞。

清鄒漢勛《讀書偶識》十："蕆，《左氏傳》'以蕆陳事'杜預注云：'蕆，敕也。'从艸未詳，丑善切。勛案：《方言》'蕆、逞，解也'郭璞曰：'蕆音展。'又'蕆、敕、戒，備也'。《廣雅》同。《周官》'展犧牲、展器陳'皆敕備之意也。《儀禮》'有司展羣幣'是紓解之意。則蕆之音誼悉與展同，蓋即展之譌體也。漢隸艸作⺿，與衣之上丄近，衣下譌爲戌，襄字或書作𧝎，戌即衣下之譌也。䡾譌作貝，襄或書作𧝎，因譌葳耳。"與前說相較，鄒論或可備一說，然謂葳爲展之誤，缺少文獻證明，亦迂曲難行。

雖然現在還不能確定葳字的構形，不過說葳展同義應該沒有問題。王念孫《廣雅疏證》卷一下："《方言》注云：'葳，音展。'葳亦展也。"展，《說文·尸部》："展，轉也。从尸，襄省聲。"段注："展者，未轉而將轉也。陸德明云'《字林》作輾'，然則《周南》作'輾轉'，非古也。毛傳曰'展，誠也'，《方言》曰'展，信也'，此因展與真音近假借。从尸，展布四體之意。"按展布四體與轉意義關聯不大，轉當非展之本義。展有伸展、展布義，展開折疊之物則爲翻轉，轉爲伸展義的引申。

典籍有"展衣"一詞。《周禮·天官·內司服》："掌王后之六服：褘衣、揄狄、闕狄、鞠衣、展衣、緣衣、素沙。"鄭玄注："鄭司農云：'展衣，白衣也。'……以禮見王及賓客之服。"展之本字一般被認爲當作襄。《說文·衣部》："襄，丹縠衣。从衣䡾聲。"段注："《庸風》'瑳兮瑳兮，其之展也'毛《詩》傳：'禮有展衣者，以丹縠爲衣。'馬融从之，許說同。先後鄭注《周禮》及劉氏《釋名》皆云'展衣白'，後鄭云：'展衣以禮見王及賓客之服，字當爲襢。襢之言亶，亶誠也。'按《詩》、《周禮》作展，假借字也。"段玉裁謂展爲襄之借字，取自徐鍇說。徐鍇繫傳："襄，丹縠衣，從衣䡾聲。臣鍇按：《詩》'瑳兮瑳兮，其之展也'，傳云：'禮有展衣者，以丹縠爲衣。'箋云：'后妃服之次展衣，宜白，縐絺，冬則衣展衣，夏則裏衣縐絺，此以禮見於君及賓客之盛服。'展字《禮》誤作襢，臣鍇以爲《詩》作展，假借也。"

漢劉熙《釋名》："襢，坦也，坦然正白無文采也。"清畢沅疏證："鄭仲師注《周禮》云'展衣，白衣也'，襢音聲與展相似，此即用鄭說。案《說文》'襄，丹縠衣'與此異。"又"《說文》有襄無襢，蓋襢字起於漢世，非古字也。襄字从衣䡾聲，展字从尸襄省聲，今仍作展者，以便讀耳"。畢沅認爲襄襢古今字，作展是便於認讀。

展另有展布義，此義被認爲是䡾之借字。《說文·䡾部》："䡾，極巧視之也。從四工。"段注："工爲巧，故四工爲極巧，極巧視之，謂如離婁之明、公輸子之巧，既竭目力也。凡展布字當用此，展行而䡾廢矣。《玉篇》曰：'䡾今作展。'"朱駿聲通訓定聲："䡾，展視、展布字，經傳皆以展爲之。"諸說均本自《說文》，然上古經籍字均作展，未見襄、珡兩字，說展爲借字似并無確證。

許慎對珡有另外一種解釋。《說文·珡部》："寋，窒也。从珡从収，窒宀中。珡猶齊也。"段注："說从珡之意，凡漢人訓詁本異義而通之曰猶。珡从四工，同心同力之狀，窒不必極巧，故曰猶齊。"清王筠《説文釋例》卷八："珡猶齊也。夫申之曰猶齊，則不取極巧視之之義。蓋窒如《七月》之'穹窒熏鼠'，窒有孔穴，以泥敷之，不須極巧以視，但使之平正與未破處齊同而已。夫依從之之字以作音，是無音也，從其義者尚別立一義，是本字無義也。經典又無此字，是非字也。非字而許君收之者，直以前人率然作之，而適有它字形與相近，非此無以統之，許君遂不得不收耳，豈誠以爲然乎？且從艸、品之字無不分而爲二，居於所從之聲之上下，獨從珡之四字無論聲義皆聚於中閒，則是所謂猶齊者，直於字形得之，謂其四面如一均齊方正而已矣。"

竊以爲王說可從。《說文·珡部》下僅有一寋字，即寋，後以塞字代之。明張自烈《正字通·宀部》："寋，舊註呼嫁切，音罅，寋隙。按六書寋同塞，从宀从珡，珡音展，从収，象兩手捧塞形，窒也。篆作寋，今作塞，與罅音義別。"寋從珡，卻不取極巧視之意，確實有些說不通。從字形看，說珡取齊平意并非無據。展從尸從珡從衣省，本義爲舒展，展衣即取其舒展大方義。依舊注知，展衣爲后妃見王及賓客於莊重場合所服，猶如今之正裝，無關顏色爲白爲赤。又引申有鋪排義。《左傳·襄公三十一年》："百官之屬，各展其物。"杜預注："展，陳也。謂群官各陳其物以待賓。"展開則易於觀察，故又引申有審視義。《周禮·春官·肆師》："大祭祀，展犧牲。"鄭玄注："展，省閱也。"所謂開誠布公，展開無所保留又引申有真誠義。《詩·小雅·車攻》："允矣君子，展也大成。"鄭玄箋："展，誠也。"段玉裁謂展有誠義是與真音近假借，非是。

展有擴展義。揚有顯揚、發揚義。葳揚，爲擴大顯揚義，此詞多見於道經。如宋吕太古《道門通教必用集》卷七"威儀篇"："臣等澡練華池之水，葳揚大教之風，欽翊羽儀，掃蕩妖氛之氣；肅清雲路，前瞻睟穆之容。"又《道法會元》（下）卷二百二十一："上帝有勅，吾固降臨。葳揚正教，蕩邪辟兵。化育黎庶，葉讚中興。"又《法海遺珠》卷十五："永遠精勤，各守乃職。務在立功，葳揚大道。後召復臨，一如故事。"又《大上說玄天大聖真武本傳神呪妙經》："上帝有勅，吾故降靈。葳揚正教，蕩邪辟兵。化洽黎兆，協贊中興。"上諸例葳揚皆爲顯揚之義。

浼浼

　　隨　浼浼促促，塗沉至轂。雨濘不進，虎齧不得。(《易林·上》卷五 36/173/a)

　　"浼浼"重言，最早見於《詩·邶風·新臺》："新臺有灑，河水浼浼。"句中浼浼之義，歷來有三種解釋。釋家多以"水盛貌"解之。如唐陸德明釋文："浼，每罪反。韓《詩》作浘浘，音尾，云盛貌。"高亨注："浼浼，水盛貌。"然最早傳《詩》的毛亨謂："浼浼，平地也。"孔穎達正義："見河在平地而波流盛也。"大約感覺"平地"意澀，後之疏者多避而不談。元戴侗《六書故》卷六曾有質疑："浼，母罪切，汙也。又美辨切，《詩》云'河水浼浼'。"下注："《毛詩》曰'平地也'，非。"朱熹解釋爲："浼浼，平也。"又有以"濁"義釋"浼浼"者。如宋嚴粲《詩緝》卷四"河水浼浼"下注："音每。錢氏曰：'浼浼，水濁流貌。'"又宋王質《詩總聞》卷二下："新臺當是地名。新臺有泚，清也。有灑，淨也。河水瀰瀰，盛也。浼浼，濁也。新臺之地必有水而清，非河之比也。尋詩當是此地之人娶妻不如始言，故下有不悅之辭。本求燕婉，乃得惡疾者，爲可恨也。"

　　竊謂釋爲濁義未得。《文選·左思〈吳都賦〉》："玄蔭耽耽，清流亹亹。"亹亹同浼浼，既可摹清流之狀，顯非濁義。段注認爲浼浼爲假借之義，那麽又借自何詞呢？《說文·水部》："潣，水流浼浼兒。"段注："浼浼當作潣潣。淺人所改也。一說潣浼古今字，故以浼浼釋潣潣。河水浼浼，見《邶風》。浼之本義訓汙。《邶風》之'浼浼'，即'潣潣'之假借。免聲古讀如門，與潣音近。毛傳曰：'浼浼，平地也。'即潣潣之義也。"段玉裁認爲浼浼爲潣潣之假借，潣潣之義即平地。清胡承珙《毛詩後箋》卷三持同樣見解："《詩》曰'河水浼浼'，蓋浼本訓汙，《毛詩》作浼浼者，乃潣潣之假借。許從毛，故於浼下引《詩》。《文選》注引《韓詩》作亹亹者，又潣潣之異文也。"

　　辭書中潣浼音義皆同。《廣韻·賄韻》："浼，水流平兒。潣，上同。"《龍龕手鏡·水部》："潣、浼，音每。水流平兒。二同。"然而典籍中對"潣"字的說解皆據《說文》，"潣潣"最早見於元陳鎰《午溪集》卷五《中秋感懷呈松學諸友》詩："乾坤浩蕩父老盡，逝水東流徒潣潣。世間萬事何時終，豈若龐公鹿門隱。"又明劉榮嗣《簡齋先生集》詩選卷三

《南陽晚泊》:"予心生肅穆,萬籟忽消沉。雅曲風吹盡,河流浼浼深。""浼浼"同"浼浼"。說"浼浼"借自"浼浼",缺乏文獻例證的支持。而段胡皆謂"浼浼"爲"浼浼"之假借,或是因爲浼之本義爲汙,"浼浼"與汙意難關聯。

清陳奐《詩毛氏傳疏》卷三提出新見:"傳云平地,義不可通。奐疑地字乃池字之誤,平池猶滂池,謂河水平滿蓄納爲池,則浼浼然也。《說文》云:'浼,汙也。'引《詩》'河水浼浼','汙'下云'一曰小池爲汙',是許以汙釋浼,與此傳'平池'釋'浼浼'義正相同。"

陳氏所疑提供了另一條解決問題的思路。浼有池義。《方言》卷三:"氾、浼、潤、洼,洿也。"晉郭璞注:"皆洿池也。東齊海岱之間或曰浼。"戴震疏證:"洿、汙古通用。"又《左傳·文公六年》"治舊洿"陸德明釋文:"洿,一作汙。"又《說文·水部》:"汙,薉也。一曰小池爲汙。一曰涂也。"

"浼浼"之"浼"當取池義,陳氏所疑卻未必如是。古漢語中單音節名詞常又重言用如形容詞。《說文·木部》:"桓,亭郵表也。"桓本義爲表柱。表柱高聳挺立,桓桓重言,謂勇武貌。《廣雅·釋訓》:"桓桓,武也。"《書·牧誓》:"勖哉夫子!尚桓桓。"孔傳:"桓桓,武貌。"又如巖,《說文·山部》:"巖,岸也。"指崖岸,山或高地的邊。巖巖重言,高貌。《廣雅·釋訓》:"巖巖,高也。"《詩·魯頌·閟宮》:"泰山巖巖,魯邦所詹。"孔穎達疏:"言泰山之高巖巖然,魯之邦境所至也。"《文選·張衡〈思玄賦〉》:"冠嵒嵒其映蓋兮,珮綝纚以輝煌。"唐李周翰注:"嵒嵒,高貌。"嵒嵒同巖巖。又如汪,《說文·水部》:"汪,深廣也。一曰汪,池也。"汪有池義。《左傳·桓公十五年》:"祭仲殺雍糾,尸諸周氏之汪。"杜預注:"汪,池也。"汪汪重言謂水大貌。《廣雅·釋訓》:"汪汪,大也。"漢班固《典引》:"汪汪乎丕天之大律,其疇能亙之哉。"潭也可指池。清杭世駿《續方言》卷下:"楚人名潤曰潭。"宋佚名《附釋文互注禮部韻略·覃韻》:"潭,釋云潤也,楚人名潤曰潭。亦潭水。出武陵。"潭爲深水池。《楚辭·九章·抽思》:"長瀨湍流,泝江潭兮。"姜亮夫校注:"潭,深淵也,楚人名淵曰潭。"唐高適《漁父歌》:"曲岸深潭一山叟,駐眼看鉤不移手。"潭潭重言,謂深廣貌。《韓詩外傳》卷一:"吾北鄙之人也,將南之楚。逢天之暑,思心潭潭。"唐唐彥謙《拜越公墓因游定水寺有懷源老》詩:"越公已作飛仙去,猶得潭潭好墓田。"又如洋洋重言，指盛大、廣遠貌。《詩·衛風·碩人》："河水洋洋，北流活活。"毛傳："洋洋，盛大也。"《詩·大雅·大明》："牧野洋洋。"毛傳："洋洋，廣也。"蕩本指蕩水。蕩蕩，謂廣大貌。《書·洪範》："無偏無黨，王道蕩蕩。"《論語·泰伯》："大哉！堯之爲君也……蕩蕩乎，民無能名焉。"朱熹集注："蕩蕩，廣遠之稱也。"《詩·邶風·新臺》"浼浼"重言，毛傳"平地也"，正謂水平如地貌。毛傳本文可通，陳氏無煩校改。水平如地指水大滿溢與岸平齊，故釋"浼浼"謂水盛貌亦得。

"浼浼"當謂水平流貌，涸同浼，後又作汦。如唐杜甫《漫成》詩："野日荒荒白，春流汦汦清。渚蒲隨地有，村徑逐門成。"又金段克己《乙巳清明游》詩："盧溝直下兩水合，汦汦暗流通一線。"汦汦，亦謂水平流貌，《大詞典》釋爲"水清貌"，未得。典籍又有"緬平""汦平"，緬、汦亦皆"浼"之同音借字。

然而"浼浼"此義置於道經不洽。浼、勉上古均屬明母元部，音同可得通用。"浼浼"通"勉勉"，謂力行不倦貌。《詩·大雅·棫樸》："勉勉我王，綱紀四方。"朱熹集傳："勉勉，猶言不已也。"宋陸游《自規》詩："修身在我爾，勉勉盡餘生。"

"浼""勉""亹"音近可通（浼、勉，上古屬明母元部；亹，上古屬明母文部），"浼浼""亹亹""勉勉"典籍常可通借。《說文·水部》："浼，汙也。從水免聲。《詩》曰：'河水浼浼。'"段注："毛傳曰：'浼浼，平地也。'按浼浼與亹亹同。如'亹亹文王'，即勉勉文王也。《文選·吳都賦》'清流亹亹'，李注引《韓詩》'亹亹，水流進兒'。此必《毛詩》'浼浼'之異文。今李注奪一亹字，非。許引此詩者，言假借之義也。"《文選·左思〈吳都賦〉》："玄蔭耽耽，清流亹亹。"唐李善注："《韓詩》曰亹，水流進貌。"亹亹同浼浼。《詩·大雅·文王》："亹亹文王，令聞不已。"毛傳："亹亹，勉也。"《詩·大雅·崧高》："亹亹申伯，王纘之事。"《漢書·張敞傳》："今陛下遊意於太平，勞精於政事，亹亹不舍晝夜。"浼浼、亹亹通勉勉，亦勤勉力行貌。

蒲搏

楊千自言得墨子法，能役使鬼神召致食物。雖在拳握，可以術取。又能鍊丹乾汞，與人蒲搏，無能勝者。（《太上感應篇》卷二十

四 27/111/c)

蒲搏，即樗蒲，也作摴蒲、摴蒱，是中國古代博戲的一種，因而又稱樗博、摴博，或作蒲博、蒲搏、蒱博。樗蒲必備投子五枚，投子以木爲之，故又稱五木。樗蒲在古代極爲盛行，有著廣泛的民眾參與基礎，今已不傳。人們祇能從文獻典籍的記載中尋繹它過去的輝煌，民國杜亞泉《博史》對其略作簡介，惜乎不詳；今人李洪岩作《樗蒲考略》，稍作表彰，然其形制與規則至今未見到明確說明。今依據古籍，鉤稽考索，試還原其面目一二。

（一）

相傳樗蒲爲老子所創。晉張華《博物志》載："老子入西戎造樗蒲。"一般認爲此說最先由張華提出，實則東漢馬融《摴蒱賦》首句即已說明："昔玄通先生，游于京都。道德既備，好此摴蒱。伯陽入戎，以斯消憂。"玄通先生，語出《老子》："古之善爲士者，微妙玄通。"後因以"玄通先生"代指老子。老子是道家學派的代表人，又稱老聃、李耳，字伯陽，曾爲周柱下史，相傳後西出函谷關。這裏是說古時老子在京都時喜歡樗蒲，入西戎時用來娛樂。《博物志》或取自《摴蒱賦》，兩說稍有不同，然都認爲樗蒲與老子有關。此說并無實據，當是人們的牽附。

馬融《摴蒱賦》是樗蒲見於文獻的最早記載，馬文對樗蒲的過程作了相當細緻的描摹："貴戚公侯之儔，坐華榱之高殿，臨激水之清流。排五木，散九齒。勒良馬，取道里。是以戰無常勝，時有逼逐。臨敵攘圍，事在將帥。見利電發，紛綸滂沸。精誠一叫，十盧九雉。磊落蹀踏，並來猥至。先名所射，應聲紛潰。勝貴歡悅，負者沈悴。"說明至遲在漢代，樗蒲即已出現并在上層社會中盛行。

魏晉六朝時期是樗蒲盛行的時代，史籍屢見相關記載，其中樗蒲高手的絕技最爲人樂道。《世說新語·任誕》："桓宣武少家貧，戲大輸。債主敦求甚切，思自振之方，莫知所出。陳郡袁耽俊邁多能，宣武欲求救於耽。耽時居艱，恐致疑，試以告焉。應聲便許，略無嫌吝。遂變服懷布帽隨溫去，與債主戲。耽素有藝名，債主就局曰：'汝故當不辦作袁彥道邪？'遂共戲，十萬一擲，直上百萬數。投馬絕叫，傍若無人，探布帽擲對人曰：'汝竟識袁彥道不？'"袁耽是東晉樗蒲高手，在居喪期間替桓溫參賭，應聲便許，略無難色，按現在的話來說，應該是賭癮上來了。且十萬一擲，贏得百萬，絲毫未受服喪心情的影響，可見其博藝之高超。南朝宋開國皇帝劉裕也是個中高手。《宋書·鄭鮮之傳》："毅素好摴蒱，於是會戲。高祖與毅斂局，各得其半，積錢隱人。毅呼高祖並之，先擲得雉。高祖甚不說，良久乃答之。四坐傾矚，既擲，五子盡黑。毅意色大惡。"此事《晉書·劉毅傳》的描述較爲精彩："（劉毅）於東府聚摴蒱大擲，一判應至數百萬。餘人並黑犢以還，唯劉裕及毅在後。毅次擲得雉，大喜，褰衣繞床叫謂同坐曰：'非不能盧，不事此耳。'裕惡之，因按五木，久之，曰：'老兄試爲卿答。'既而四子俱黑，其一子轉躍未定，裕厲聲喝之，即成盧焉。毅意殊不快。"劉毅無疑是摴蒱高手，能擲得雉采已屬難得，因而自我得意。然人外有人，劉裕擲得全盧（最高采），贏了他。歷史上還有一個擲全盧的，是南朝齊的李安民。《南齊書·李安民列傳》："事平，明帝大會新亭，勞接諸軍，主摴蒱官賭，安民五擲皆盧。帝大驚，目安民曰：'卿面方如田，封侯狀也。'"皇帝勞軍的活動竟是摴蒱，且皇帝親自主持，將軍參加，可想知摴蒱盛行到了何種程度。而李安民五擲皆盧，技驚皇帝，絕對稱得上摴蒱的專家。

摴蒱的流行在當時佛典中也有反映。南朝齊僧佑《釋迦譜》卷一："時大臣焰光算術第一，言談算術亦不能及。樹木藥草、衆水滴數，一一可知；摴蒱六博、天文地理、八萬異術，一切諸會，不及菩薩。"大臣與菩薩鬥法，摴蒱是其中之一，佛門弟子也擅長此道。

甚至山也有用五木命名的。北魏酈道元《水經注》卷三十九提到："累石山在北，亦謂之五木山。山方尖如五木狀，故俗人藉以名之。"五木即是摴蒱，俗人藉以給山命名，可知普通百姓對摴蒱也不陌生。

隋唐之際，其他博戲開始盛行。唐武后時期，雙陸（也稱長行）最爲流行，時有"博戲之中，長行最盛"之說；玄宗與楊貴妃則熱衷"彩戰"（骰子），清趙翼《陔余叢考》卷三十三《骰子四緋》："明皇與楊妃彩戰，將北，惟四可解。有一子旋轉未定，連叱之，果成四。"此外，擲錢、鬥蟋等博戲也隨之興起。清華希閔《廣事類賦》卷四十："鬥蛩之戲，始于天寶間。長安富人鏤象牙爲籠蓄之，以萬金之資付之一喙。"在此背景下，摴蒱之戲漸漸衰微。與前之諸戲相較，相關史籍記載很少。唐李肇《唐國史補》卷下曾提到："洛陽令崔師本，又好爲古之摴蒱。"已以"古"來稱呼。儘管在唐宋某些詩歌中還有與摴蒱相關的描寫，如李白《少年行》："呼盧百萬終不惜，報仇千里如咫尺。"又杜甫《今夕行》：

"馮陵大叫呼五白，袒跣不肯成梟盧。"又宋陸游《劍南詩稿》十《風順舟行甚疾戲書》："呼盧喝雉連暮夜，擊兔伐狐窮歲年。"古人作詩慣於用典，這些詩句是否屬於寫實，較爲可疑。其他文獻中就難以找到有關樗蒲記述的相關材料了。需要注意的是，此時樗蒲已不再是專指"古代的五木博戲"，而成了賭博的泛稱。唐徐堅《初學記》卷二十五器物部"視鹿照犬"條："時有郅伯夷者，宿於此。明燭而坐，中夜忽有十餘人來，自共蒲博。伯夷密以鏡照之，乃是群犬。"宋李昌齡《太上感應篇》卷二十四："又能鍊丹乾汞，與人蒲搏，無能勝者。"兩處"蒲博"均爲賭博之義，若解爲專指"五木"之樗蒲，恐無確證。又唐李匡乂《資暇集》卷中"錢戲"條："錢戲，有每以四文爲一列者，即史傳所云意錢是也。俗謂之攤錢，亦曰攤鋪。其錢不使迭映欺惑也。疾道之，故訛其音。音攤爲鹽豔反，音鋪爲蒲，厥義此耳。今人書此錢戲率作樗蒲字，何貶樗蒲之甚耶。案樗蒲起自老子，今亦爲呼盧者，不宜雜其號于錢說攤鋪之義，皎然可見。"時人謂攤錢之戲作樗蒲，是樗蒲已衰的又一證。

我們懷疑早在北宋樗蒲已漸不爲人曉，宋人程大昌《演繁露》中雖有對樗蒲的記載，然其中所述，相互齟齬處甚多。程是南宋初人，如樗蒲宋時尚存，目擊耳聞而論，絕不及此。南宋李清照《打馬圖經打馬賦》云："打馬爰興，樗蒲遂廢。"也可視爲一據，證明至遲到南宋，樗蒲已趨消亡。

（二）

程大昌《演繁露》卷六記"五木"之形："方其用木也，五子之形，兩頭尖銳，中間平廣，狀似今之杏仁。"以杏仁形狀五木，說解無疑較爲直觀。然亦隔靴搔癢，稍顯迂曲。五木既名爲樗蒲，其形當與樗蒲相關。樗爲臭椿，其子即兩頭尖銳，中間扁平。蒲是一種水草，其子稍顯橢圓，然兩頭細中間粗，與樗子相類。大約五木之形與樗蒲相類，故以之爲名。

據《演繁露》載，每一子都分爲上下兩面，一面塗黑，一面塗白。於黑面上畫牛，白面上畫雉，稱爲采。投擲五子則黑白牛雉相錯，根據所擲得采點來評判高下。采今天一般寫作彩，如博彩、彩票，以及中獎謂中彩，皆源其賭博義。然而其所載規制頗有不明。《演繁露》卷六《投五木、瓊櫎、玖骰》："凡投子者五皆現黑，則其名盧。盧者黑也，言五子皆黑也。五黑皆現，則五犢隨現從可知矣。此在拷蒲爲最高之采。""其次五子四黑而一白，則是四犢一雉，則其采名雉，用以比盧降一等矣。"

檮子

蒲子

程謂黑面皆畫牛，白面皆畫雉，則五黑五犢爲盧；四黑一白爲四犢一雉，犢多雉少，何以爲雉？此外關於其他各采的介紹極爲模糊，僅提及采名而未談其組成。可見程氏本人對此已不明了。如言："故或名爲梟，即鄧艾言云六博得梟者勝也。"六博是比檮蒲還要早的一種博戲，其規則如《韓非子·外儲說左下》所說："博貴梟，勝者必殺梟。"六博之梟與五木之梟顯然不同，程氏將兩種博戲混爲一談。李洪岩（1989：18）據此以及屈原《楚辭·招魂》中"菎蔽象棋，有六簙些；分曹並進，遒相迫些；

成梟而牟，呼五白些"一句認爲《韓非子》、《楚辭》中說的都是樗蒲，并得出"樗蒲至少成于戰國之前"的結論，未免武斷。

好在唐李翱曾作《五木經》，對樗蒲的形制、博法都有較爲詳細的介紹，爲我們瞭解樗蒲這一古代博戲的規制提供了可能。經文不長，轉述如下：

樗蒲，五木玄白判，厥二作雉，背雉作牛。王采四：盧、白、雉、牛。甿采六：開、塞、塔、禿、撅、擣。全爲王，駁爲甿。皆玄曰盧，厥筴十六。皆白曰白，厥筴八。雉二玄三曰雉，厥筴十四。牛三白三曰犢，厥筴十。雉一牛二白三曰開，厥筴十二。雉如開厥余皆玄曰塞，厥筴十一。雉白各二玄一曰塔，厥筴五。牛玄各二白一曰禿，厥筴四。白三玄二曰撅，厥筴三。白二玄三曰擣，厥筴二。矢百有二十。設關二，間矢爲三。馬筴二十，厥色五。凡擊馬及王采，皆又投。馬出初關，迭行。非王采不出關不越坑，入坑有謫。行不擇筴馬，一矢爲坑。

據經可知，五木皆判分黑白，其中兩枚白面畫雉，背面即黑面畫牛。另三枚祇分黑白。采分兩類：王采與甿采。王采又稱貴采，甿采又稱賤采。唐元革注《五木經》曰："王貴也。甿賤也。其采義未詳。"甿有平民百姓義。《周禮·地官·遂人》："凡治野，以下劑致甿，以田里安甿，以樂昏擾甿，以土宜教甿。"孫詒讓正義："甿、氓字通，並爲田野農民之專稱。"甿與王相對，故有貴賤之分。王采之貴在於其色純而不雜，有四種：盧，全黑，其策十六。（筴爲策字，指用以計算的籌子）白，全白，其策八。雉，二雉三黑，其策十四。犢，二牛三白（《五木經》作牛三白三，顯誤，牛三當爲牛二），其策十。甿采六種：開，一雉一牛三白（《五木經》作牛二，當爲牛一），其策十二。塞，一雉四黑（即一雉一牛三黑），其策十一。塔，二雉二白一黑，其策五。禿，二牛二黑一白，其策四。撅，三白二黑（即二雉二黑一白），其策三。梟（擣，即梟），二白三黑（即二牛二白一黑），其策二。

采策點數高低依次爲：盧、雉、開、塞、犢、白、塔、禿、撅、梟。博者擲五木，按采策高低定輸贏，是爲樗蒲的規則。梟爲樗蒲最低采，其策最少，與六博貴"梟"之梟絕不相同。上述採制與史籍資料所載大體相合，晉劉毅與劉裕樗蒲，劉毅先擲得雉采，頗爲得意，因爲雉采十四，唯擲全盧方得勝之。劉裕擲得四黑，一子兀自旋轉不定，劉裕大喝一聲，果得盧采，贏了劉毅，實則險勝，若得四黑一白，或者爲塞，或者爲禿，采策均低於雉。盧和雉是樗蒲的最高兩采，故後又常以"呼盧喝雉"代指樗蒲。唐李肇《唐國史補》談到另一種樗蒲採制："其法：三分其子，三百六十。限以二關，人執六馬。其骰五枚，分上爲黑下爲白。黑者刻二爲犢，白者刻二爲雉。擲之全黑者爲盧，其采十六。二雉三黑爲雉，其采十四。二犢三白爲犢，其采十。全白爲白，其采八。四者貴采也。開爲十二，塞爲十一，塔爲五，禿爲四，撅爲三，梟爲二，六者雜采也。貴采得連擲，得打馬，得過關。餘采則否。新加進九退六兩采。"說與《五木經》大致相同，唯又增加了進退兩甿采，共爲十二采。這種采制，也見於宋吳曾《能改齋漫錄》卷五辨誤"八米八采"條："竊嘗推之五木之戲，其采有十二。其四爲玉采，貴也。其八爲璕采，賤也。玉采之中有采曰白，蓋五木俱白也。謂之白八，以其筴數八而已。"玉采爲王采之誤，璕采則爲甿采之誤。

讓人生疑的地方是白和犢皆爲王采，何以其策卻低於甿采開和塞？特別是全白，其策僅爲八，按王貴甿賤之規來說，實在不應該。據《五木經》和《唐國史補》所述，樗蒲不僅僅擲采，而是擲采與打馬出關相結合。這樣，王采的權利就凸顯出來了，擲得王采可以連打連擲，甿采則不行。至於行馬、打馬、越坑、出關，也應該有相應的規則，現在不得而知了。

（三）

《五木經》和《唐國史補》所述樗蒲視采打馬，規則繁複，且但以打馬過關爲勝，這與六朝"十萬一擲，直上百萬數"之類故事頗爲不同。《晉書・劉毅傳》載："（劉毅）於東府聚樗蒲，大擲一判，應至數百萬餘。"六朝樗蒲，一擲定輸贏，以采之貴賤爲准，以錢財爲賭注，未見馬、關、坑、矢之說。南朝宋劉敬叔《異苑》卷六載有這樣一個故事："元嘉中，潁川宋寂，晝忽有一足鬼，長三尺，遂爲寂驅使。欲與鄰人樗蒲而無五木。鬼巧取刀，斫庭中楊枝，於戶間作之。即燒灼，黑白雖分明，但朴耳。"宋寂想與鄰居樗蒲，沒有五木，便使鬼爲之，鬼斫楊枝作成，也未提到打馬及關坑之類。我們推測，《五木經》和《唐國史補》所述樗蒲與六朝所載樗蒲規則或有不同，當是兩種不同類型的樗蒲。

前者規則繁複，僅作爲一種棋戲，雖有勝負，休閒娛樂而已；後者規則簡單，是以賭博、贏取錢財爲目的。前者得打馬過關爲勝，後者則一擲定輸贏。前者甚至對賭具也頗爲講究。東漢馬融《樗蒲賦》："枰則素旃紫罽，出乎西鄰，緣以繢繡，紩以綺文；杯則搖木之幹，出自崑山；矢則藍田之石，卞和所攻，含精玉潤，不細不洪；馬則玄犀象牙，是磋是礱。"除了五木，還要具備枰、杯、矢、馬諸具，根據所擲之采取道行棋，結果"戰無常勝，時有逼逐"。不過兩者均以五木擲采，采以貴賤爲准定輸贏，這又是兩種樗蒲的核心所在。可見樗蒲或許本爲一種，在流傳的過程中分化成了不同的兩類。至遲在兩晉，分化便告完成。這種分化有兩個顯著特點：

其一，樗蒲由專屬"貴戚公侯之儔"的愛物轉變爲普通民衆的玩具。

早期的樗蒲，與六博相似，還不純粹是一種博戲，而是擲采與行棋相結合，屬於棋戲的一種。馬融在文中特別點明樗蒲者爲"貴戚公侯之儔"，"坐華榱之高殿，臨激水之清流"，這種排場祇有上層階級纔擺得起。樗蒲最初可能祇在上流社會流行，上行而下效，官家的行爲常常是民間的風向標。漸漸地，五木之戲的玩家已不再僅限於貴族，普通民衆也開始熱衷此道。唐許嵩《建康實錄》卷七載："諸參佐或以談戲廢事者，（侃）乃命取其酒器及蒲博之具，悉投之于江中，曰：'樗蒱者，牧豬奴戲耳。'"陶侃看到部下玩物喪志，稱樗蒲是"牧豬奴戲"，多少有些惱怒以至謾罵的成分在裏面，不過卻也從一個側面反映出當時樗蒲之戲已在下層極爲普遍。民衆的廣泛參與，使樗蒲有了堅實深厚的群衆基礎，樗蒲也由少數人的專寵變身爲大衆的玩具。這正是樗蒲盛行的重要原因。

其二，樗蒲的規則由繁到簡，目的由娛樂轉爲賭博。

上層階級是有錢有閒一族，他們玩棋的目的是取樂，加之個人修養較高，要求樗蒲時不但靠博藝，還要講究策略。如同今天的象棋中要分楚河漢界，樗蒲中的打馬過關極有可能是古時戰事的模仿，要想取勝，需要通盤考慮，講究謀略，是一種鬥智的游戲，所以要求規則越繁雜越好。對於中下層人民來說，他們參賭是爲了贏得錢財，并非僅是爲了休閒娛樂，因而要求規則祇要分出輸贏即可。有了錢財的激勵，其刺激性并未因規則簡化而削弱，反而變得更強烈。簡單的規則，強烈的刺激性，讓樗蒲對普通民衆的吸引力大大增強，其流傳也日趨廣泛。這樣漸分化出兩種不同的樗蒲，一種繁雜，另一種簡單。後者的影響無疑大於前者，其突出表現就是留下了大量的史實記載。而樗蒲的廣泛流行，與這種分化不無關係。

第五章

儀經詞彙構成方式

王力（1958：579）談到新詞的產生原因時指出："所謂新詞，實際上無非是舊詞的轉化、組合，或者向其他語言的借詞，等等。"儀經詞彙的產生方式亦不外乎此，即對原有語言單位通過重新組合、割截、轉換、仿造而加以凝固形成。

第一節 同義複合

詞彙的複音化是漢語詞彙發展的最顯著特徵。有人做過統計，同義複合詞在所有并列複合詞中數量明顯占優。道經詞彙中同義複合詞的數量同樣占據優勢地位。楊琳（2011：166）指出："從詞彙化的角度來看，由于同義連文的兩個語素意義相同，結構上容易凝固成一個整體，因而容易被當作一個詞彙單位來看。"

謾驀

傳曰：凡涉謾驀，皆所不可。若及愚人，尤不可也。（《太上感應篇》卷二十四 27/114/a）

謾驀，指欺騙。謾有欺騙義。如《墨子·非儒下》："且夫繁飾禮樂以淫人，久喪偽哀以謾親。"畢沅校注引《說文》："謾，欺也。"又漢劉向《新序·雜事五》："荊人卞和得玉璞而獻之。荊厲王使玉尹相之，曰：'石也。'王以和爲謾而斷其左足。"驀原爲上馬義。《說文》："驀，上馬也。"又《文選·左思〈吳都賦〉》："驀六駁，追飛升。"李周翰注："驀，騎也。"引申有跨越、越過義。如唐李賀《送沈亞之歌》："雄光寶礦獻春卿，煙底驀波乘一葉。"驀波猶越海。又元柯丹丘《荊釵記·哭鞋》："辭親去，別淚零，豈料登山驀嶺，只因人遞簡傳書，教娘離鄉背井。"登山驀嶺謂翻山越嶺。蔣禮鴻（1988：143）認爲"《廣韻》入聲二十陌韻，驀、趏、陌都是莫白切，趏義爲趏越。驀應爲趏的假借字"。按驀之越過義可由上馬義引申，不煩假借。驀又由跨越義引申有欺騙義。蓋跨越物體爲外在的動作，而蒙騙別人則是思想的超越，即自己的真實想法使別人無從知曉。清俞樾《太上感應篇纘義》："謾者欺其所不知，驀者窮其所不能。"窮其所不能，蓋謂（用自己能做到的）困辱愚人無法做到的。愚人思維不敏，這種超越也是一種欺騙，猶言欺負人。

這種引申看似牽强，卻不無可能。驀的欺騙義可從騙的詞義得到解證。驀和騙都有上馬義、跨越義。如《南史·蘭欽傳》："宋末隨父子雲在洛陽，恒於市騙橐駝。"《通志》騙作"騎"。又元汪元亨《醉太平·警世》曲："擲金錢趏的身軀赶，騙粉牆掂的腿脡折。"又明無名氏《下西洋》第三折："西洋取寶傳天下，故駕輕帆騙海來。"騙爲跨越義。"騙"的常見義即爲欺騙。"驀"與"騙"詞例相當，也有欺騙義。同樣，欺有欺騙義，也有超過、勝過義。如宋蘇軾《徐大正閑軒》詩："早眠不見燈，晚食或欺午。"欺午謂過午。又元李壽卿《伍員吹簫》第一折："文欺百里奚，武勝秦姬輦。"欺、勝對文同義。

與欺、騙不同的是，"驀"一般不單用，與謾連言作謾驀。如宋李昌齡輯《樂善錄》卷四："左道惑衆，短尺狹度，輕秤小升，以僞雜真。採取姦利，壓良爲賤。謾驀愚人，貪婪無厭。"又清方東樹《大意尊聞》卷二："凡爲人任事不肯盡心，而成爲無賴者，多根於私心。以爲吾此所爲，但得謾驀目前，便可了事，至於後日敗壞，係他人之務。"又清阮元編《兩浙金石志》卷十六："謾驀愚人。漢《王吉傳》：民者愚而不可欺。夫愚者而可謾，天理不可謾。吾誰欺？欺天乎？"謾驀即爲欺騙義。

否激

　　道言：諸天星宿，各有分度。至於經道錯越，更相侵犯。或有異星見於方境，皆由天氣運度否激所之。（《太上黃籙齋儀》卷五十四 9/359/b）

否激，馮利華（2004：21）謂"當指因閉塞受阻而蕩激"，認爲"激"取蕩激、碰激義。按此說可商，否激，當爲閉塞阻隔義。否有阻塞義。如《易·否》："否之匪人。"陸德明釋文："否，閉也；塞也。"又《新唐書·卓行傳·權皋》："〔權皋〕得風痺疾，客洪州，南北梗否，踰年詔命不至。"又鄭觀應《盛世危言·吏治上》："官司益多，否塞益甚。"

《說文·水部》："激，水礙衺疾波也。从水敫聲。一曰半遮也。"激之本義爲水流因受阻而騰涌、飛濺。如北魏酈道元《水經注·江水二》："其水並峻激奔暴，魚鱉所不能游，行者常苦之。"水流因受阻而疾急，激又引申有阻擋義。段玉裁《說文解字注》："一曰半遮也。此亦有礙之意。"半遮，即在中間遮擋。清王筠《説文解字句讀》卷十一上："《字書》激，遮也。"又《孟子·告子上》："今夫水搏而躍之，可使過顙；激而行之，可使在山。"又《漢書·溝洫志》："河從河內北至黎陽爲石隄，激使東抵東郡平剛。"顏師古注："激者，聚石於隄旁衝要之處，所以激去其水也。"

否激是同義并列複音詞，阻隔不通義，不通則難致和諧，故常用來形容陰陽失調、天地不協之狀，用來解釋造成天災或者人禍的原因。此詞道經習見。如《無上秘要》卷五十三："今國土失和，兵病並興。陰陽否激，星宿錯行。"又《太上黃籙齋儀》卷五十四"鎮壇真文玉訣"："陰陽否激，結成災衝。大劫傾訖，蕩穢除氛。"又《雲笈七籤》卷二十："所以陰陽勃蝕，二氣否激，天翻地覆，九海冥一。"又《洞玄靈寶長夜之府九幽玉匱明真科》："國土失和，兵病並興。陰陽否激，星宿錯行。"陰陽否激、二氣否激，均指陰陽阻隔不得協和意。除形容陰陽二氣不調外，否激也可形容天地混亂無序不相諧和。如《太上飛行九晨玉經》："天清地靜，則九星煥明；天激地否，則九星翳昏。璇璣如劫度之期，天關運無行之氣，輪空洞之大輻，促九天之應會，是以神光轉灼，玄監萬生，傍行越位，以告災祥。"又《洞玄靈寶長夜之府九幽玉匱明真科》："天地否激，陰陽相刑，四時失和，災害流生，星宿錯綜，以告不祥。"造成這些局面的根本原因即是陰陽阻隔，不得調和。

憑著

或有冤家債主，憑著生人。盜賊惡人，侵欺法物。茹葷飲酒，觸冒壇禁。(《無上黃籙大齋立成儀》卷十三 9/451/a)

憑著，附著。憑有附著義。如晉干寶《搜神記》卷四："忽聞有神呼曰：'我天帝使者，欲下憑君，可乎？'"又唐杜甫《營屋》詩："甚疑鬼物憑，不顧剪伐殘。"又清袁枚《新齊諧·鬼著衣受綑》："廬州府舒城縣鄉民陳姓者，妻忽爲一女鬼所憑……婦甚苦之。"著也有附著義。如《國語·晉語四》："今戾久矣，戾久將底。底著滯淫，誰能興之？"韋昭注："著，附也。"又《漢書·食貨志上》："今毆民而歸之農，皆著於本，使天下各食其力。"憑著爲同義連文，附著之義。此句中憑著意指靈魂附在生人身上，俗言鬼附身。

附著義與依據義相關，故"憑著"又有依據義。如《唱道真言》："即使身陷魔巢，命懸魔窟。猶可憑著自己性靈，放大光明，照耀幽隱，使群魔遁跡，衆鬼潛宗。"又宋董楷《周易傳義附錄》卷十："則如所謂變動不居、周流六虛之類，有何憑著？"又明黎淳《黎文僖公集》卷十一序《叢桂堂詩序》："月，陰之精也。其闇處微動者，大地山河影耳。使人物在月中，何所憑著？"又《黃帝內經·素問》第十九卷："岐伯曰：'地爲人之下，太虛之中也。'帝曰：'馮乎？'"明吳崑注："馮憑同。問地亦有所憑著否。"

薦拔

鳴磬一下，奉爲當今皇帝祝延聖壽，或應十方施主祈禳薦拔，隨事舉揚諸施等事，保護答報。(《玄門十事威儀》18/262/b)

故太上開濟度之門，惟真格有薦拔之品，許歸誠而懺罪，得解考以超昇。(《道門科範大全集》卷八十一 31/949/b)

薦拔，超度（亡靈）。薦本義爲薦草。《說文·艸部》："薦，獸之所食艸。从廌从艸。"段注："艸部曰：荐，艸席也。與此義別。而古相叚借。"《說文·艸部》："荐，薦蓆也。从艸存聲。"段玉裁認爲二字義別，《說文·且部》"且"字段注："薦訓獸所食艸，荐訓薦席。薦席謂艸席也，艸席可爲藉謂之荐，故凡言藉當曰荐，而經傳薦荐不分，凡藉義皆多用薦，實非許意。"按薦爲薦草，以薦草作的席稱爲荐，荐可視爲薦的分化字，兩詞爲同源關係。薦也可指草席，《楚辭·九歎·逢紛》："薜荔飾而陸離薦兮"王逸注："薦，臥席也。"又《列女傳·母儀·棄母姜嫄》："薦之覆之"王照圓補注："薦，席也。"經傳既已不分，那就不必再強生分別。古人致祭，必鋪以薦席，又因以薦指祭祀時獻牲。如《易·觀》："觀，盥而不薦，有孚顒若。"孔穎達疏："既盥之後，陳薦籩豆之事。"祭品也稱薦。如《禮記·祭義》："奉薦而進。"又引申有進獻義。如《儀禮·鄉射禮》："主人阼階上拜送爵，賓少退，薦脯醢。"鄭玄注："薦，進。"進獻是由下致上，薦又引申有推舉、舉起義。如《孟子·萬章上》："天子能薦人於天，不能使天與之天下。"

拔有抽擢義，《說文·手部》："拔，擢也。"《左傳·隱公十一年》："公孫閼與潁考叔爭車，潁考叔挾輈以走，子都拔棘以逐之。"舉起與抽拔動作的趨向都是由下至上，佛道認為亡靈鬼魂脫離地府升往天界也是一個由下至上的過程，因而薦與拔都引申有超度亡靈義。如宋洪邁《夷堅甲志·解三娘》："明日，召僧為誦佛書，作薦事，遂行。"又宋洪邁《夷堅丁志·詹小哥》："母兄失聲哭，亟呼僧誦經拔度，無復望其歸。"

薦拔義同連言，道經常見。如《道門通教必用集》卷五："前亡後化，時刻昇遷，尚慮三世幽魂，九泉滯魄，未經薦拔，極用悲酸。"又《太上黃籙齋儀》卷六："累世神儀，並蒙薦拔。沐浴神液，超度南宮。觀聽法音，化生仙境。上冀聖君萬壽，帝業無疆。"又《無上黃籙大齋立成儀》卷二十："今為某官某修設無上黃籙大齋，薦拔亡靈某，普兼存歿，祈恩謝罪，請福消災。"又《太上慈悲九幽拔罪懺》卷五："天尊言：汝等諦聽，凡有新亡，從初終之日，便捨資財，禮此經懺，一七、二七、三七之內，造諸功德者，最為上法，但緣亡人，才離人世，乍入泉扃，須藉良因，以憑薦拔。"又《道門科範大全集》卷八十一"東嶽濟度拜章大醮儀"："罪根已積，業綱難逃，因貪生而喪生，由求苦而得苦，一辭人世，長繫陰司。故太上開濟度之門，惟真格有薦拔之品，許歸誠而懺罪，得解考以超昇。"諸例"薦拔"均謂超度亡魂義。《大詞典》釋："薦拔，推薦提拔。"拔度義未及，可據道經補充。

逵徑

太上無言，不得已而言。其言《感應篇》云者，律程嚴備，逵徑朗分，策之使趨，尼之使辟。(《太上感應篇》序 27/2/c)

逵徑，大道與小路。逵，指大道。逵是馗的異體字。《說文·九部》："馗，九達道也。似龜背，故謂之馗。馗，高也。从九从首。逵，馗或从辵從坴。"馗從九首,首猶向,故曰九達道。坴,指高土塊,後加阜形作陸。大道路基高起,便于行走,故从辵从坴會意。《左傳·隱公十一年》:"潁考叔挾輈以走,子都拔棘以逐之,及大逵。"杜預注:"逵,道方九軌也。"徑指小路。逵徑朗分,猶言主次分明。《大詞典》釋爲"猶岔路",例引清孫詒讓《〈札迻〉序》:"逵徑百出,多歧亡羊,非覃思精勘,深究本原,未易得其正也。"按釋作岔路或受例句句意的影響,實則逵徑爲道路之義,析言有異,統言無別,典籍常見。如宋許月卿《先天集》卷七:"然不幸麗桁楊,即衣纊之;逵徑闕之石之;川不梁造舟而梁之。"又明鄭善夫《少谷集》卷十《雲溪記》:"有柴門面溪,上屋數間,桑柘數百株,逵逕紆回。"逵徑皆爲道路義。又引申指途徑、方法義。如清王夫之《周易外傳》卷三:"晉,進之也,延陰而進之也。夫物以同類爲朋,類以相從爲協。晉自觀來陰,舍四而上處五,是殆絕其類矣,而惡知絕其類者爲?即尊而開其進之逵徑乎?"

連逮

若下官故氣,假托形影,導從鬼兵,協逼亡人,致使連逮家門者,一依女青玄科,收治絕滅之。(《道門定制》卷一 31/666/a)

連逮,《大詞典》釋爲:"牽連拘捕。"以此義釋本句,下官故氣導從鬼兵,逼迫亡人以致牽連家門,似難稱拘捕。古時醫學不發達,常見一人得病、傳染全家的情況。古人將這種情況視爲鬼魂作祟,牽連家門。逮有及義。如《左傳·成公十八年》:"晉悼公即位於朝,始命百官,施舍已責,逮鰥寡,振廢滯,匡乏困。"楊伯峻注:"施惠及于鰥夫寡婦。"逮及常同義連言。如《後漢書·劉陶傳》:"臣伏讀鑄錢之詔,平輕重之議,訪覃幽微,不遺窮賤,是以藿食之人,謬延逮及。"又唐元稹《競渡》詩:"延綿復幾歲,逮及羲與軒。"

連逮即連及義,此詞道經習見。如南朝齊嚴東等《元始無量度人上品妙經四注》:"東曰:'仙道欲令人昇度;鬼道欲令人死亡,更相連逮,共入惡道也。'"更相連逮,指相互牽連。又《道門定制》卷一:"又恐九世七先億曾萬祖宿有違犯,連逮子孫,又恐命籍之中五行遷革,上天度之。"又《道門科範大全集》卷六十一:"被下鬼之訴誣,蒙上天之加譴,連逮祖禰,流注子孫,今投解謝之門,乞免淪沒之苦。"又《道門通教必用集》卷五："或上世流注之殃，或六親連逮之役。上世立親或宿世所造或仇家所誣，毒風惡氣之侵淩，魔鬼凶人之傷害，並願道風掃蕩流諸洗除。"連逮均指牽連而及。

料別

三官鼓筆，常料別於種人；萬圣督仙，實無間於晝夜。(《道門科範大全集》卷二十七 31/821/b)

料，《說文·斗部》："料，量也。从斗，米在其中。"段注："量者，稱輕重也。稱其輕重曰量。稱其多少曰料。"楊琳（2005：127）謂料"本義爲稱量，引申爲估量，由估量引申爲鑒別、選擇，正如本義爲秤的'銓'引申爲衡量、由衡量引申爲選拔義一樣"，料有鑒別、挑選義。如《鬼谷子》卷上："揣之者，料其情也。"陶弘景注："料謂簡擇……情有真僞，故須簡擇。"又《三國志·吳書·陸遜傳》："遜料得精兵八千餘人。"又《新唐書·吳湊傳》："若不欲外吏與聞禁中事，宜料中官高年謹信者爲宮市令，平賈和售，以息衆譁。"又宋王安石《與馬運判書》："宜料畿兵之駑怯者就食諸郡，可以舒漕挽之急。"別也有鑒別義。料別爲同義并列複音詞，鑒別、別擇義，道經習見。如《元始五老赤書玉篇真文天書經》卷下："天地運度，料別善惡，學道應得神仙入名。"又宋董思靖《洞玄靈寶自然九天生神章經解義》卷三："此九章乃自然之文，一演開闢天地，化生人物之元，二顯修真行道之事，三述料別善惡，劫運再造之因。"又元劉大彬《茅山志》卷二十："君然後乘九錫之駕，轡三天之輪，汎景浮空於南嶽耳。猶且哀黔首之顛顚，愍黎元之不救，故期諸一歲再降金陵，料別有善，載之玉牒。"又元華陽復《洞玄靈寶自然九天生神玉章經解》卷中："方以類聚，物以群分，料別衆人，考算功過，得無類聚群分以定其品位乎？"又《靈寶自然九天生神三寶大有金書》："洪流蕩穢，凶災彌天。三官鼓筆，料別種人。考筭功過，善惡當分。"料別皆爲鑒別、別擇義。

依悒

及四海周遊共事等，死皆聽殯。斂訖，往問訊，依悒慘愴，而不得哭也。(《洞玄靈寶道學科儀》下 24/779/a)

依悒，憂傷。依本義爲依靠，《說文·人部》："依，倚也。從人衣聲。"由依靠義又引申有隱藏義，如《墨子·備城門》："城上皆毋得有室，若他可依匿者盡除去之。"依匿即隱藏。又唐杜甫《兵車行》："新鬼煩冤舊鬼哭，天陰雨濕聲啾啾。"宋蔡夢弼注："使新舊之鬼，或冤或哭，無所依歸……葬者，藏也。謂鬼神依藏于此。"依藏謂隱藏。愁思煩苦不得解脫藏于內心則引申有憂愁義。如唐劉禹錫《送李策秀才還湖南因寄幕中親故》詩："一聆辛苦辭，再動依鬱情。"依鬱謂憂郁。《文選·李陵答蘇武書》："愁風懷想，能不依依。"李周翰注："依依，愁思也。"愁思，即爲憂傷之義。

依有憂義可以隱有憂義相比證。隱有隱匿義。如《易·坤》："天地變化，草木蕃，天地閉，賢人隱。"又《莊子·天運》"圣人不隱"，成玄英疏："隱，藏也。"隱也有憂義。如《楚辭·九章·悲回風》："孰能思而不隱兮，照彭咸之所聞。"王逸注："隱，憂也。"又《國語·晉語四》："隱悼播越，託在草莽，未有所依。"韋昭注："隱，憂也。"依隱兩詞都可表隱藏義，也有憂傷義，構成一對同義詞例。蓋憂傷之情不得而發隱於內心，故依隱又引申有憂傷義。

悒有憂義。如《楚辭·天問》："武發殺殷何所悒？載尸集戰何所急？"洪興祖補注："悒，憂也，不安也。"又《大戴禮記·曾子制言中》："故君子無悒悒於貧，無勿勿於賤，無憚憚於不聞。"悒悒重言表憂郁義。依悒爲同義連文，憂傷義。典籍有用例。如宋釋惠洪《石門文字禪·予與故人別因得寄詩三十韻走筆答之》："森張秀骨真神駒，顧盼絕塵那可縶。然予亦是個中流，恨不識君只依悒。"爲無緣得識而抑郁憂傷。又宋王洙《分門集注杜工部詩·木皮嶺》："首路栗亭西，尚想鳳凰村"下注："馬曰：依悒不忍去之意。"依悒爲憂傷意。

第二節 化用典故

科儀類道書用語講究典雅、表達工整，尤其章表、青詞多用駢體，用典是顯著特點。不過使用典故并非照搬古籍原文，而通過截取、割裂等方式構成典故詞，詞形簡潔而表義豐富、語義精當。

童瀆

輒陳潢潦之儀，以答鴻厖之貺。不違童瀆，尚鑒時忱。瑤珮瓊裾，下雲霄之浩蕩；金錢寶馬，略塵世之恭虔。再運虔誠，禮伸二獻。（《諸師聖誕沖舉酌獻儀》9/65/c）

童瀆，語出《易·蒙》："匪我求童蒙，童蒙求我。初筮告，再三瀆，瀆則不告。"童原指童子，引申有愚昧義。漢賈誼《新書·道術》："亟見窕察謂之慧，反慧爲童。"瀆有褻瀆、冒犯義。漢蔡邕《陳太丘碑文》序："交不諂上，愛不瀆下。"

童瀆指因愚昧而冒犯（對方），常用於書儀奏表，爲自謙之詞。道經習見。《洪恩靈濟真君禮願文》："伏聞兢兢業業，自慚童瀆之再三；赫赫明明，恭覩威顏之咫尺。"又《諸師聖誕沖舉酌獻儀》："伏願不違童瀆，惟簡帝心。鑑齋戒沐浴之虔，開覆燾載持之造。照臨有赫，喜慶難言。"又《萃善錄》卷下："夕殿澄秋，監人生之多難；朝儀卜夜，奏童瀆之微言。道開幽壤之光明，德沛餘波之膏潤。"其他文獻也常見。如宋魏了翁《鶴山全集》卷二十五《三辭免知潭州劄子》："臣深懼再三童瀆，以干方命之誅。屏營徬徨，欲進復止。"又宋文天祥《文山集》卷六文集《與知江州錢運使》："某之爲郡，寔隸照臨。月詗有典，當不懈益虔。寧不嗣音，童瀆是懼。"又明吳應箕《樓山堂集》卷十三《與徐虞求通政書》："應箕頓首。前者不揣，以數童瀆聽知。不肖言發至誠，俱蒙收錄。聞諸人亦皆不負所舉矣。"

春育

伏惟陛下逾舜文明，超周神武。稟秋霜之令，敷春育之恩。委以至公，推其大信。覆載之內，風偃化行。（《廣成集》卷一 11/234/c）

春育，出《逸周書·小開第二十三》："春育生，素草肅，疏數滿；夏育長，美柯華，務水潦；秋初藝，木節落；冬大劉。"此述春生、夏長、秋收、冬殺的自然規律。春季到來，萬物生機勃發，猶如春天撫育而成，後常以"春育"指撫育。文獻多見。如宋張綱《華陽集》卷十一《賜曆日謝表》："恭惟皇帝陛下天臨廣宇，春育羣生。"又宋王明清《揮麈後錄》卷四："念今聖之有道，憫斯民之無辜。歛兵不下，崇社再安，生靈獲全。深厚之惠若海涵而春育，生成之賜若天覆而地載。"又元施惠《月亭記》卷二四十一折"姊妹辭贅"："那時姐姐重整姻緣，小女兄妹相逢，酹謝爹爹春育之恩，管取團圓到老。"

文獻常用"海涵春育"之語，來贊頌封建統治者寬厚仁慈、撫育臣民的美德。如宋李綱《梁溪集》卷四十《乞編寬恤手詔劄子》："是以薄海內外，蒙被德澤，天覆地載，海涵春育，無一物不得其所。"又《宋史》志第八十四樂六："仁宗海涵春育，德如堯、舜；高宗再造大功，上儷祖宗。"又《金史》卷九十三："聞命踴躍，私竊自喜，即具奏聞，備述大金皇帝天覆地載之仁，與都元帥海涵春育之德。"道經中用于對仙圣的祈福求禱。如《金籙十迴度人三朝轉經儀》："仰祈春育，曲賜海涵。"又《太上三洞表文》卷上："自非上聖之海涵，曷俾下愚之春育。"

井辯

醮官某奉爲亡人某懺悔不義之罪，自從多生以至今生，或忘羞惡之心，甘受爾汝之實。食祿耽寵，尤且後君；刎頸結交，尚欲賣友。事已志於井辯，利寧尚於乾和，弗思孟氏之答梁，但效宋牼之悅楚。（《道門科範大全集》卷八十五 31/959/c）

井辯，語出《易·繫辭下》："井以辯義，巽以行權。"井，《易》卦名。六十四卦之一，卦象爲巽下坎上。《易·井》："象曰：木上有水，井。"井辯一詞，爲截搭而成，詞義所指則是辯後的"義"，指正義。"事已志於井辯，利寧尚於乾和"，大意是說，做事雖標以正義，但求利卻不滿足于適當。下文"孟氏之答梁""宋牼之悅楚"分別照應義與利。孟氏答梁，指孟子見梁惠王事，勸說梁惠王做一个仁義之君。《孟子·梁惠王上》："孟子見梁惠王。王曰：'叟不遠千里而來，亦將有以利吾國乎？'孟子對曰：'王何必曰利？亦有仁義而已矣。'"宋牼，宋人名牼。語本《孟子》卷十二："宋牼將之楚。孟子遇於石丘曰：'先生將何之？'曰：'吾聞秦楚搆兵，我將見楚王說而罷之；楚王不悅，我將見秦王說而罷之。二王，我將有所遇焉。'曰：'軻也請無問其詳，願聞其指說之。將何如？''我將言其不利也。'"宋牼以利說秦楚而求以遇，遭到了孟子的批評。

第五章 儀經詞彙構成方式

苦怯

謗毀僧道，苦怯欺愚。多行咒咀而褻瀆鬼神，自恃豪強而背違天地。暴橫鄉黨，嫉拓賢良。（《道門科範大全集》卷八十五 31/962/b）

苦怯，出自《禮記·樂記》："是故強者脅弱，衆者暴寡，知者詐愚，勇者苦怯，疾病不養，老幼孤獨不得其所，此大亂之道也。"唐孔穎達正義："勇者苦怯謂困苦怯者。"苦有困辱義。如《漢書·馮奉世傳》："先是時，漢數出使西域，多辱命不稱，或貪汙，爲外國所苦。"顔師古注："苦，謂困辱之。"又唐皮日休《晉文公不合取陽樊論》："陽人不服，晉侯圍之，乃辱其宗祊，苦其人民，虐其甥舅。"辱、困、虐對文，皆爲困辱之義。苦怯謂（勇猛之人）困辱怯懦之人。

後世典籍多化用此句，宋佚名編《宋文選》卷二十李邦直文《法原策》："故有臂者攘，有足者馳。勇者苦怯者而奪其資，知者紿愚者而兼其利。"又宋應俊輯補《琴堂諭俗編·積陰德》："能行陰德者，不矜智以詐愚，不逞勇以苦怯，不恃強以陵弱，不挾衆以暴寡。"又明趙用光《蒼雪軒全集·河津薛氏族譜序》："合不以萃渙暴寡苦怯，即恣睢武斷不自知；分不以厚別離析參差，即宋蘇明允所稱骨肉而路人之不啻也。"

鼎民

鼎民有誣李氏用人野祠者，守籍其家，寘諸極典狱具，憲忽自疑檄。先君鞠之，鈎摘故牘。一訊得其情，悉平反之，所全活者數十人。（《无上黄籙大齋立成儀》卷五十七 9/727/a）

鼎民，語出《左傳·昭公二十九年》："今弃是度也，而爲刑鼎。民在鼎矣，何以尊貴？"刑鼎指將刑法書于鼎上，示以治民。鼎也是古時烹殺罪人的刑具。如《史記·季布欒布列傳》唐司馬貞述贊："赴鼎非冤，誠知所處。"又唐白居易《詠史》："秦磨利刀斬李斯，齊燒沸鼎烹酈其。"後以鼎民指所統治的百姓平民。典籍習見。如清顧嗣立編《元詩選·廷珪〈題澧州治中王伯顏征蠻詩卷〉》："鼎民澒洞走無路，何人靖難收奇勳。"又明張師繹《月鹿堂文集》卷七《義舫記》："天軫鼎民，其能無孜孜憂國奉公、如予才十倍之者繼起其間耶！"又《（雍正）畿輔通志》卷七十五：“李人龍，深澤人。明崇禎己卯舉人，入本朝授浙江昌化令。時方定，鼎民甫歸心。”又《光緒五臺新志》卷三：“時國朝初定，鼎民心猶懷疑懼。子和加意拊摩，單騎徧歷各鄉，與父老子弟相見。”鼎民皆指百姓。

芹暄

晨昏香火，敢忘真聖之鴻慈；時節芹暄，用格靈官之颷馭。(《道門科範大全集》卷六十三 31/905/c)

芹爲芹菜，暄有暖義，均可泛指微薄之物。芹暄，語出《列子·楊朱》：“昔者宋國有田夫，常衣縕黂，僅以過冬。暨春東作，自曝於日，不知天下之有廣廈隩室，綿纊狐貉。顧謂其妻曰：'負日之暄，人莫知者。以獻吾君，將有重賞。'里之富人告之曰：'昔人有美戎菽、甘枲莖芹萍子者，對鄉豪稱之。鄉豪取而嘗之，蜇於口，慘於腹。'衆哂而怨之，其人大慚。”後常以“負暄”“獻暄”“獻芹”謙言自己贈品菲薄。芹暄即指獻芹與負暄，謙稱菲薄之禮品，喻指敬獻之忠心。此詞典籍經見。如清李中簡《嘉樹山房集》：“臣奉節南天，馳心北闕。情殷愛日，依葵藿以抒誠；禮效呼嵩，比芹暄而獻悃。”又清朱珪《知足齋集》卷三：“聖情佇嘉實，誰與抱寸衷。芹暄尚有獻，何以當階蓂。”又［日］安積艮齋《艮齋詩略·甲午元日醉後縱筆》：“要須刻心骨，常欲致芹暄。不見河汾老，平生不乘軒。”

化貸

庶可使厚人倫，成孝敬，美教化，移風俗，仰副化貸之恩。(《道門定制》卷一 31/667/b)

化貸，出于《莊子·應帝王》：“老聃曰：明王之治，功蓋天下而似不自已，化貸萬物而民弗恃。”晉郭象注：“夫明王皆就足物性，故人人皆云我自爾，而莫知恃賴於明王。”唐成玄英疏：“誘化蒼生令其去惡，貸借萬物與其福善。”化貸，指教化施給。化有教化義。如《易·乾》："善世而不伐，德博而化。"又三國魏阮籍《樂論》："夫金石絲竹鐘鼓管絃之音，干戚羽旄進退俯仰之容，有之，何益於政？無之，何損於化？"貸有施給義。如《左傳·文公十六年》："宋公子鮑禮於國人，宋饑，竭其粟而貸之。"又唐杜甫《大雨》詩:"則知潤物功,可以貸不毛。"楊倫箋注:"貸,施也。"又《韓非子·八說》:"不能具美食而勸餓人飯,不爲能活餓者也;不能辟草生粟而勸貸施賞賜,不能爲富民者也。"貸施義同連文。

古人認爲"普天之下莫非王土,率土之濱莫非王臣",人們的一切都是統治者賜給的,教化與施給被認爲是統治者的責任、功績和對人民的恩德,因而"化貸"一詞常用于稱揚統治者。典籍經見。如宋蕭真宰《黄帝陰符經解義》:"則機之所會,用師其成;心含光萬象,化貸萬有。密囿萬形,並包萬善。"又《宋徽宗禦解道德真經》卷二:"侯王守道以御世,出爲無爲之境,而爲出於無爲;化貸萬物,而萬物化之。若性之自爲,而不知爲之者,故曰自化。"又明鮑應鰲《瑞芝山房集》卷七《壽大宗伯于老師滇嶽發祥册序》:"則化貸萬物而不居其功,澤流八紘而不見其迹。"

第三節　仿造借用

道教在發展過程中深受佛教的影響,道教有關科戒儀軌的許多規定直接脱胎于佛教。這種影響在道教語言中也有明顯表徵,很多詞語借自或仿自佛教語詞,當然道教在使用這些詞語時其詞義大多產生了變化以滿足表達道教教義的需要。

善根　惡根　信根

父母兄弟、男女姊妹、貴賤友屬之親,若自念共念,若次第念,若他念,若飲食念,若錢財念,若抑屈念,若欺凌念,令出家人捨去法服,背道從俗,當知此人無量劫來,善根朽壞,惡根增長,毀敗道寶,毀敗經寶,毀敗師寶,有於今日,起大惡心,破壞師尊三寶福田。此人初願出家,從信中起;今日退,抑從謗中起。信根既壞,謗火自燒,得此諸苦,明告內外,努力勤修,各求解脱。(《洞玄靈寶道學科儀》上 24/769/c)

善根、惡根、信根,源自佛教語。道教經籍也使用這些詞語,所指有不同。根猶本也,用來指人之本性。善根,指人向善之性。如《太上感應篇》卷十三:"忽空中有聲曰:虛幻之相,開謝不停。能壞善根,仁者安用嗜之？"又《金籙午朝儀》："兵戈寢息，年穀豐登。次冀雨洗夾塵，春融睿體，善根益著，仙道增修。"又《太上黃籙齋儀》卷三十五："皆赴壇筵，盡霑救度。永離惡趣，俱植善根。"

惡根，指人作惡之性。如《玄門十事威儀》："十方男女，無不輕薄，自無功德，長他惡根，兩頭營罪，苦報何極。"又《要修科儀戒律鈔》卷五："故說是戒，以度天人。欲得長壽，過度惡根，當奉是戒，以制手神，通明智慧，心自開明，手不貪窮，惡根不生，應天順氣，身入自然，保爾年命，永得長存。"又《太上黃籙齋儀》卷五十一："罪福不由他，諒自發爾身。大賢故閉口，欲滅諸惡根。"

信根，指信道之本性。如《無上黃籙大齋立成儀》卷十七："臣等夙命因緣，生值大化。玄真啟拔，得入信根。"又《太上靈寶朝天謝罪大懺》卷六："今日懺悔，皆令清淨，得入信根。"

俗纏　愛纏

服氣人有身受戒氣之法，而志願未遂之間，俗纏在家，處官行儒，不得靜默專思者，並可人間修習。(《三洞道士居山修鍊科》32/584/c)

仰賴一志大乘，棄捐三惑，去離愛纏之網，咸除煩惱之緣。(《道門科範大全集》卷七十三 31/930/c)

纏的概念，出自佛教。《中華佛學百科》釋纏為煩惱之異名。煩惱能纏縛眾生，令眾生輪迴於生死之牢獄，故名為纏。有三纏、八纏、十纏等區別。如"三纏"即指貪、瞋、癡。又《大乘義章》卷五："所言障者，隨義不同，乃有多種。或名煩惱……或名為纏。"

道經中引入"纏"的概念，用以指妨礙道士出家修行的各種羈絆，意義與佛教略有不同。俗纏，指塵俗生活。如《三洞道士居山修鍊科》："持戒德之人，俗纏居世人間，服藥斷穀，兼服氣，及服日精，并六戊氣訣，則有口法，當取師傳口授。"又《廣成集》卷十四："臣猥以塵凡，早崇至道。棲心稽首，常依清靜之門；世網俗纏，莫遂逍遙之願。久嬰微恙，猶未痊除。"又宋謝守灝《混元聖紀》卷五："自悟悟他，興建福田，齋講開悟，親近明師，鄰慗後學，厭離俗纏，不矜功德。"又《太上大道玉清經》卷五："弟子受生不幸，禍不滅身，心無孝養，天喪二親，上下無依，唯憑道真。俗纏多累，生死因緣。"俗纏，皆爲塵俗、世俗意。

愛猶貪，愛纏指人的各種欲望。如《太上洞玄靈寶業報因緣經》卷五："勸誘衆生，體解正道，俱入一乘。總棄愛纏，登常樂境。從劫到劫，常轉法輪。"又葛玄《太上慈悲道場消災九幽懺》卷一："懺主某誓從今去，不行殺盜及貪細滑，不起淫縱，求離愛纏，願遇經法及對像前，香湯沐浴，潔整形神。"又卷六："有無量無邊殺生罪業，在於地獄、餓鬼、畜生道，受報受償，未還今還，藉此懺拔，永出愛纏。自從今去，不造不作。想衆生身，似同我身。"

火淨

　　法服不得假借，當須自備。若破壞，任以火淨化之。若住山林靜處，或埋瘞之。(《正一威儀經》18/254/a)

淨是瀞的今字。《說文‧水部》："瀞，無垢薉也。"段注："此今之淨字也。古瀞今淨，是之謂古今字。"本義指水潔淨清淨。用作動詞則有清除、去除義。如南北朝佛陀耶舍共竺佛念等《四分律》卷四十："時耆婆淨除頭中病已，以酥蜜置滿頭中已，還合髑髏縫之，以好藥塗，即時病除，肉滿還復毛生，與無瘡處不異。"又古時男子去勢曰淨身。

火淨，即火化，指用火焚燒。如《三洞法服科戒文》："第三十七，法服不得以腳踏洗，及槌拍。第三十八，法服破壞，當須火淨。"又《法苑珠林》卷第八十四："忽然火起，焚蕩內外，一切都盡，唯東南角太子思惟像殿得存。可謂火淨以除臭穢也。"又《傳授經戒儀注訣》："人非法者不得充用，穢辱真正，深宜防之。良無其人，火淨如法。"又《太霄琅書瓊文帝章訣》："一紙亦不過三，過三皆易，火淨所誤。"又《洞真太上太霄琅書》："周事而已，不得盈長。故敗火淨，勿雜用之。"又清王常月《初真戒律‧戒衣四十六條》："第三十八戒，服破壞，當須火淨。"火淨均指用火焚化義。

另外，佛經中火淨還指特許信衆食用的五種淨食之一，即火淨、刀淨、爪淨、蔫乾淨、鳥啄淨。火淨，指用火將食物燒煮熟後再吃。

邪倒

　　冥冥長夜，應無此光，必是元始天尊放大光明，拔度於我，遂謂衆曰："爾等生世惡業深重，不知道典，不識正眞，信邪倒見，欺罔幽明，故受此苦，無由出離。"（《太上泰清拔罪昇天寶懺》3/514/c）

邪倒爲一詞，指乖邪倒逆。邪即不正。如《左傳·桓公二年》："國家之敗，由官邪也。"又唐韓愈《行箴》："行也無邪，言也無頗。"倒有逆反義。如《呂氏春秋·明理》："故至亂之化，君臣相賊，長少相殺，父子相忍，弟兄相誣，知交相倒。"高誘注："倒，逆也。"又《韓非子·難四》："今未有其所以得，而行其所以處，是倒義而逆德也。"

邪倒即乖邪逆反義，與句中"正眞"反義相對。信邪倒見，指相信歪理邪說。此詞道經常見。如《太上玄都妙本清靜身心經》："元始無上大慈尊，善說衆生邪倒業。"又《太上靈寶朝天謝罪大懺》卷六："飲酒食肉，違犯三光。背眞向僞，信邪倒見。禱祀鬼神，不奉三寶。"又《洞玄靈寶飛仙上品妙經》："今世淺薄浮逸人，多不信道法三洞之化。其愚人皆信邪倒見，當入九幽長夜之府，無有出期。"

邪倒見，原爲佛教語詞，佛教以正法自居，將其他佛法以外的宗教教法視爲邪倒見。如南朝梁釋僧祐《釋迦譜》卷三："世尊思惟：舍衛城內婆羅門信邪倒見，餘人往者必不能辦。唯舍利弗是婆羅門種，少小聰明，神足兼備，去必有益。"又唐釋道世《法苑珠林》卷十六："我念往昔無量世時，迦尸羅國內波羅柰城時有一王，信邪倒見，而行治化。彼王有子，造少罪愆，父王驅擯，令出國界。"又明張溥《漢魏六朝一百三家集》卷七十四《蕭子良集》："雖得人身六情完具，而世智辯聰，信邪倒見，不信三寶，肆意輕侮，此身死已，便在三途，隨業沈沒，久乃得出。時在人道，還不正信家生。"也稱邪見。如《大乘起信論》："所謂不殺、不盜、不婬、不兩舌、不惡口、不妄言、不綺語，遠離貪嫉、欺詐、諂曲、瞋恚、邪見。"又《敦煌變文集·維摩詰經講經文》："邪心不要亂施程，邪見直須旋改更。"又清沈大成《讀〈通典·職官〉》："末摩尼法本是邪見，妄稱佛教，誑惑黎元，宜嚴加禁斷。"道教借用過來，則指道法以外的其他宗教學說。

二衆

驅策身心，如飢如渴，詢請妙義，得問得思，得行得證，稱揚功

德，玄化興隆，無令二衆得迷悞苦。(《洞玄靈寶道學科儀》上 24/766/c)

佛教修行者有所謂"七衆"，其中二衆爲居家，五衆爲出家。姚秦鳩摩羅什《大智度論》卷十："佛弟子七衆：比丘、比丘尼、學戒尼、沙彌、沙彌尼、優婆塞、優婆夷。優婆塞、優婆夷是居家，餘五衆是出家。"

道教也有"二衆"的說法，指內外二衆。修道者把與自身有關係的人分爲兩類，即內衆和外衆。兩詞道經習見，如《洞玄靈寶道學科儀》上："目前見有六種遺棄：一者師尊遺棄，二者父母遺棄，三者兄弟遺棄，四者姊妹遺棄，五者朋友遺棄，六者內衆遺棄。""若對外衆、六親眷屬、一切男女，有所道說，問訊寒涼，及俗間正事，不可不道者聽之。""又諸菜中辛者，見在際有四種損害，無三種分。何爲四種：一者損害五藏，二者損害道行，三者損害內衆，四者損害外衆。"

至於內外衆具體所指，《洞玄靈寶道學科儀》解釋說："內衆六者：一者受道師尊親，二者受業門人親，三者同業朋友親，四者同行朋友親，五者同處先後親，六者同心朋友親。""外衆六種者：一者所在尊德人，二者所在富貴人，三者所在敬信人，四者自己父母親，五者自己兄弟親，六者自己姊妹親。"要之，以出家爲區分標準，內衆指教內修道者，外衆則指教外與己有關的非修道者。

第四節　比喻構詞

道教的齋醮儀式多有向仙真上聖禮懺、上章等環節，內容大致爲懺悔個人罪過、求神祈福攘災之類。并使用大量的謙敬語詞，多言個人之凡微而稱頌仙聖之偉大，這些謙敬語詞常以比喻方式構成。此外，還有其他一些詞也以比喻方式構成。

張鱗
九州社令，血祀之兵，不許拒逆，敢有張鱗。(《道門通教必用集》卷七 32/39/c)

張有開義。《莊子·天運》："予口張而不能嗋。"唐成玄英疏："心懼不定，口開不合。"人的毛髮一般平鋪覆蓋在身體的表面，遇到刺激時會豎起，與平時狀態有異，也稱張。唐道世《法苑珠林》卷十七《千佛篇·猒苦部》："如夜大火聚山頂，似秋明月蔽雲間。今見太子坐思惟，不覺毛張身戰慄。"又宋文天祥《白溝河》詩："適過白溝河，裂眥鬚欲張。"動物在感受到危險或者將要發動攻擊時毛羽也會直豎起來，這是動物的防禦本能，也謂之張。日常生活中常見到兩只雞或兩只狗打鬥時，脖子和脊背上的毛羽常常會豎起來。唐歐陽詢《藝文類聚》卷八十八木部上："《述異記》曰：桓仲爲江州刺史，遣人周行廬山，冀覿靈異。既陟崇巘，有一湖生桑樹，有敗舢赤鱗魚。使者渴極，欲往飲水，赤鱗張鰭向之，使者不敢飲。"赤鱗魚豎起魚鰭，是爲了阻止使者喝水。又明張袞《張水南文集》卷五《送侍御貞菴李君考績北上序》："予聞之傳曰：鷙鳥將擊，必羽毛張也。又曰翅翼雖殘不避也。言忠臣特立，若鷙鳥然。右善擊暴，崇衛國家。苟有利於君，雖殺身可也，敢愛其毛翮爪膚爾耶！"

水生動物的鱗片張開，常被人們喻作違逆抗拒、乖張不從的表現。唐王績《王無功文集》卷三《圍棋》詩："勁卒衡圍度，奇軍略地旋。魚鱗張九拒，鶴翅擁三邊。"借魚鱗張開喻指防禦。又唐道宣《廣弘明集》卷二十五："然則雷霆勢極龍虎威隆，慶必賴兼共使怒及，出言布令，風行草偃，既抑僧體，誰敢鱗張。但恐有損冥功，無資盛業，竭誠盡命，如斯而已。"鱗張即違逆不從。又唐慧立《三藏法師傳》卷四："弟子行次烏荼，見小乘師恃憑小見製論，誹謗大乘，詞理切害不近人情，仍欲張鱗，共師等一論。"此指小乘師不服大乘，"張鱗"有不服、冒犯義。又清陳夢雷《松鶴山房詩文集》詩集卷二《題許月溪歲寒書屋》："忽聽濤聲天上來，千巖萬壑殷如雷。鱗張爪攫不可狀，鯨翻龍變孰能猜。"鱗張摹攻擊狀。

道經常用"張鱗"喻指違逆不從。如《太上三洞神咒》卷四："都天雷公，赫奕乾坤。神龍協衛，山嶽摧傾。邪神魔魅，敢有張鱗。雷公衝擊，碎滅其形。鬼怪蕩盡，人道安寧。"又《道法會元（中）》卷一百五十七："天蓬大將，北帝神君。巡遊世界，普濟人民。誅魔斬鬼，滅影除形。有何鬼魅，輒敢張鱗。太上靈寶，爲臣淨身，急急如律令。"又宋王契真《上清靈寶大法》卷三十九："上元中元下元三元之精，天魔地妖，水恠山精，敢有不順，拒逆張鱗，萬神稽首，不得留停。"張鱗皆喻指抗拒違逆義。江藍生、曹廣順（1997：434）釋"張鱗"爲"比喻高傲、氣盛貌"未確。

與張意義相類的還有"乍"。"乍"也有毛髮豎立義。如元高文秀《澠池會》第三折:"惱的我髮乍衝冠。"又明康海《中山狼》第一折:"俺戰兢兢遍體寒毛乍。"此義今仍存於方言中。如徐光耀《平原烈火》:"老大娘越說越氣,連頭上白髮也震震抖著,像是要乍起來一樣。"又用來喻指不從。如北京官話、冀魯官話有"乍刺"。乍刺猶不服從、鬧事,又寫作"乍翅"。王朔《我是你爸爸》:"這我們知道,我們還不知道是怎麼回事麼?所以他們吵吵著要賠償損失時我們一下頂了回去,我們警告這幫小子了,都老實點,別乍翅兒,把人打成這樣兒還……"乍翅猶張鱗,違逆不從義。

"張鱗"、"乍翅"有違逆義源自"張開"義。鱗翅張開則豎起直立,直立又引申有不屈、不從義。《國語·晉語三》:"下有直言,臣之行也。"直言謂耿直之言。又《史記·魏其武安侯列傳》:"灌夫爲人剛直使酒,不好面諛。"剛直謂不屈人意。直義又與堅義通,剛、強、硬諸詞也有不屈服之義(例見"了戾"條)。直謂直立,引申有不屈不從意;戾謂彎曲,也引申有違逆不從意。兩詞引申看似矛盾,實則詞義引申的視角不同,就自我角度而言,剛直則不從他意;就他人角度而言,不從己意即是彎曲。

典籍中張有違逆義。《魏書·蕭衍傳》:"景久攻未拔,而衍外援雖多,各各乖張,無有總制,更相妒忌,不肯奮擊。"乖與張同義連言,違背不從義。又唐張鷟《游仙窟》:"雖作拒張,又不免輸他口子。"拒張猶拒逆。張之違逆義也由張開義引申而來。張有分開義,兩物若分開,則其運動方向正相逆反,故張引申有違背、逆反義。由分開義引申爲違逆義是詞義引申的一個普遍軌跡。離有離開、分開義。《史記·太史公自序》:"神大用則竭,形大勞則敝,形神離則死。"也有背離、違背義。《書·仲虺之誥》:"德日新,萬邦惟懷;志自滿,九族乃離。"又《國語·楚語上》:"德義不行則邇者騷離,而遠者距違。"韋昭注:"離,畔也。"違有離開義。《詩·邶風·谷風》:"行道遲遲,中心有違。"毛傳:"違,離也。"又南朝梁何遜《宿南州浦》詩:"違鄉已信次,江月初三五。"也有違背、違反義。別有分開、分別義。《書·禹貢》:"禹別九州。"孔傳:"分其圻界。"也有違背義。元無名氏《合同文字》第一折:"你若得長大成人呵,你是必休別了父母遺言。"叛有離開義,如唐韓愈《南山詩》:

"延延離又屬，夬夬叛還遘。"也有違背義。張有違逆義符合"分開→違逆"的詞義引申模式。

氣馬

醮官某等悼隙駒之易逝，便隔幽明；懼氣馬之不良，常趁險路。（《道門科範大全集》卷八十三 31/953/c）

氣馬，心意，喻指心神不定。氣，可指心情、情緒。如《莊子·庚桑楚》："欲靜則平氣。"平氣即平和心情。又《史記·淮南衡山列傳》："當今諸侯無異心，百姓無怨氣。"氣馬指心神不定，是一種生動化的說法。楊琳指出："所謂詞語的生動化，是指為了表達的生動給抽象的詞語附加上形象色彩。"馬在古代是最快的交通工具，馬跑得快，一旦逃逸則難以追及。以氣馬來指心意不專、心神不定形象且貼切。典籍習見。如《道門科範大全集》卷八十五"東嶽濟度上章大醮三時懺方儀"："弗定天君，心猿屢放。莫持志帥，氣馬難拘。捨是為非，從邪背正。"又《太上感應篇》卷七："敬誦斯文，髮立汗下。煨燼心火，馴服氣馬。既以自鏡，且告來者。"又宋張君房《雲笈七籤》卷六十《胎息經》："神行即氣行，神住即氣住。"下注："所謂意是氣馬，行止相隨。欲使元氣不離玄牝，即先拘守其神，神不離身，氣亦不散，自然內實，不飢不渴也。"有時常和"心猿"並提。如宋劉學箕《方是閑居士小稿》卷下《沁園春·嘆世》："百年光景雲浮，把氣馬心猿須早收。有真僊秘訣，飧霞導引。丹砂鈆汞，早與身謀。閑是閑非，他強我弱，一任從教風馬牛。還知道，上蓬萊穩路，八表神遊。"又明劉遠可輯《璧水群英待問會元》卷二十七《臣道門》："其人甘僕隸之役以媒進，供婢妾之奉以梯升，聞有競榮要之途者矣；而不通私書介自守者，吾未之聞也。氣馬框奔，心猿馳驟，聞有肆智網以接物，競情瀾以處己者矣；而不欺一字終身謹守者，吾未之聞也。"

也作"意馬"。意思與氣馬相同，謂心神搖蕩不定。如《太上慈悲道場消災九幽懺》卷九："普濟問言，何為心王意馬？慈尊言，心若師王，意如猿馬，難降難伏，變轉不停。"又唐黃滔《六丈金身碑》："值斯佛之成，斯會之設，俱得放心猿於菩提樹上，歇意馬於清涼山中。"又明馮夢龍《挂枝兒·天平》："定盤星莫要生偏向，拿定你意馬，對定你心腸。"又清李漁《巧團圓·認母》："奇緣湊合難當要，教人怎不馳意馬。"還有

"心馬",較爲少見。如《王右丞集箋注》卷七近體詩三十九首《過香積寺》:"不知香積寺,數里入雲峰。古木無人徑,深山何處鐘。泉聲咽危石,日色冷青松。薄暮空潭曲,安禪制毒龍。"清趙殿成箋注:"毒龍宜作妄心譬喻,猶所謂心馬情猴者,若會意作降龍實事用,失其解矣。"氣馬與意馬意思相同,使用中必定會有競爭,現在看來,意馬完勝,《大詞典》未收氣馬一詞就是證明。不過道經中多見氣馬而少見意馬,大約與道教認爲氣乃道之根本的教義相關。

爪距

除虎狼鷹犬,更相殘害罪報;除刀山爪距,搏撮斫刺罪報;除火坑炮炙,兩石相磋,形骸破碎罪報。(《太上慈悲道場消災九幽懺》卷八 10/71/c)

爪指鳥獸長有尖利趾甲的腳足,距是鳥獸足部後面突出的尖銳而像腳趾的部分。《漢書·五行志中之上》:"宣帝黃龍元年,未央殿輅軨中雌雞化爲雄,毛衣變化而不鳴不將,無距。"顏師古注:"距,雞附足骨,鬥時所用刺之。"爪距是鳥獸捕捉獵物、攻擊搏鬥的武器。南朝梁僧祐《釋迦譜》卷一:"魔王益忿,更召諸鬼神王合一億八千萬衆,皆使變爲師子、熊羆、兕、虎、象、龍、牛馬、犬豕、猴猨之形,不可稱言。蠱頭人軀,蚖蛇之身,黿龜之首,而有六目。或一頸而多頭,齒牙爪距,擔山吐火,雷電四繞,攫持戈矛。"宋洪邁《夷堅支志·呼延射虎》:"其一最雄鷙,目光如鏡,毛茸皆紫,色銳頭豐,下爪距異常,羽鏃不能入,跳勃咆哮,萬衆辟易。"此處道經中爪距喻指刀山上各種鋒利的兵器。

典籍中爪距又喻指黨羽心腹骨干之臣,猶爪牙。宋李昴英《文溪集》卷八奏議《論史丞相疏》:"賂貴近以覘伺人主之言動,結浮士以刺探中朝之議論。羣不逞爲之耳目、爲之爪距者,在在布滿也。"又宋王應麟《困學紀聞》卷十三:"梁武帝曰應天從人"條下注:"蕭道成之篡奪,順之爲爪距,豈知祚移其子乎?"又明張時徹《芝園外集》卷二十一《卜塋林》:"以強食弱,以小加大,機智以爲齒牙,朋奸以爲爪距。"也用來形容人勇猛強武之才干。宋陳耆卿《篔窗集》卷四《代上請研礱郡縣兵劄子》:"務使人人自奮,出爪距以扞國,以之長城江淮,清風河洛,無不可者。"又宋方夔《富山遺稿》卷二五言古詩《韓伯休》:"人生異鳥獸,飲啄擇所求。豈無爪距才，而要安籠囚。貧賤亦有道，不獨爲身謀。"

第五節　音同通借

清儒王念孫有言："字之聲同聲近者，經傳往往假借，學者以聲求義，破其假借之字而讀其本字，則渙然冰釋；如其假借之字而強爲之解，則詰鞫爲病矣。"道經文獻常使用音同或音近之字代替本字，存在數量衆多的假借詞，試例舉一二。

諂毒

經曰：牢獄枷鎖切身者，從諂毒阿黨中來。(《洞玄靈寶三洞奉道科戒營始》卷一 24/741/b)

諂毒一詞，義頗難索。諂，疑當爲詒。舀臽俗字常混同。原本《玉篇》殘卷："詒，他勞反，《爾雅》：詒，疑也。郭璞曰：傳云'天命不詒'是也。或爲慆，在心部也。"查今本《爾雅·釋詁下》："詒，疑也。"又《左傳·昭公二十六年》："天道不諂，不貳其命，若之何禳之？"杜預注："諂，疑也。"可見《玉篇》中"詒"當爲"諂"。又日本獅谷白蓮社本慧琳《一切經音義》卷十"搯數"條："口甲反，以指爪搯也。"據反切，"搯"應是"掐"字。又《唐代墓誌彙編續集·垂拱·大唐彭城故劉府君墓誌》："優游般若，望息愛河之波；寂靜禪林，方銷火宅之熖。"熖即焰。又清朱筠撰《笥河文集》卷一《請正經文勒石太學以同文治摺子》："每閱數卷，俗體別字觸目皆是。其尤甚者，瑕瑕不分，諂諂莫辨。"即指此種情況。

諂有奉承、獻媚義。如《禮記·少儀》："頌而無諂，諫而無驕。"唐孔穎達疏："諂謂橫求見容。若君有盛德，臣當美而頌之也。君苟無德，則匡而救之。不得虛妄以惡爲美，橫求見容。"毒與瀆音近可通。兩字同屬定母，毒爲沃韻，瀆爲屋韻。瀆有褻瀆、輕慢意。如《易·蒙》："初筮告，再三瀆，瀆則不告。"又漢蔡邕《陳太丘碑文》序："交不諂上，愛不瀆下。"又宋陸游《老學庵筆記》卷十："諸侯將薨，必遷於路寢，不死於婦人之手，非惟不瀆，亦以絕婦寺矯命之禍也。"

諂毒，即諂瀆，指阿諛（在上者）和輕侮（在下者）。此詞《大詞典》已收，例不煩舉。也作謟黷。如晉葛洪《抱朴子·交際》："徒當遠非類之黨，慎謟黷之源，何必裸袒以詭彼己，斷粒以刺玉食哉！"又宋王讜《唐語林·補遺一》："伯姒華陰楊氏，太真妃之姊也，貴倖前朝，勢傾天子。公主交無謟黷，思未綢繆。"又明李贄《祭無祀文》："此豈謟黷於無祀之鬼，空費牲幣以享無用，而太祖高皇帝肯爲之哉！"又《南齊書》卷四十四："徐孝嗣憑藉世資，早蒙殊遇，階緣際會，遂登台鉉。匡翼之誠無聞，謟黷之跡屢著。"又《南史》卷八十："朱異、徐驎謟黷亂政，欲除奸臣耳。"

呧礪

　　未聞聯居清重之司，再踐非常之秩。揣量戰越，進退兢榮。仰對宸嚴，無階陳讓，唯虔呧礪，永答鴻恩。臣不任。（《廣成集》卷一 11/232/c）

　　呧爲詆之異體。《說文·口部》："呧，苛也。"段注："按言部有詆字，云訶也。口部呧似複出，《集韵》詆呧爲一字。"又朱駿聲通訓定聲："《一切經音義》引《說文》：'呵也。'按即詆之或體。"又《字彙·口部》"呧"："詰難之也。又，毀也。"呧有呵斥、詆毀諸義，此處當通"砥"。《舊唐書·郭子儀傳》："臣本愚淺，言多詆直，慮此招謗，上瀆冕旒。"詆直即砥直。此處呧礪即爲砥礪，謂自我勉勵。呧有異文。《全唐文》卷九百二十九《謝恩除戶部侍郎兼加階爵表》此句正作"砥"。

固固

　　臣等懺悔今生過誤之罪，或曾明明造惡，都不自知；固固爲非，言猶自是。蓋緣性識，禀受低凡。心溺愛河，身沉欲海。一朝長逝，永墮幽關。無有出期，備經苦惱。非憑道力，何拔孤魂。（《太上慈悲九幽拔罪懺》卷五 10/105/a）

　　句中"固固"與"明明"相對，意思也相同，均爲的確、確實義。明明造惡、固固爲非，指確確實實作了壞事。固有的確、確實義。如《孟子·梁惠王上》："然則小固不可以敵大。"又宋曾鞏《贈黎安二生序》："二生固可謂魁奇特起之士。"固固重言，表確確實實之義，加重肯定語氣。

固、故音同可通。如北齊顏之推《顏氏家訓·勉學》："人生幼小，精神專利，長成已後，思慮散逸，固須早教，勿失機也。"固通故。固固，又同"故故"，表常常義。如《太平經》卷四十九："真人欲知是信，比若人家慈父母，日教其子爲善，自苦絕衣食養之老，尚固固爲惡，何況凡人乃相示教以浮華之文哉？"固固爲惡，指常常作惡。

固固還有固執、頑固義。如《太平經》卷六十七："人可求以祭祀，尚不給與，百神惡之，欲使無世；鄉里祝固，欲使其死；盜賊聞之，舉兵往趨，攻擊其門戶，家困且死而盡，固固不肯施予，反深埋地中，使人不睹，无故絕天下財物，乏地上之用，反爲大壯於地下，天大惡之，地大病之，以爲大咎。"固固不肯施予，指頑固不願施捨。

第六節　拈連表義

漢語里有一類"偏義複詞"，這類詞一般由兩個語素組成，而詞義則偏指于其中的一個語素，另一語素則不表義。余冠英在《漢魏六朝詩論叢·漢魏詩裏的偏義複詞》中談到："國語裏有一種複合詞，由并行的兩詞組成，在句中有時偏用其中一個的意義，可以稱爲偏義複詞。……這種複詞在古文中也不少見。"王力稱之爲"併合語"，他說："併合語是由于吞併作用而成的。本來是兩個詞共成一個仂語，後來因爲其中一個詞的意義占了優勢，另一個詞的意義漸被侵蝕，結果祇存軀殼，毫無意義可言了。現代普通話裏，'兄弟'祇當'弟'字講，有些方言裏'妻子'祇當'妻'字講，都是這個緣故。"郭在貽（1984：20）則以"兩字義類相同牽連用之而複"來解釋，這是接受了清人俞樾的說法："古人之文，省者極省，繁者極繁；省則有舉此見彼者矣，繁則有因此及彼者矣。"《禮記·玉藻》："大夫不得造車馬。"俞樾認爲"車馬"是"因車而及馬，非謂造車兼造馬也"。

事實上，不存在原本意義上的偏義複詞，偏義複詞是"全義複詞"（即兩個語素均表義）在語言運用中的特指，是詞彙複音化的需要和全義複詞使用在具體語境中的表義對象與詞義所指并不全同的結果。大致來說，語言中先形成一個全義複詞 AB，其意義可表示爲 a+b，使用者在單獨表示 a 義（或者 b 義）時，也直接使用已經存在的 AB 詞形來表達，這樣，AB 在具體語境中的所指是 a/b 而不是 a+b；或者 a 義（或者 b 義）引申有另外一個義項 a_1（或者 b_1），使用者在表示 a_1（或者 b_1）時也直接使用 AB 詞形來表達，這樣，AB 在具體語境中的所指是 a_1/b_1 而不是 a+b。如果這種特指的使用日趨增多而全義的表達逐漸減少或兩種情況并存，AB 就被視作一個偏義複詞，或者說在 AB 的詞義系統中增加了一個偏指義項。可作如下圖示：

AB：a+b——AB：a/b
AB：a+b——AB：a_1/b_1

總之，偏義複詞的形成并非因爲兩個語素意義相侵蝕或者兩個語素因爲相類牽連而成，而是由于使用者直接使用已經存在的複音詞表示單個語素義，這種詞義的表達方式我們稱爲拈連表義，下面依據道經中相關偏義複詞稍作考察。

忍害

育子不養之訟，訴其天性忍害，不得生成。（《道門定制》卷一 31/664/a）

《說文·心部》："忍，能也。"段注："忍之義亦兼行止。敢於殺人謂之忍，俗所謂忍害也。敢於不殺人亦謂之忍，俗所謂忍耐也。"忍有殘忍義。如漢司馬遷《史記·項羽本紀》："范增起，出召項莊謂曰：'君王爲人不忍，若入前爲壽，壽畢請以劍舞，因擊沛公於坐殺之。不者，若屬皆且爲所虜。'"又漢賈誼《新書·道術》："惻隱憐人謂之慈，反慈爲忍。"害有傷害義。如《國語·楚語上》："子實不睿聖，於倚相何害。"韋昭注："害，傷也。"忍害爲殘害義。如《後漢書·董卓列傳》："安西將軍楊定者，故卓部曲將也。懼催忍害，乃與汜合謀迎天子幸其營。"又《晉書》卷一百一十五載記第十五："吾等生逢先帝堯、舜之化，累世受恩，非常伯納言之子，即卿校牧守之胤，而可坐視豺狼忍害君父！"又唐李百藥《北齊書·上洛王思宗傳》："商胡醜類擅權帷幄，剝削生靈，刦掠朝市。闇於聽受，專行忍害。"又唐劉知幾《史通》卷七内篇："文帝臨戎不武，爲國好奢。忍害賢良，疎忌骨肉。"又《太平廣記》卷一百三十報應二十九"竇凝妾"："凝欲娶妻，某自屏迹，奈何忍害某性命。"諸例忍害均指殘害義。

道經此句忍害則爲殘忍義，屬偏義複音詞，詞義主要由忍表示，害不表義，使用者直接拈用"忍害"來表達殘忍義。此義項典籍習見。如《史記·游俠列傳》："〔郭解〕少時陰賊，慨不快意，身所殺甚衆。"司馬貞索隱："以內心忍害。"內心忍害，即內心殘忍。又南朝梁釋僧祐《弘明集》卷第一《正誣論》："胡狄父子聚麀，貪婪忍害。昧利無恥，侵害不厭。屠裂羣生，不可遜讓。"又《北史·稽胡列傳》："蹲踞無禮，貪而忍害，俗好淫穢。"忍害均爲殘忍義。

疏畫

乙亥旱蝗亙數路，豫疏畫荒政，力贊守推行之。(《無上黃籙大齋立成儀》卷五十七 9/727/a)

荒政指賑濟饑荒的政令或措施。疏本義爲疏通，《說文·厽部》："疏，通也。"在器物上刻鏤穿孔使之相通，疏又可特指刻鏤義。如《周禮·春官·典瑞》："駔圭、璋、璧、琮、琥、璜之渠眉，疏璧、琮以斂尸。"孫詒讓正義："謂六玉之內，唯璧、琮更刻鏤之，使兩面疏通。"又《文選·王延壽〈魯靈光殿賦〉》："爾乃懸棟結阿，天窗綺疏。"晉張載注："疏，刻鏤也。"在門戶上疏刻又寫作疋，《說文·疋部》："疋，門戶疏窗也。"段玉裁謂："古延疏疋三字通用矣。"又："於門戶刻鏤爲窗牖之形，而以青飾之也。"王筠句讀："穴部窗，通孔也，疏亦通也，疏窗者，刻鏤門戶使之疏通也。"鏤窗則通透露光，疋又從爻作延，王筠句讀："從爻，取其交叉麗廔之狀。"朱駿聲通訓定聲："延，當爲疋之古文。"按此說未必，疋是疏的分化字，延又是疋的異體字。延又形訛作狩。《類篇·爻部》："狩，通也。"《太玄·狩》"狩"司馬光集注："小宋本作延。"疏又俗作疎。《釋名·釋采帛》："疎者，言其經緯疎也。"清畢沅疏證："疎爲疏之俗體。"

刻鏤是飾畫的一種方式，疏又引申有飾畫義。如《管子》卷第九："大夫疏器、甲兵、兵車、旌旗、鼓鐃、帷幕、帥車之載幾何？"唐房玄齡注："疏謂飾畫也。"又《文選·何晏〈景福殿賦〉》："羅疏柱之汨越，肅坻鄂之鏘鏘。"李善註："疏柱，畫柱也。"疏畫同義可複用。如

《周禮·春官·笙師》:"笙師，掌教吹竽、笙、塤、龠、簫、篪、篴、管、舂牘、應、雅，以教祴樂。"鄭玄注引鄭司農曰:"雅，狀如漆筩而弇口，大二圍，長五尺六寸，以羊韋鞔之，有兩組疏畫。"又《管子》卷九"疏藏器"，明朱長春注:"疏畫而可以藏者。"即以疏畫連言釋疏之義。

畫有謀劃、籌劃義。如《左傳·哀公二十六年》:"大尹使召六子曰:'聞下有師，君請六子畫。'"又《文選·鄒陽〈上書吳王〉》:"然則計議不得，雖諸賁不能安其位亦明矣。故願大王審畫而已。"唐張銑注:"畫，謂畫策。"疏畫同義複用，也可用來表示謀劃義。蓋用於具體器物制作爲刻畫，表示抽象謀略則爲策劃義。典籍習見。如元劉因《靜修先生文集》卷十六《清苑尹耶律公遺愛碑》:"昔或薦公規措關陝川蜀財賦，詔可之。公至，爲條件利病，疏畫出納，事治而物安，識者稱其能。"又明焦竑《國朝獻徵錄》卷六十六《文林郎南京湖廣道監察御史前渚于公有年墓志銘》:"武林兵變，公疏畫綏輯事宜，大指在解網肆赦，無治脅從，部如其言以覈。"又清顧景星《白茅堂集》卷三十九《皇清通議大夫浙江參議前掌京畿道御史顧公墓誌銘》:"江南沿海亂，公疏畫戰守，上悉采其言。"諸例疏畫均爲謀劃、策劃義。此句道經"豫疏畫荒政"意思是參與謀劃救災措施。

摧殞

但弟子某忝爲後嗣，追慕摧殞，恐亡人某冥冥夜府，不覩光明，往返輪迴，苦毒難處。(《道門定制》卷一31/660/b)

摧有毀壞義。如《史記·孔子世家》:"太山壞乎！梁柱摧乎！哲人萎乎！"又唐李賀《雁門太守行》:"黑雲壓城城欲摧，甲光向月金鱗開。"引申有死亡義。如《詩·大雅·雲漢》:"胡不相畏，先祖于摧。"摧指滅亡。殞有殞歿義。如漢賈誼《弔屈原文》:"遭世罔極兮，乃殞厥身。"摧殞，指死亡。典籍習見。如宋劉攽《彭城集》卷二十制誥《皇叔故成德荊南等軍節度使守太尉開府儀同三司真定尹兼江陵君荊王頵可贈太師尚書令荊州徐州牧改封魏王制》:"是宜永爲藩輔，光贊本朝。淑命不融，中道摧殞，震悼傷悒，何痛如之！"又明焦竑輯《國朝獻徵錄》卷一百五藩府僚顧璘《崇府左長史黃君琮墓誌銘》:"方抉汗振頹，輸其嘉猷，昊天弗吊，中道摧殞。嗚呼哀哉。"

摧還有悲痛、哀傷義。如漢蘇武《詩》之二："長歌正激烈，中心愴以摧。"又晉潘岳《寡婦賦》："顧影兮傷摧，聽響兮增哀。"故典籍中摧殞也可用于形容人悲痛欲絕的心情。如宋曹勛《松隱集》卷三十四《祭告徽考文》："道路隔絶，無從復命。玉音在耳，恍未十年，遽聞輿駕已棄天下，攀附賤臣尤極摧殞。憝大恩之不報，痛崩問之鼎臨。"又宋衛湜《禮記集説》卷七十七："喪容纍纍，色容顛顛，視容瞿瞿梅梅，言容繭繭。"集注："山陰陸氏曰：顛顛，摧殞貌；梅梅，悲酸貌；繭繭，未有緒之貌。"又宋張方平《樂全集》卷二十八表狀《光獻皇后上仙慰表》："伏覩遺誥，太皇太后奄違盛世，聞誥號擗，糜潰五情。伏惟皇帝陛下，至情大孝，哀慕深切。臣退伏田廬，不獲陪位宮庭，不任摧殞之至。"此句道經用例當取悲傷義。

第六章

儀經詞彙類聚

第一節 同義詞

作爲豐富表達的有效手段，儀經中大量使用同義、近義詞語，特別在書儀類儀經中體現更爲明顯。

增懷　纏懷　同懷
　　父母有不存者，云念（若前又尊於己，云惟）增懷。舊書云：頓首、叩頭者，皆爲敬彼之辭，父在稱頓首，父亡稱叩頭。(《要修科儀戒律鈔》卷十五 6/994/a)
　　月、日告某，孟春遠感深，不見汝久，懸憶纏懷，日書爲慰。寒，汝可不？吾如常。未即見汝，但以歎滿，好自愛慎，及此。不多。師某告。(《要修科儀戒律鈔》卷十五 6/994/c)
　　書中若親兄弟姊妹無父母，云：孟春遠思深，伏惟同懷。(《要修科儀戒律鈔》卷十五 6/995/a)

懷即思念。增懷、纏懷、同懷皆爲書儀中表達深切思念之情的習用套語，各詞的使用與通信對象的身份相關。若對方尊于己，用"增懷"。如《要修科儀戒律鈔》卷十五："父母有不存者，云念（若前又尊於己，云惟）增懷。"道經書儀中"增懷"的使用還須兼有其他條件，《要修科儀戒律鈔》卷十五："問前人增懷者，正謂二親不存，論感思之語。若不經初節，及彼此二親俱在者，並不須論問。""月、日某言孟春，伏惟增懷，若無經正冬節，及尊者二親在，不須云伏惟增懷，即移孟春著於猶寒之上，餘皆准此。"可見，道門書儀規定增懷用于長輩或者尊者，如果對方父母尚未辭世，則不必使用。原因可能是對方雖然尊于己，然其父母健在，仍屬子輩，故可不必使用。

纏懷，師與弟子書語。如《要修科儀戒律鈔》卷十五："月、日告某，孟春遠感深，不見汝久，懸憶纏懷，日書爲慰。寒，汝可不？吾如常，未即見汝，但以歎滿，好自愛慎，及此不多。師某告。"纏即牽掛，纏懷猶今言掛念。

同懷，用于同胞平輩間書信。如《要修科儀戒律鈔》卷十五："書中若親兄弟姊妹無父母，云：孟春遠思深，伏惟同懷。若與堂兄弟云惟增懷。"典籍中同懷又可指同胞兄弟姐妹。如清錢泳《履園叢話·科第·武科》："〔胡某四子〕以同懷四人而俱中武進士，大江以南所罕見者也。"同懷四人，指同胞四人。又清陳裴之《湘煙小錄·瑞蘭雪涕拜題》："余家同懷十人，惟紫妹最幼、最美、最才、最賢。"同懷十人，指兄妹十人。

抽剝　抽割

　　月、日拜疏某言，禍出不意，同學姓某夭歿，哀痛抽割，不能自勝。(《要修科儀戒律鈔》卷十五 6/995/c)

　　月、日，某頓首、頓首，禍故無常，尊翁、尊婆傾背，哀慕抽剝，不能自勝。(《要修科儀戒律鈔》卷十五 6/995/b)

剝，《說文·刀部》："剝，裂也。从刀从录。录，刻割也。录亦聲。卜，剝或从卜。"剝本義爲用刀割裂。如《左傳·昭公十二年》："君王命剝圭以爲鍼柲。"杜預注："鍼，斧也。柲，柄也。破圭玉以飾斧柄。"抽，引、拉。如《莊子·天地》："鑿木爲機，後重前輕，挈水若抽。"陸德明釋文引李頤曰："抽，引也。"成玄英疏："提挈其水，灌若抽引。"又晉陸機《文賦》："理翳翳而愈伏，思乙乙其若抽。"

抽剝，即謂以刀來回抽拉割裂，這與俗語"鈍刀割肉"的情況有些相似，用以形容人心情痛苦萬分，常用于吊唁書儀。如清嚴可均輯《全上古三代秦漢三國六朝文》全晉文卷二十王廙《與靜媛等疏》："告誘靜媛靜儀靜婕：此晦便當假葬。永痛抽剝，心情分割，不自勝念。汝等追痛摧慟，纏緜斷絕。何可堪任，痛當奈何，當復奈何。遣涕不次。廙疏。"抽剝與分割對文義同，均用來形容心情萬分痛苦。抽割意思與抽剝相同。

骨分　骨相　仙骨

若有骨分，七年得傳。三年之內，無有災厄，四年可傳。傳得其人，人我共福；非其人同罪，俱入火灌風刀、萬劫負石之役。(《要修科儀戒律鈔》卷三 6/933/b)

骨分，骨相稟分，此指可傳道授法的學道者所需的資質。道教強調經法不可輕傳亂授，需其人具有成仙修道的骨相稟分方可，否則傳經將受到懲罰。此詞道經習見。如晉《大有妙經·太上道君守三元真一經》："其法至妙，祕在大有素靈宮中。兆有骨分，當勤行道真，每自苦念。清齋蘭香，不犯穢炁。神自見形，一十八年，降致緑軿。乘雲控龍，白日昇玄。"又《大有妙經·太上九真明科》："右太玄九真明科，三品二十七條，出自太上靈都之宮。太上常所寶祕，不宣下世。今抄立用要訣，以付後聖輔明。三奇標於大有素靈之經，有骨分合仙，便得此文。施用拔罪，解咎釋結。散理七玄，將无三年，真靈見形，與子合并，同昇九天。"又晉《四極明科經》卷五："太玄都四極明科曰：上清寶經，禁限甚重，上古皆萬劫一出。末世求道者寡，三天促運，須賢者輔正。故有七百年限，遇其人傳，若有骨分得受經。"對這種先天的稟賦和資質，道經常用"骨分"來指稱。

道經中還有"骨相""仙骨"等詞，意思與"骨分"一樣，均指授道成仙必備的資質。如《四極明科經》卷二："凡有上經玉清寶書，皆玄挺應會，骨相合仙。當棄家放妻，遊五嶽，長齋山林。"又《神仙傳》卷八"劉根"條："神人曰：'坐，吾將告汝。汝有仙骨，故得見我。'"又《大有妙經》："夫自非宿有仙骨，玄籙及金閣玉字，亦自不得聞見。"還有"胎骨"一詞，《虛皇天尊初真十戒文》："夫人之貧富，命稟生初，悉已前定。若生財有分，用盡還來；若胎骨受貧，廣求不富。"胎骨指先天骨相。

首謝　悔首

因今首謝，並乞消除，願亡者生天，見存安樂，子孫昌熾，福慶自然。(《洞玄靈寶三洞奉道科戒營始》卷六 24/764/c)

靈寶齋有六法：一者金籙齋，保鎮國土；二者黃籙齋，救世祖宗；三者明真齋，懺悔九幽；四者三元齋，首謝違犯科戒；五者八節

齋，懺洗宿新之過；六者自然齋，爲百姓祈福。（《齋戒籙》6/1003/b）

首謝，指坦白、承認罪行。首有自首、坦白義。如《三國志·魏書·武帝紀》："頃之，亡民有詣門者，公謂曰：'聽汝則違令，殺汝則誅首，歸深自藏，無爲吏所獲。'民垂泣而去，後竟捕得。"又《宋書·范曄傳》："曄倉卒怖懼，不即首款。"首款，即自首招供。謝有認錯義。如《左傳·襄公三十年》："趙孟問其縣大夫，則其屬也。召之而謝過焉。"謝過，即認錯。首謝，爲同義并列複音詞，坦白認罪義。如《三國志·蜀書·劉彭廖李劉魏楊傳》："平辭窮情竭，首謝罪負。"

道教齋儀的重要內容就是懺悔謝罪，以求得仙真救拔，故此詞習見於道教典籍。如《大有妙經》："於中庭然二十四燈九十日，入室北向叩頭九過，首謝所犯。"又《四極明科經》卷一："凡受上清寶經，不得增損天文、破壞道經、貼或字體、虧忽聖文。三犯廢功，斷事十年，更清齋首謝，然後得還修行。"又《無上秘要》卷五十二："謹以三元大慶吉日，清齋燒香，首謝前身及得今日積行。"又《道門定制》卷一："功輕毫末，過累丘山，日往月來，積瑕未滌，淵冰是懼，首謝無階。"又《雲笈七籤》卷四十："戒有別文，精詳修習。或有不解，或有遺忘，或有謬誤，或冒禁故，或尊上逼迫，或畏死犯之，皆是招愆，悉名破戒，即應懺悔，首謝自新也。"又《太上黃籙齋儀》卷三十一："首謝弟子某前生今世，宿罪深尤。"又《太上靈寶朝天謝罪大懺》卷十："無量無邊罪業，隱藏在身，未曾發露首謝。今日燒香，禮懺悔過，一切罪咎，咸乞蕩除。"又《真武靈應護世消災滅罪寶懺》："首謝己身，發露懺悔，消諸罪戾，免受厄難。"發露，指坦白（罪行）。

王雲路等（2008：19）較清晰地梳理了"首"一詞意義演變的路徑：首由頭引申出向、朝著義，向、朝著引申出歸向、順從義，認罪、伏罪也是一種服從。當認罪、伏罪是主動行爲時，首又有坦白、自首、告發義。王文認爲"首悔"一詞屬于"首"與表示實情或罪過義的語素組合，屬于動賓結構。例舉《南齊書·虞玩之傳》："民惰法既久，今建元元年書籍，宜更立明科，一聽首悔，迷而不反，依制必戮。"我們在道經中發現另有"悔首"一詞，《無上黃籙大齋立成儀》卷五："恭依上聖垂科，九朝懺謝，求哀悔首，釋負除冤。"悔首與首悔當是同素逆序複合詞，悔有悔過義，首悔爲并列複合詞，指自首悔過義。

第二節 稱謂詞

道教體系完備，道門中人等級分明，稱謂語十分豐富且謹嚴有序，充分體現了稱謂語尊人卑己的特點，這在儀經中幾觸目可及，此不贅述。除了這些固定的稱謂語外，我們在儀經中關注到一些臨時稱謂語，如稱師父爲"師嚴"、自稱"簪褐""僚隸"、稱妖魅爲"下官"等，同樣體現了這種特點。

師嚴

臣聞元始說經一徧而終十徧，衆真監度東方而至下方。無所不辟，無所不禳。曰可以生，曰可以化。將宣經法，先叩師嚴。(《金籙十迴度人早朝轉經儀》9/121/b)

師嚴，指師父。師嚴，語自《禮記·學記》："凡學之道，嚴師爲難。師嚴然後道尊，道尊然後民知敬學。"鄭玄注："嚴，尊敬也。"師嚴原爲師道尊嚴之義，古時所謂"一日爲師，終身爲父"，因則師嚴又可指師父。如《太乙火府奏告祈禳儀》："罡步通靈，符章有驗。干冒師嚴，某下情無任虔禱之至。"又《靈寶領教濟度金書》卷一百三十三："臣與三洞弟子某親猶父愛，分若師嚴。"又《金籙十迴度人早朝轉經儀》："將宣經法，先叩師嚴。臣今入意以今引領官衆，升壇轉誦太上洞玄靈寶無量度人上品妙經第一迴至第四迴，敬爲祝延。"又宋胡宿《文恭集》卷三十《上兩浙均輸徐學士》："若乃虔持鉛割，夙奉師嚴。以困蒙難擊之姿，被諄誨惟勤之賜。"又清蔣光煦《東湖叢記》卷五《春秋内外傳考證》："樹華幼承庭訓，獲侍師嚴。"師嚴均指師父。

嚴可指父親。《漢語大詞典》引《易·家人》："家人有嚴君焉，父母之謂也。"謂嚴君本兼指父母，後世常言嚴父慈母，故對人稱自己的父親爲家嚴，母親爲家慈。《大詞典》認爲嚴之父親義源于後世常言"嚴父"，可商。"嚴父"意爲嚴厲之父，嚴取嚴厲義。然"嚴"之父義當源于尊嚴義。《詩·商頌·殷武》："天命降監，下民有嚴。"毛傳："嚴，敬也。"

又《禮記·學記》："凡學之道，嚴師爲難。"鄭玄注："嚴，尊敬也。"封建時代講究三綱五常，父親在家中享有至高的尊嚴和權威，故可以嚴指父親。同樣，尊有尊敬義，尊亦可指父親。如南朝宋劉義慶《世說新語·品藻》："劉尹至王長史許清言，時苟子年十三，倚床邊聽。既去，問父曰：'劉尹語何如尊？'"尊與嚴形成一對同義詞例，可互資比證。

簪褐

悟微子世參簪褐，業在焚修，三洞齋科，誠爲己任，因循而已。躇駁有疑，未遇通人，無所質正。（《玄壇刊誤論》32/623/b）

簪褐，指道流、道士。簪指冠簪，褐指道服。如《洞玄靈寶三洞奉道科戒營始》卷六："簪用牙、角、竹、玉，任依時制，皆不得雕鏤爲異形像。"褐爲粗布，道教規定道士須著褐衣，依等級不同有絳褐、黃褐、青褐、紫褐等區別。唐張萬福《三洞法服科戒文》："褐者，遏也、割也。內遏情欲使不外彰，割斷諸根，永絕萌蘖。"同道常稱"同褐"，如《道門科範大全集》卷四十一"安宅解犯儀"："臣等相攜同褐，率按典儀，式建壇場，以祈福祐。"相攜同褐，即與同道一起。

冠簪與褐衣是道士的衣著服飾。如五代杜光庭《神仙感遇傳·邵圖》："晚歲悟道，受符籙備簪褐，於天台謝君，方易名曰正圖。"後常用"簪褐"指代道士。如《廣成集》卷二《謝恩賜陽平山呂延昌紫衣表》："大德者恩垂霄漢，榮及巖林，草木增輝，煙霞動彩，凡栖簪褐，共感休明。"又元李道謙《甘水仙源錄》卷十："今棟宇粗備，簪褐幸集，歲屢熟而人安且和，及此閑暇，無文以紀之，竊懼其事跡之泯沒於後也。"例不贅引。

也作"簪裳"，如《道門通教必用集》序："今錦城三井道士馬道逸，箴跡於簪裳者，積有年矣，留心於科教者，未嘗時輟。"又《道門科範大全集》卷七十四"道士修真謝罪十方懺儀"："而以棲遲苟活，休息自安，無懷道抱德之實以化人，乏還淳返素之用而復古，飾人間之禮樂，希世上之功名，空叨水土之恩，濫處簪裳之列。"簪裳，指冠簪和道衣，代指道士。《大詞典》釋"簪裳"爲："簪裳，冠簪和章服。古代仕宦者所服，因以借指仕宦。"道經中義未及。

僚隸

四當念主人賞別真僞，能供賢善；五當自慶得在僚隸，備充道流。(《要修科儀戒律鈔》卷九 6/963/b)

《大詞典》收"僚隸"："僚與隸，皆爲服苦役的罪人。因以"僚隸"泛指奴隸。"按隸本爲附屬義，《說文·隶部》："隸，附箸也。"《集韻·寘韻》："隸，附也。"《後漢書·馮異傳》："及破邯鄲，乃更部分諸將，各有配隸。"李賢注："隸，屬也。"古時奴隸無人身自由附屬于人，故稱隸。《左傳·昭公七年》："人有十等……故王臣公，公臣大夫，大夫臣士，士臣皂，皂臣輿，輿臣隸，隸臣僚，僚臣僕，僕臣臺，馬有圉，牛有牧，以待百事。"孔穎達疏引服虔云："隸，隸屬於吏也。"後泛指僕役等從卑事者。如漢班固《述韓英彭盧吳傳》："信（韓信）惟餓隸，布（英布）實黥徒。"古時臣子附于人主，也謙稱爲隸。《廣雅·釋詁一》："隸，臣也。"又《文選·司馬相如〈上林賦〉》："地可墾闢，悉爲農郊，以贍萌隸。"郭璞注引司馬彪曰："隸，小臣也。"與人主相比，臣、隸數量衆多，是一個群體。隸又引申有群輩義。如《列子·仲尼》："隸人之生，隸人之死，衆人且歌，衆人且哭。"張湛注："隸，猶群輩也。"又《文選·潘岳〈西征賦〉》："而死之日曾不得與夫十餘公之徒隸齒，才難不其然乎？"李善注："張湛《列子》注曰：隸猶群輩也。"

僚也有奴隸、官吏、朋輩諸義項，與隸形成一對同義詞例。如《書·皋陶謨》："百僚師師，百工惟時。"孔傳："僚、工皆官也。"又《集韻·蕭韻》："僚，賤稱。"又《儀禮·士冠禮》"主人戒賓"鄭玄注："賓，主人之僚友。"又《後漢書·鄭孔荀傳贊》："公業稱豪，駿聲升騰。權詭時偪，揮金僚朋。"

僚、隸都有朋輩義，僚隸即僚屬、同僚，此處即指同道。這是要求道士當慶幸自己能廁身道衆，成爲道士。僚隸與道流相對，所指相同。僚、隸又都有官吏義，故僚隸連文也可指官僚。如宋羅泌《路史》卷四《佛事太盛速天譴》："梁武不道，捨身同泰寺爲僧奴，百官僚隸傾庫藏以贖歸之。"百官、僚隸同義連文。

下官　生官

今有弟子某家累年已來，居止不利、人口瘦疠、死亡非一，經營不遂，官職不遷，所願不從，災厄妄生，卜決憂忌，皆見八方四面並有下官故炁，疫癘鬼兵，八部魔邪，暴害良善。(《太上三五傍救醮五帝斷殟儀》18/334/b)

道言：五濁之世，生官僥急，不矜下人。下人吁嗟，萬民懷叛，天下悠悠。(敦煌 P.3223《太上洞淵神咒經》卷一)

道經常見"下官"與"故炁"連用，用見於各詞典的諸義項來理解本句皆難通暢。葉貴良（2007：260）引敦煌 P.2457《閱紫錄儀三年一說》："使下官故炁、六天惡逆之鬼，壹皆山崩瓦解。"解釋下官"是指鬼王的下屬官吏"。竊謂此釋可商。下官的常用義是下屬官吏，此義於文意不諧，葉文便在前加上了"鬼王"這一限定語，以求語意貫通，實未審下官一詞在道經中的特殊意義。

今謂"下官"即是道士對妖魔鬼怪的稱呼。在道教經義中，道教法術可伏魔殺鬼、驅邪捉妖，諸天魔鬼咸皆歸服，敬護道士，甘受驅遣，因而道士稱魔鬼爲"下官"。如《太上洞玄靈寶出家因緣經》："出家是天尊弟子紹隆經教故，出家是一切人天無上法師故，出家是一切衆生生死橋梁故，出家是一切人民歸依父母故，出家是國主人王修善因緣故，出家是九玄七祖拔度功力故，出家是諸仙真聖發生初心故，出家是三塗五苦彼岸法舟故，受國主人王、父母眷屬禮信供養，諸天魔王、三界鬼神稽首束形，自稱下官，受教出家法門。"又《道典論》卷二："正士事道，學法依科，天魔敬護，邪精敢侵？所以受道之身皆是天魔上官，天魔衆神皆是道士下官。"可見，下官是與上官相對之稱，魔鬼是道士的下官，道士爲魔鬼的上官。下官故炁，即指各種魔鬼邪精。

值得討論的還有"生官"一詞，葉貴良（2009：360）釋作"一生官祿"，牛尚鵬（2011：108）謂生官"即人世間之官吏"。牛說是，然此義猶有未能賅括之用例。如晉《大有妙經》："思元洞元明元曜延靈耀元君玄混以陽霞朱明之符授與我身，次思洞天生官衣服諱字如上法，並從素靈宮清微府中下，以次入兆身泥丸宮中。"又"思洞地洞真大熒惑星大洞元生大靈機皇君景化以通明四洞九元之符以授我身，次思洞地生官衣服諱字如上法，並從素靈宮蘭臺府下入兆身絳宮中。"又"次思洞淵生官衣服諱字如上法，並從素靈宮皇堂府下入兆身臍下丹田宮中"。此處洞天生官、洞地生官、洞淵生官當即天官、地官、水官之全稱，生官爲仙官、神仙義。又《太上金書玉諜寶章儀》："出五體真官功曹吏各二人，出上明嬰兒解厄使者二人，出上真嬰兒度厄使者二人，出上生丞中清沉使者二人，出上生河中生算使者二人，出中真三元度厄使者二人，出中真三官臨河使者二人，出中真生官臨江使者二人，出中真三官生命使者二人。"中真生官，也祇宜理解爲仙官名號。又敦煌 S. 203《度仙靈錄儀》："吏兵扶衛，一使如法。急急如生官、老鬼律令。"此生官亦爲仙官義，老鬼當指魔王。《道要靈祇神鬼品經》："日有千鬼，飛走亂行，不可禁止。大道不制，天師不勑，放縱天下，凶凶相逐，唯煞中民，死者千億。後有道士，男女生官，見吾祕經，知鬼姓名，皆保元吉，萬鬼不干。"又《太上洞神三皇儀》："次讀章登壇時，凡是所付文板、簡等，悉次案上某州縣鄉里係天師某治炁道士、男女生官真人、先生夫人、姓名年如干歲叩頭乞恩。"生官，當指道士。

竊謂道經"生官"一詞的來源有二：一是對"生民"的仿造。古籍早見"生民"一詞，指人民。如《書・畢命》："道洽政治，澤潤生民。"又《孟子・公孫丑上》："'伯夷、伊尹於孔子，若是班乎？'曰：'否。自有生民以來，未有孔子也。'"道經中也用生民指稱百姓平民。如《太平經》卷一百一十四"爲父母不易訣第二百三"："善人無惡言者，各有其文所誡，所成分明。可知善自得生，惡自早死，與民何爭？故置善人文以示生民。"又寇謙之《老君音誦誡經》："老君曰：道民奉戶師如生民事官等，言則稱道民，明慎奉行如律令。"官與民是普遍存在的二元對立面，道經便仿"生民"用"生官"來指稱官吏。如寇謙之《老君音誦誡經》："老君曰：請客就會，人習嚴整衣服，如生官天子殿會，恭肅共同，明慎奉行如律令。"又"老君曰：其受治籙誡之人，弟子朝拜之，喻如禮生官位吏，禮法等同，明慎奉行如律令"。生死觀念對立分明，故生官又用來稱呼神仙以與鬼官相對。一是對道士的稱呼。依據道教規定，道士入教受法，有森嚴的法位、等第、尊卑之別，稱謂也各不相同。據《三洞奉道科儀》記載，常人稱男人女人，信道民衆稱大道弟子、天尊弟子、三寶弟子，受天尊戒者可稱清信弟子，受符籙戒文後稱男生女生、籙生、男官女官，後按受法之不同依次加以不同等級的稱號。審之，入道以受符籙戒文爲標志，未受符籙之前，祇算是道教信仰愛好者，受符籙戒文以後便成爲真正的道教弟子，故男道士可稱男生、男官，女道士又稱女生、女官。生官之指稱道士，或源自男生女生和男官女官之號的合稱，即爲生官。

常俗

出家之者，若道士，若女冠，當棲息山中以求靜念，不交常俗，引命自安，避諸可欲，去諸穢亂。（《洞玄靈寶道學科儀》上 24/769/c）

常與俗都有普通、平常義，連言表尋常、普通義，也可作名詞，指平民百姓。如舊題宋陳摶《河洛真數·易卦釋義上經卷上》："歲運逢之，在仕者遷除顯達；進取者成名；常俗得利或進喜慶之事。""常俗"與"在仕者""進取者"相對，指平民百姓。又宋歐陽修《集古錄》卷五《隋太平寺碑》："此碑在隋，尤爲文字淺陋者，疑其俚巷庸人所爲，然視其字畫，又非常俗所能。"常俗即前述庸人。

釋、道要求修行者出家修煉，與普通人有別，因以常俗指稱世俗百姓，與出家者相對。如五代杜光庭《道德真經廣聖義》卷一："蜀嚴者，仙人嚴君平，居於蜀肆，作《道德指歸》一十四卷，恢廓浩瀚，爲時所稱。蜀都楊子雲昌言於漢朝曰：'蜀嚴道德沈冥。'言其識量深厚，玄德隱微，非常俗之所知，而猶病耳。"又宋張君房《雲笈七籤》卷一百一十四："常俗之流或言神仙者，必俟身形委謝，魂識成真，而後謂之神仙，非是。骨肉昇騫，此盖愚瞽未達之甚也。"又宋夏元鼎《紫陽真人悟真篇講義》卷五："宜其金光透體，有諸中而形諸外，如玉在山而木潤，珠生淵而崖不枯，至玄至妙，曷可與常俗說其玄機哉！"又宋蔡絛《鐵圍山叢談》卷五："嶺南僧婚嫁悉同常俗。鐵城去容州之陸川縣甚邇，一日令尹某入寺見數泥像，乃坐亡僧也。令尹爲改觀且歎息顧謂羣髡曰：'是亦有坐亡者耶！甚不易得，胡爲置諸庭，忍使暴露而略不恤耶？'其間一髡號敏爽，亟前對曰：'此數僧今已無子孫矣。'聞者笑之。"諸例常俗皆謂平民百姓。《大詞典》釋"常俗"有"猶習俗；尋常，平凡"兩個義項。此義未及。

結　　語

　　目前，語言學界對科儀類道經文獻的關注力度不夠，各項研究比較薄弱，尚停留在自發階段，道經文本校理和道經詞彙研究都有待于進一步展開。鑒于此，我們以科儀類道經疑難語詞作爲研究對象，主要就俗訛字和疑難語詞兩方面分別加以考釋，其中俗訛字部分考釋了俗訛字 32 例；疑難語詞部分考釋了疑難詞共 97 條。具體考釋中對相關疑難語詞作了適當的分類，考釋詞義力求追根溯源，勾勒出詞義引申演變的軌迹。在考釋過程中對疑難語詞與道經文本校理、詞典編纂的關係作了初步分析。同時嘗試從宗教、民俗、文化等角度考釋詞語的内涵，初步揭示科儀類道經詞彙的特點。道教博大精深，道經文獻兼容并包，内容博雜，道教的影響也遍及方方面面，許多語詞隱含的意義與哲學思想和文化意義緊密聯繫。道教語言研究是一項綜合研究，不僅要有訓詁學、文獻學知識，還要有宗教學、民俗學修養，筆者限于學力水平，綜合研究能力還很不足，因而本書對於一些語詞的考釋可能還存在不當之處，有待進一步討論修正。

參考文獻

（按著者姓氏音序排列）

一 著作

白於藍：《簡牘帛書通假字字典》，福建人民出版社2008年版。

北京愛如生數字化技術研究中心：《中國基本古籍庫》，黃山書社2006年版。

《辭源》修訂組：《辭源》（修訂本），商務印書館1979年版。

蔡鏡浩：《魏晉南北朝詞語例釋》，江蘇古籍出版社1990年版。

蔡忠霖：《敦煌漢文寫卷俗字及其現象》，臺北：文津出版社2002年版。

《草書大字典》，中國書店1983年版。

蔡鏡浩：《魏晉南北朝詞語例釋》，江蘇古籍出版社1990年版。

蔡言勝：《〈世說新語〉方位詞研究》，南開大學出版社2008年版。

陳國符：《道藏源流考》，中華書局1985年版。

陳國符：《中國外丹黃白法考》，上海古籍出版社1997年版。

陳濟：《甲骨文字形字典》，長征出版社2004年版。

陳秀蘭：《敦煌變文詞彙研究》，四川民族出版社2002年版。

陳秀蘭：《敦煌俗文學語彙溯源》，岳麓書社2001年版。

陳秀蘭：《魏晉南北朝文與漢文佛典語言比較研究》，中華書局2008年版。

陳寅恪：《金明館叢稿初編》，三聯書店2001年版。

陳增嶽：《隋唐醫用古籍語言研究》，廣東科技出版社2006年版。

程湘清：《漢語史專書複音詞研究》，商務印書館2003年版。

慈怡主編：《佛光大辭典》，臺北：佛光文化事業有限公司1999年版。

參考文獻

《道藏》，文物出版社、上海書店、天津古籍出版社 1988 年版。

丁光迪：《諸病源候論校注》，人民衛生出版社 1994 年版。

丁福保：《佛學大辭典》，上海書店 1991 年版。

丁培仁：《增注新修道藏目錄》，巴蜀書社 2008 年版。

董秀芳：《詞彙化：漢語雙音詞的衍生和發展》（修訂本），商務印書館 2011 年版。

董志翹、蔡鏡浩：《中古虛詞語法例釋》，吉林教育出版社 1994 年版。

董志翹：《〈入唐求法巡禮行記〉詞彙研究》，中國社會科學出版社 2000 年版。

董志翹：《中古近代漢語探微》，中華書局 2007 年版。

董志翹：《中古文獻語言論集》，巴蜀書社 2000 年版。

杜亞泉：《博史》，開明書店 1933 年版。

方一新：《東漢魏晉南北朝史書詞語箋釋》，黃山書社 1997 年版。

方一新、王雲路：《中古漢語讀本》，上海教育出版社 2006 年版。

方一新：《中古近代漢語詞彙學》，商務印書館 2010 年版。

馮利華：《中古道書語言研究》，巴蜀書社 2010 年版。

馮其庸、鄧安生：《通假字匯釋》，北京大學出版社 2006 年版。

傅勤家：《中國道教史》，上海書店 1984 年版。

高亨：《古字通假會典》，齊魯書社 1989 年版。

葛兆光：《屈服史及其他：六朝隋唐道教的思想史研究》，三聯書店 2003 年版。

郭沫若：《郭沫若全集》，人民出版社 1982 年版。

郭錫良：《漢字古音手冊》（增訂本），商務印書館 2010 年版。

郭在貽：《訓詁學》（修訂本），中華書局 2005 年版。

漢語大詞典編纂處：《漢語大詞典訂補》，上海辭書出版社 2010 年版。

洪鈞陶：《草字編》，文物出版社 1986 年版。

胡孚琛主編：《中華道教大辭典》，中國社會科學出版社 1995 年版。

黃海德、李剛：《簡明道教辭典》，四川大學出版社 1991 年版。

黃侃：《文字聲韻訓詁筆記》，上海古籍出版社 1983 年版。

黃征：《敦煌俗字典》，上海教育出版社 2005 年版。

江藍生、曹廣順：《唐五代語言詞典》，上海教育出版社 1997 年版。

江藍生：《魏晉南北朝小説詞語匯釋》，語文出版社 1988 年版。

蔣禮鴻：《敦煌變文字義通釋》，《蔣禮鴻集》（第一卷），浙江教育出版社 2001 年版。

蔣禮鴻主編：《敦煌文獻語言詞典》，杭州大學出版社 1994 年版。

蔣紹愚：《近代漢語研究概況》，北京大學出版社 1994 年版。

蔣梓驊等：《鬼神學詞典》，陝西人民出版社 1992 年版。

雷漢卿：《禪籍方俗詞研究》，巴蜀書社 2010 年版。

雷漢卿：《近代方俗詞叢考》，巴蜀書社 2006 年版。

冷玉龍主編：《中華字海》，中華書局、中國友誼出版公司 1994 年版。

李崇興：《元語言詞典》，上海教育出版社 1997 年版。

李德範：《敦煌道藏》，全國圖書館文獻縮微複製中心，1999 年版。

李圃主編：《古文字詁林》，上海教育出版社 1999—2005 年版。

李榮主編：《現代漢語方言大詞典》（綜合本），江蘇教育出版社 2002 年版。

李叔還：《道教大辭典》，浙江古籍出版社 1987 年版。

李維琦：《佛經詞語匯釋》，湖南師範大學出版社 2005 年版。

李珍華、周長楫：《漢字古今音表》，中華書局 1993 年版。

李卓敏：《李氏中文字典》，香港中文大學出版社 1980 年版。

劉復、李家瑞：《宋元以來俗字譜》，中央研究院歷史語言研究所，1930 年版。

劉堅：《近代漢語讀本》，上海教育出版社 1985 年版。

龍潛庵：《宋元語言詞典》，上海辭書出版社 1985 年版。

陸澹安：《戲曲詞語匯釋》，上海古籍出版社 1981 年版。

陸澹安：《小説詞語匯釋》，上海古籍出版社 1979 年版。

陸宗達、王寧：《訓詁與訓詁學》，山西教育出版社 2005 年版。

羅維明：《中古墓誌詞彙研究》，暨南大學出版社 2003 年版。

羅竹風主編：《漢語大詞典》，漢語大詞典出版社 1989 年版。

梅家駒等：《同義詞詞林》，上海辭書出版社 1996 年版。

閔智亭、李養正主編：《道教大辭典》，華夏出版社 1994 年版。

齊佩瑢：《訓詁學概論》，中華書局 1984 年版。

秦公、劉大新：《廣碑別字》，國際文化出版公司1995年版。

秦公：《碑別字新編》，文物出版社1985年版。

卿希泰主編：《中國道教史》，四川人民出版社1996年版。

全廣鎮：《兩周金文通假字研究》，臺灣學生書局1980年版。

任繼愈主編：《道藏提要》，中國社會科學出版社1991年版。

任宗權：《道教戒律學》，宗教文化出版社2008年版。

［法］施舟人主編：《道藏通考》，The University of Chicago Press 2004年版。

臺灣《中文大辭典》編纂委員會：《中文大辭典》，中國文化研究所1968年版。

湯一介主編：《道書集成》，九州出版社1999年版。

通海縣民族事務委員會：《通海縣少數民族志》，雲南人民出版社1994年版。

汪少華：《古詩文詞義訓釋十四講》，上海書店2008年版。

汪少華：《中國古車輿名物考辨》，商務印書館2005年版。

汪維輝：《東漢——隋常用詞演變研究》，南京大學出版社2000年版。

王貴元、葉桂剛主編：《詩詞曲小說語辭大典》，群言出版社1993年版。

王海根：《古代漢語通假字大字典》，福建人民出版社2006年版。

王輝：《古文字通假字典》，中華書局2008年版。

王力：《漢語史稿》，中華書局2003年版。

王力：《漢語語法綱要》，上海教育出版社1982年版。

王力：《同源字典》，商務印書館1982年版。

王明：《道家與傳統文化研究》，中國社會科學出版社1995年版。

王紹峰：《初唐佛典詞彙研究》，安徽教育出版社2004年版。

王學奇、王靜竹：《宋金元明清曲詞通釋》，語文出版社1990年版。

王鍈：《〈漢語大詞典〉商補》，黃山書社2006年版。

王鍈：《詩詞曲語辭例釋》，中華書局1980年版。

王鍈：《宋元明市語匯釋》（修訂增補本），中華書局2008年版。

王鍈：《唐宋筆記語詞匯釋》，中華書局1990年版。

王雲路、方一新：《中古漢語語詞例釋》，吉林教育出版社1992年版。

王雲路：《詞彙訓詁論稿》，北京語言文化大學出版社 2002 年版。
王雲路：《漢魏六朝詩歌語言論稿》，陝西人民出版社 1997 年版。
王雲路：《中古漢語詞彙史》，商務印書館 2010 年版。
王雲路：《中古漢語論稿》，中華書局 2011 年版。
［美］威爾·杜蘭特：《世界文明史：東方的遺產》，華夏出版社 2010 年版。
聞一多：《聞一多全集》，開明書店 1948 年版。
吳承德、賈曄：《南方山居少數民族現代化探索——融水苗族發展研究》，廣西民族出版社 1993 年版。
吳楓、宋一夫主編：《中華道學通典》，南海出版公司 1994 年版。
吳鋼、吳大敏：《唐碑俗字錄》，三秦出版社 2004 年版。
吳士勛、王東明主編：《宋元明清百部小說語詞大辭典》，陝西人民教育出版社 1992 年版。
解惠全等：《古書虛詞通解》，中華書局 2008 年版。
向熹：《簡明漢語史》（修訂本），商務印書館 2010 年版。
項楚：《王梵志詩校注》，上海古籍出版社 1991 年版。
徐復：《徐復語言文字學叢稿》，江蘇古籍出版社 1990 年版。
徐中舒主編：《漢語大字典》，湖北辭書出版社、四川辭書出版社 1986—1990 年版。
徐中舒主編：《甲骨文字典》，四川辭書出版社 2005 年版。
許寶華、宮田一郎主編：《漢語方言大詞典》，中華書局 1999 年版。
許少峰：《近代漢語大詞典》，中華書局 2008 年版。
（遼）行均：《龍龕手鏡》（高麗本），中華書局 1985 年版。
楊寶忠：《疑難字考釋與研究》，中華書局 2005 年版。
楊聯陞：《中國語文劄記》，中國人民大學出版社 2011 年版。
楊琳：《古典文獻及其利用》（增訂本），北京大學出版社 2010 年版。
楊琳：《漢語詞彙與華夏文化》，語文出版社 1996 年版。
楊琳：《漢字形義與文化》，南開大學出版社 2012 年版。
楊琳：《訓詁方法新探》，商務印書館 2011 年版。
楊琳：《中國傳統節日文化》，宗教文化出版社 2000 年版。
楊樹達：《積微居小學述林全編》，上海古籍出版社 2007 年版。
姚美玲：《唐代墓志詞彙研究》，華東師範大學出版社 2008 年版。

葉大兵、烏丙安主編：《中國風俗辭典》，上海辭書出版社1990年版。

葉貴良：《敦煌道經詞語考釋》，巴蜀書社2009年版。

葉貴良：《敦煌道經寫本與詞彙研究》，巴蜀書社2007年版。

于省吾主編：《甲骨文字詁林》，中華書局1996年版。

余冠英：《漢魏六朝詩論叢》，商務印書館2010年版。

俞理明：《佛經文獻語言》，巴蜀書社1993年版。

袁賓：《禪宗著作詞語匯釋》，江蘇古籍出版社1990年版。

袁賓等：《宋語言詞典》，上海教育出版社1997年版。

袁賓主編：《禪宗詞典》，湖北人民出版社1994年版。

曾良：《敦煌文獻字義通釋》，廈門大學出版社2002年版。

曾良：《俗字及古籍文字通例研究》，百花洲文藝出版社2006年版。

張繼禹主編：《中華道藏》，華夏出版社2004年版。

張傑貴：《本溪滿族自治縣風物志》，中國文史出版社2006年版。

張相：《詩詞曲語辭匯釋》，中華書局2008年版。

張永言主編：《世說新語辭典》，四川人民出版社1992年版。

張涌泉：《敦煌俗字研究》，上海教育出版社1996年版。

張涌泉：《漢語俗字叢考》，中華書局2000年版。

張涌泉：《漢語俗字研究》（增訂本），商務印書館2010年版。

張澤洪：《道教齋醮符咒儀式》，巴蜀書社1999年版。

趙和平：《敦煌表狀箋啟書儀輯校》，江蘇古籍出版社1997年版。

趙和平：《敦煌寫本書儀研究》，臺北出版社1993年版。

鍾肇鵬主編：《道教小詞典》，上海辭書出版社2001年版。

周作明、俞理明：《東晉南朝上清經中的動詞"宴/晏"》，《漢語史研究集刊》（第九輯），巴蜀書社2006年版。

朱慶之：《佛典與中古漢語詞彙研究》，文津出版社1992年版。

朱越利：《道藏分類解題》，華夏出版社1996年版。

二 期刊論文

白平：《"祭"、"祀"本義考析》，《古漢語研究》2012年第2期。

常建華：《歲時節日裏的中國之——上巳》，《老同志之友》2009年第3期。

［英］丹尼斯·兆，李鑒蹤譯：《蛇與中國信仰習俗》，《文史雜誌》1991年第1期。

丁培仁：《道教戒律書考要》，《宗教學研究》2006年第2期。

董玉芝：《〈抱朴子〉複音詞構詞方式初探》，《古漢語研究》1994年第4期。

方一新：《〈抱朴子內篇〉詞義瑣記》，《浙江大學學報》1994年第4期。

馮利華：《〈真誥〉詞語輯釋》，《古漢語研究》2002年第4期。

馮利華：《道書俗字與〈漢語大字典〉補訂》，《古漢語研究》2008年第2期。

葛兆光：《關於道教研究的歷史和方法》，《中國典籍與文化》2003年第1期。

黃儒宣：《六博棋局的演變》，《中原文物》2010年第1期。

黃樹先：《比較詞義與文獻釋讀》，《語文研究》2012年第3期。

蔣紹愚：《近十年間近代漢語研究的回顧與前瞻》，《古漢語研究》1998年第4期。

雷漢卿：《釋"天吊客忤"》，《中國語文》2006年第5期。

李洪岩：《樗蒲考略》，《體育文史》1989年第4期。

劉祖國：《試論道經語言學》，《船山學刊》2010年第3期。

羅業愷：《近二十年道教語言研究綜述》，《宗教學研究》2009年第3期。

馬固鋼：《戾、剌戾廣說》，《湘潭大學社會科學學報》2001年第5期。

卿希泰：《道教研究百年的回顧與展望》，《四川大學學報》2006年第4期。

田啟濤：《"搏頰"——一種已消失的道教儀式》，《中國道教》2011年第5期。

汪維輝：《六世紀漢語詞彙的南北差異——以〈齊民要術〉和〈周氏冥通記〉為例》，《中國語文》2007年第2期。

王雲路：《辭書失誤考略》，《古漢語研究》1993年第1期。

楊琳：《〈漢語大詞典〉中存在的問題》，（臺灣）《清華學報》1995年第2期。

楊琳：《詞例求義法新論——兼談相因生義説的問題》，《南開語言學刊》2009 年第 2 期。

楊琳：《論詞例求證法》，《語言研究》2003 年第 4 期。

楊琳：《談義源研究的價值》，《南開語言學刊》2005 年第 1 期。

楊琳：《"昭假"新解》，《四川大學學報》1988 年第 4 期。

葉貴良：《敦煌道經形誤字例釋》，《敦煌研究》2009 年第 3 期。

俞理明、周作明：《論道教典籍語料在漢語詞彙歷史研究中的價值》，《綿陽師範學院學報》2005 年第 4 期。

張婷、曾昭聰、曹小雲：《十年來道教典籍詞彙研究綜述》，《滁州學院學報》2005 年第 8 期。

張文冠：《〈宋史〉"勾索"勘誤》，《中國典籍與文化》2011 年第 3 期。

張小艷：《"心"旁誤作"辵（辶）"旁例釋》，《古漢語研究》2004 年第 2 期。

張澤洪：《道教齋醮源流芻議》，《宗教學研究》1996 年第 3 期。

張澤洪：《論宋朝道教齋醮科儀的時代特點》，《社會科學研究》2001 年第 6 期。

張澤洪：《論唐代道教齋醮科儀》，《社會科學研究》2006 年第 2 期。

趙家棟：《"變"有"嘔吐"義探因》，《貴州師範大學學報（社會科學版）》2010 年第 6 期。

三　學位論文

韓小荊：《〈可洪音義〉研究——以文字爲中心》，博士學位論文，浙江大學，2007 年。

劉祖國：《太平經詞彙研究》，博士學位論文，華東師範大學，2009 年。

江傲霜：《六朝筆記小説詞彙研究》，博士學位論文，山東大學，2007 年。

牛尚鵬：《道法類經書疑難語詞考釋》，博士學位論文，南開大學，2012 年。

史光輝：《東漢佛經詞彙研究》，博士學位論文，浙江大學，2001 年。

忻麗麗：《中古靈寶經詞語考釋》，博士學位論文，南開大學，

2012年。

于正安:《敦煌曆文詞彙研究》,博士學位論文,南開大學,2012年。

周作明:《東晉南朝道教上清派經典行爲詞新質研究》,博士學位論文,四川大學,2007年。

張小艷:《敦煌書儀語言研究》,博士學位論文,浙江大學,2004年。

趙靜蓮:《敦煌文獻疑难字词研究》,博士學位論文,南開大學,2011年。

後　　記

　　這本小書是在我的博士論文《道教科儀經籍疑難語詞考釋》的基礎上修改而成的。從論文草成到梓行不覺已五年餘了，白駒過隙何其匆匆！

　　回首在南開的讀博時光，心頭總充溢著幸福和感動。最爲感激導師楊琳先生。先生不因我庸愚鄙野而俞允收留，我纔幸得忝列師門，夙願以償。恩師治學博古通今，如高山景行，蔚爲大家；育人則言傳身教，若春風化雨，面命耳提。我資質庸劣，功底不太扎實，思考問題又屬於後知後覺，免不了犯一些低級錯誤。恩師從未有過呵斥與責備，總是和顏悅色地耐心予以指正，總是諄諄告誡我治學既要善於動腦又要細心嚴謹。每遇疑難向恩師求教，總會感覺收獲良多。恩師淵深完粹之學養讓人由衷欽佩，恩師敏銳的學術眼光和睿智的學術思維更令自己神往，崇拜非常。回想從選定題目到布局謀篇，從搜集材料到提煉觀點，恩師均悉心指導，不憚厭煩。特別是在修改過程中，由於自己的愚鈍和粗心，文章錯漏百出，恩師從小到一個標點符號、一個字詞，大到章節結構，一一提出具體的修改意見。本書出版之際，又承恩師百忙中撥冗爲本書作序，字裡行間蘊含更多鼓勵與期許。回想過往，我從根底淺薄、懵懂無知的童蒙到漸窺門徑、粗通常識的小學生，恩師付出了太多心血！恩師的悉心教導和辛勤培養，將使我終生受用無窮！更讓我感動的是恩師了解到我的家庭情況欠佳，從各方面想方設法對我無微不至地關懷和幫助！還有善良慈愛的師母，每逢節日就喊我們去家里美餐一頓，爲此常常一個人辛苦忙碌一整天。對恩師的感激是難以用言語表達的，更是難以報答的，每念及此，我心里總涌起濃濃的欣幸與感動：能叩首師門侍師左右親聆師誨於我是何等之幸運！

　　也要感謝我的碩士生導師張詒三先生。感謝張老師多年來一如既往地關心著我的學業與進步，給我以鼓勵與支持。

　　南開文學院名師薈萃，巨匠淵藪。在此有幸聆聽了諸位先生的教誨，結識了諸多同門、同學及好友，現在想來這些經歷於我何其珍貴！工作以後，湖州師範學院人文學院的領導和同事更給予了我熱情的關照和無私的幫助，爲本書的順利出版提供了便利。本書有幸獲 2019 年度浙江省哲學社會科學規劃後期資助課題立項，得到中國社會科學出版社的大力支持，本書的責任編輯更爲本書的出版付出了辛勤勞動，一并致以誠摯的感謝！

周學峰

2019 年 12 月 20 日於湖州